스캇 맥나이트의 『예수 신경』은 하나님 사랑(신 6:4-5)과 이웃 사랑(레 19:18)이라는 으뜸계명을 온몸으로 살아낸 예수 그리스도의 십자가 사랑과 그것이 일으킨 파장을 명료하고 따뜻한 문체로 그리고 있다. 이 책이 말하는 "예수 신경"은 훌륭한 유대인이었던 예수가 소년시절부터 암송했을 법한 신명기 6:4-5과 레위기 19:18을 가리킨다.

결국 기독교인들은 사도신경을 고백하기 이전에 예수 신경의 고백자들이며 구현자로 부름을 받았다. 예수 신경이 사도신경을 불필요하게 만들지는 않으나 참으로 근본적인 원시기독교의 진면목을 보존하는 신앙 고백인 것은 틀림없다. 하나님 사랑과 이웃 사랑이라는 두 계명이 얼마나 긴밀하고 역동적으로 상호견인하는지를 깊이 경험한 사람들의 신앙 고백이 예수 신경이기 때문이다. 이 책의 중심 주장은, 예수 그리스도를 통해 구현된 하나님 사랑은 부서진 하나님의 형상 회복을 위한 사랑이며 그 사랑은 온전한 개인으로서 회복시키는 사랑일 뿐만 아니라 고립되고 파편화된 개인들이 공동체를 이루도록 추동시키는 사랑이라는 것이다.

또한 저자는 예수 그리스도의 사랑이 창조한 강력한 사랑의 공동체를 그리되, 예수님과의 만남을 통해 하나님의 형상으로 회복된 개인들의 회복과정과 그들이 이룬 공동체를 구현한다.

한국교회 안의 일부 미성숙한 교인들의 개인적·집단적 행패와 야만적 예수 신경 이탈을 보고 마음이 상한 교회 안팎의 모든 사람이 이 책을 읽는다면 치유를 맛볼 수 있을 것이다. 기독교 신앙은 온통 하나님 사랑, 이웃 사랑의 이야기다.

김회권

숭실대학교 기독교학과 교수

평소 나는 "영성 형성"에 관심이 많았다. 그래서 신학생들에게 "영성 형성", "지성 형성", "덕성 형성"으로 표현되는 "삼성 형성"(三性 形成)을 늘 강조했다. 그러던 중 만난 스캇 맥나이트의 『예수 신경』에 큰 관심이 끌렸다. 먼저 제목부터 호기심을 불러일으켰다. "사도신경"이란 용어는 많이 들어봤어도 "예수 신경"이라는 용어는 생소했기 때문이다. 예수 신경은 예수가 자신의 제자들과 교회에게 제시한 신앙의 핵심 조항들이라는 뜻이다. 곧 그리스도인들이 예수가 제시한 신앙의 조항에 따라 자신들의 삶을 살아갈 때, 그들은 비로소 진정한 영성 형성을 이룰 수 있다는 것이다. 유대인이었던 예수는 자신이 몸으로 배웠던 구약의 쉐마에서 자신만의 왕국을 위한 핵심적 가치를 신조의 형태, 곧 "예수 신경"으로 제시하며 그것에 따라 살도록 우리를 초청한다. 복음서 전공 학자인 스캇 맥나이트는 복음서를 중심으로 예수 신경의 핵심 요소인 하나님 사랑과 이웃 사랑이 어떻게 구현되어야 하는지를 자세하고도 쉽게 설명한다. 가독성 있는 문체는 이 책의 핵심 주제를 독자에게 편안하게 전달해준다. 나는 독자들이 스캇 맥나이트와 함께 떠나는 복음서 여행을 통해 영성 형성의 건축술을 전수받는 상상을 하면 웃음이 절로 난다.

류호준
백석대학교대학원 신학 부총장

이 책은 예수님과 그분을 둘러싼 이야기들을 통해 기독교인의 사명인 사랑의 계명을 재확인시켜준다. 예수님의 삶과 사역 자체가 사랑을 드러내는 가장 분명한 현장이었다. 노련한 기독교 작가 스캇 맥나이트는 현대 독자들에게 친숙한 언어로 1세기의 역사적 정황을 흐리지 않으면서 예수님의 사건을 분명히 보여준다. 그리고 거기에서 사랑의 계명이 어떻게 드러나는지를 확인시켜준다. 독자들은 이 책을 통해 교회가 걸어야 할 참된 길로 안전하게 인도받을 것이다.

송태근
삼일교회 담임목사

이 새로운 인생 지침서가 당신 책장에 꽂혀 있는지 확인할 것!

맥스 루케이도(Max Lucado)

오크 힐스 교회 담임목사

신선하고, 쉽다. 매력적이고, 빨려들게 만든다. 진부하지 않다. 스캇 맥나이트는 일상의 삶을 살아가는 장소와 상황에서 예수와 대화하도록 우리를 이끈다.

유진 피터슨(Eugene H. Peterson)

목사, 학자, 저자, 그리고 시인

스캇 맥나이트는 내 교육과 성장에 비밀 병기와도 같은 존재다. 이제 그는 당신의 무기가 될 수 있다. 이 책으로 인해 예수의 세계와 당신의 세계는 훨씬 더 가까워질 것이다.

존 오트버그(John Ortberg)

멘로파크 장로교회 담임목사

이 책은 보기 드문 수작이다. 최고의 성경학자가 자신의 개인적인 연구, 삶의 체험, 기도를 통한 묵상에서 얻은 열매들을 제공해주고 있다. 또한 이 책은 가독성이 높고, 실용적이며, 개신교와 가톨릭과 유대교를 망라하는 광범위한 전통에 기초를 두고 있다. 스캇 맥나이트가 진정으로 가치 있는 작품을 만들어냈다는 것을 확인하기 위해 본문의 특정한 모든 부분까지 다 동의할 필요는 없다. 이 책은 분명히 많은 독자들을 그리스도께로, 그리고 하나님의 말씀의 지혜로 더욱 가까이 인도할 것이다.

스코트 한(Scott Hahn)

스튜번빌 프란시스코 대학교 성경신학 교수

스캇은, 지금까지 많은 그리스도인들이 영성에 대해서 논하면서 간과해왔던 한 가지, 영성과 예수와의 관계가 어떤 것인지를 묻고 있다. 이 책은 모든 사람을 위해 그 뜻을 밝혀준다.

빌 하이벨스(Bill Hybels)

윌로우 크릭 커뮤니티 교회 담임목사

스캇 맥나이트는 영적 성장을 향한 매력적인 초대장을 쥐여주며, 우리가 따라야 할 분명한 길을 제시한다. 그의 『예수 신경』은 영성 형성에 대한 정보는 물론이고, 우리를 영성 형성으로 기꺼이 인도해준다. 개인과 소그룹들은 이 책을 읽음으로써 예수의 마음과 영성 형성의 의미를 더욱 깊이 이해할 수 있을 것이다.

도린 올슨(Doreen L. Olson)

에반젤리컬 커버넌트 교회 기독교 영성 분과의 행정 사역자

대중적인 영성과 일시적인 미봉책이 유행하고, 스스로 길을 찾아가는 시대에, 스캇 맥나이트의 『예수 신경』은 영성 형성을 향한 예수의 부르심에 관해 복음서가 실제로 어떤 말을 하고 있는지 성실한 연구와 예리한 통찰력을 제공한다. 또한 각 장에 첨부된 지침내용은 개인과 소그룹 모두에게 지식을 넘어 영성 형성으로, 수박 겉 핥기 식 성경 읽기를 넘어 보다 깊은 묵상으로 나아갈 수 있게 도와줄 것이다. 간단히 말해서, 마지못해 따라가는 영적 훈련을 넘어 성경 중심의 제자도로 나아가는 것이다.

조지 거스리(George H. Guthrie)

유니온 대학교 성경신학 교수

The Jesus Creed

Scot McKnight

예수
신경

THE
JESUS
CREED

스캇 맥나이트 지음 | 김창동 옮김

예수가 가르친
하나님 나라의
메시지

Holy
WavePlus

아내 크리스에게

내가 스캇 맥나이트의 글을 처음 접한 것은 아내 낸시를 통해서였다. 어느 날 아내가 현관문을 부리나케 열고 달려 들어와서는 이렇게 말했다. "오늘 교회에서 엄청난 지성을 소유한 분을 만났어요. 당신도 그분을 꼭 만나봐야 해요." 아내가 다른 사람에게 관심을 가질 때면 나는 늘 호기심이 발동한다. 그날도 그 사람과 점심을 함께하기로 약속을 잡았다.

맥나이트와의 첫 만남은 그 뒤 몇 번의 대화로 이어졌고, 그 만남을 시작으로 해서 현재까지 수천 킬로미터를 뛰어넘는 만남이 계속되고 있다.

스캇은 회심에 관한 이론에서부터 역사적 예수에 대한 탐구를 둘러싼 논쟁들은 물론 LA 레이커스의 명감독 필 잭슨(Phil Jackson)의 삼각 수비에 이르기까지, 어떤 사람과 마주 앉아도 대화를 이어나갈 수 있는 방대한 지성을 소유한 사람이다. 그는 어떤 분야의 사람들과도 얼마든지 잘 어울릴 수 있는 그런 친구다. 한 사람의 학자를 평범하게 친구라고 부르는 것이 빈정거림이나 혹은 칭찬으로 들릴 수도 있겠지만, 나로서는 그 말보다 더 스캇을 잘 표현할 수 있는 단어를 생각하기가 힘들다.

그렇지만 다른 무엇보다도 스캇은 예수에 대한 커다란 사랑, 곧 그분의 메시지와 그분의 세계에 관한 것들을 배우고 발견하는 일에 뜨거운 열정을 가지고 있다. 그리고 그 열정을 히브리어나 성서 고고학에 관한 학위를 받을 가능성이 전혀 없는 사람들도 그 분야의 학문적 성취에 쉽게 접근할 수 있도록 돕고자 하는 간절한 바람과 결합시켰다.

과거 내가 신학교에 몸담고 있었을 때, 그곳의 학장이자 구약학 교수였던 데이비드 허바드(David Hubbard)는 이런 말을 한 적이 있다. 오늘날은 보통의 신학생들조차도 그 시대 최고 수준의 학문에 도달했던 루터나 칼뱅보다 더 많은 정보를 접하고 있다고 말이다. 물론 이에 따른 문제도 발생하는데, 그것은 이렇게 과도한 정보화 시대에는 광고 메일을 비롯하여 고화질 영상과 광통신을 통해 우리가 처리할 수 있는 분량 이상의 정보가 우리의 의식 속으로 매일 흘러 들어오고 있다는 것이다. 그러나 스캇은 이 책에서 자신이 전달하려는 정보에 대해 올바른 관점을 유지하고 있기 때문에 그런 식의 과도한 정보는 찾아볼 수 없다.

스캇은 이 책 『예수 신경』에서 예수를 따르는 모든 사람을 그분이 살았던 세계로 가 보도록 초대하는 가운데 커다란 선물을 제공한다. 이를 통해 우리는 1세기에 갈릴리 지방에서 유대교 랍비가 된다는 것이 어떤 의미인지를 한 번에 하나씩 배우게 된다. 그리고 요셉과 마리아, 세례 요한과 시몬 베드로의 정체성과 소망과 갈등에 관해 참신하면서도 깊은 깨달음을 얻게 된다. 스캇은 자신의 학식을 어렵지 않은 말로 표현한다. 우리는 차디킴* 혹은 암 하아레츠* 가운데 한 사람이 되는 일로 인해 고민하는 것이 어떤 의미인지를 발견하는데, 그것은 단순히 하나의 지식을 더하기 위함이 아니라 그것이 예수를 따르라는 부르심을 받은 우리에게 한줄기 빛을 던져주기 때문이다. 개리슨 케일러(Garrison Keillor)의 말을 빌리면, 스캇은 "염소들이 먹기 편하게 건초더미를 바닥에 깔고 있다."

나는 당신이 이 책을 한 장씩 넘겨나가는 여행을 시작할 것을 생각하면 신이 난다. 그리고 이 책을 읽는 도중에 분명히 당신이 가진 두 개의 틈이 좁아질 거라고 확신한다. 하나는 당신과 예수 사이의 간격이다. 그분의 말씀이 당신의 말과 더욱 가까워질 것이다. 당신은 예수를 둘러싼 사람들의 실제 정체성과 그들의 갈등을 발견하면서 그것이 바로 당신 자신의 이야기임을 발견할 것이다. 또한 복음서 이야기들에 역사하는 본질적인 역동성을 시시때때로 깨달으면서 자신도 모르게 "아하!" 하는 소리가 입에서 튀어나오는 것을 경험할 것이다.

그리고 또 하나의 간격이 줄어들 텐데, 그것은 당신의 현재 모습과 하나님께서 처음 당신을 지으실 때 계획하셨던 모습 사이의 간격이다.

달라스 윌라드(Dallas Willard)는, 우리 모두는 언제나 영적으로 더 성숙해지거나 퇴보하는 과정 가운데 있다고 말한다. 그것은 우리의 의지와 심령이 우리가 그렇게 되기를 원하는지 그렇지 않은지에 의해 결정된다. 예수님은 다른 어떤 것보다도 영성 형성의 대가이시다. 이 책은 당신의 영혼을 그분의 손에 맡겨, 주님의 식탁에서 풍성히 먹을 수 있게 하는 초대이자 식사 도구다. 그 식탁에 대한 소개는 이것으로 충분할 것 같다. 이제 당신이 직접 그 맛을 볼 차례다.

존 오트버그
멘로파크 장로교회 담임목사

나는 예수가 친히 고백한 신조를 발견하기 전까지는 신경을 따라 신앙
고백을 하지 않았다. 물론 경우에 따라 교회 안에서 다른 이들과 함께
사도신경이나 니케아 신조를 암송한 적은 있다. 그럼에도 불구하고 내
게는, 어떤 신경을 고백하는 것이 반드시 해야 하는 하루 일과는 아니
었다. 이제 나는 예수가 직접 사용하고 가르친 신경을 매일 조용히 암
송하기 시작했다. 하루 중 언제라도 생각날 때마다 그 내용을 거듭 암
송한다. 내게 그 신경은 삶이 무엇인지를 깨우쳐주는 그분의 부드러운
음성과 같은 것이다.

　세상 모든 사람은, 젊은이든 노인이든, 영성 형성에 관해 묻는다.
그들은 이렇게 질문한다. 하나님 앞에서 이 세상을 살아간다는 것
은 어떤 의미인가? 그들은 방향을 찾기 위해 토마스 머튼(Thomas
Merton), 리처드 포스터(Richard Foster), 달라스 윌라드와 같은 저자들
에게 시선을 돌린다. 또한 성 아우구스티누스, 아빌라의 테레사, 로렌
스 형제처럼 시대를 뛰어넘는 가르침을 교회에 준 전통적인 영적 대가
들을 찾는다. 나 역시 그들처럼 이 시대와 과거의 대가들을 찾아왔고,
또 앞으로도 찾아갈 것이다.

　그러나 우리는 종종 이런 영적 거장들이 주는 가르침의 근원이 무
엇인지를 잊곤 한다. 그들의 사상의 근원, 곧 예수 자신과, 영성 형성이

무엇을 의미하는지에 관한 그의 가르침을 찾아보는 것을 잊어버리는 것이다. 나는 당신이 이 책 안에서 그를 만나보기를, 영적 성장의 본원에 관한 중차대한 질문에 대해 그가 들려주는 해답에 귀를 기울이기를 바란다.

한번은 어떤 유대교 토라(Torah* 율법) 전문가가 예수에게 영적 성장에서 가장 중요한 것이 무엇인지를 질문했다. 예수의 대답은 그의 제자들을 통하여 역사를 뒤집었다. 이 책은 당신으로 하여금 그 율법사에 대한 예수의 대답이 어떤 것인지 탐구하도록 권유하는 초대장이다. 나는 그것을 '예수 신경'(Jesus Creed)이라 부른다. 그분이 한 말씀은 우리가 기독교 영성에 관해 언급하는 모든 것을 결정지을 것이다. 모든 것을 말이다.

내가 10년 전에 처음으로 『예수 신경』을 썼을 때만 해도 알지 못했던 것들이 많았다. 첫째, 나는 예수 신경(막 12:29-32의 말씀)의 발견으로 내 삶의 많은 부분에 변화가 찾아올 줄 몰랐다.

대학교에서 학생들에게 예수에 관해 가르치면서, 나는 예수가 율법을 준수하는 아주 훌륭한 유대인으로서 쉐마(하나님을 사랑하라)를 매일 암송했다는 것을 알았다. 그리고 그가 "네 이웃을 네 자신처럼 사랑하라"는 말을 덧붙이며 쉐마를 수정해 그것을 매일 암송했다는 것을 발견했다. 그러니까 예수 신경은 하나님을 사랑하고 이웃을 사랑하는 것이다. 나는 한 사람—이 경우에는 내 자신—이 예수 신경을 암송하며 하루를 시작하고 끝맺을 때 일어날 변화를 정말로 알지 못했다. 동방정교회 사람들이 예수기도문(Jesus Prayer)을 사용했던 것처럼, 나는 하루 종일 예수 신경과 함께했다. 그리고 하루에도 열두 번씩이나 예수 신경을 암송하고 있는 나 자신을 발견했다. 예수 신경은 내 기도, 내 호흡, 내 영성이 되었다.

예수 신경이 내 삶을 변화시킨 것처럼, 예수 신경을 읽는 것은 여러분의 도덕적 건강에 매우 위험할 수 있다. 왜 예수 신경을 읽는 것이 위험할까? 기도와 같은 이 작은 예수 신경은 내가 이웃을 얼마나 자주 사랑하지 않는지를 깨닫게 하며, 지금 이 순간 내 삶의 여정에서 특정한 이웃을 어떻게 사랑해야 하는지를 알도록 도와주고, 더 넓게 이웃을 사랑하는 방법을 알려주기 때문이다. 나는 사도 바울이 네 이웃을 네 몸처럼 사랑하는 것이 전체 토라(율법)이지, 단순하게 십계명 가운데 하나가 아니라고 말한 이유를 이제야 깨달았다. 지금 내 삶의 가장 큰 도전은 예수 신경을 따르는 삶이다.

내가 두 번째로 알지 못했던 것은 『예수 신경』 저술이 내 직업을 변화시킬 것이라는 사실이었다. 나는 이 책이 꽤 멋지게 저술되었다고 생각한다. 이것은 내 직업을 전문 목회자로 바꾸었다.

패러클릿 출판사의 훌륭한 홍보담당자 캐롤 쇼월터는 내게 웹사이트를 개설하라고 조언했고 블로그를 운영하도록 용기를 북돋아 주었다. 나는 캐롤의 말대로 웹사이트를 개설했고 블로그도 운영하고 있다. 하지만 내 블로그가 사람들이 수시로 방문하는 인기 사이트가 될 줄은 몰랐다. 또한 목회자들과 일반인들이 똑같이 자신들의 문제를 상담하고 죄를 고백하며, 개인적인 이야기를 털어놓을 줄 전혀 몰랐다. 내가 선호하던 책이 이전과는 다르게 내 블로그 친구들에게 도움을 주는 책으로 바뀔 줄도 몰랐다. 그리고 캐롤이 "스캇! 당신은 이제 여행을 떠날 준비를 해야 해요"라고 이야기했을 때, 나는 그녀가 당최 무슨 말을 하는지 몰랐다. 이제야 나는 캐롤이 한 말의 의미를 알게 되었다.

이 지면을 빌려 지난 10년 동안 세계를 여행하도록 도움을 준 그녀에게 감사하다는 말을 전한다. 아내 크리스와 나는 『예수 신경』이 아니면 결코 볼 수 없었을 세계 여러 나라를 방문했다. 우리는 남아프리카에 있는 가정들을 방문했고, 덴마크에 있는 이웃들과 함께 기도했으며, 오스트레일리아에서는 『예수 신경』을 가르쳤다. 그리고 미국 전역을 돌면서 사람들이 예수 신경을 매일 암송할 수 있도록 용기를 북돋아 주었다.

마지막으로 나는 사랑을 정의하는 일이 내게 그렇게 중요할 줄 전혀 알지 못했다. 10년 전에 『예수 신경』을 썼을 때만 하더라도 나는 사랑을 정의하는 일만큼은 피하고 싶었다. 사랑에 관한 내 정의에 동의하지 않는 사람들이 『예수 신경』을 읽다가 이 책을 내려놓는 것을 바라지 않았기 때문이다. 하지만 내 마음 깊은 곳에서는 사랑이 무엇인지를 설명하지 않는 『예수 신경』에 대해 만족해하지 못했다. 그래서 이 책에서는 네 가지 사랑의 원리를 말한다.

사랑은 (1) 견고한 헌신이고, (2) 다른 사람과 함께 있는 것이고, (3) 다른 사람을 위해 존재하는 것이고, (4) 이 헌신은 그리스도를 닮아가는 것을 목표로 한다. 그것은 사랑하고, 거룩하고, 의롭고, 선하고, 정의롭고, 평화롭게 되는 것이다. 이것은 네 가지 원리, 곧 헌신의 원리,

존재의 원리, 지지의 원리, 방향의 원리를 의미한다. 당신은 『예수 신경』을 읽을 때 다음과 같은 정의를 마음에 간직해야 한다. 곧, 이 세상에서 이웃을 사랑하는 것은 당신이 이웃과 함께 있고 그를 위해 존재하는 것으로 헌신하겠다는 말을 의미한다. 그리고 하나님께서 당신에게 존재하라고 명하신 그 사람으로, 당신이 사랑의 네 원리와 함께 성장하겠다는 것을 의미한다.

예수는 그가 전혀 알지 못하던 사람도 사랑하셨다. 그는 이웃을 사랑하는 자였기 때문이다. 그는 자신의 하루 일과를 방해할 수 있는 사람을 알지 못했고, 제자의 무리에 들어오기 바라는 사람도 알지 못했다. 그리고 사랑의 삶이 우리 존재의 중심에 도전을 주는 일이라는 것도 알지 못했다. 아니, 분명하게 예수는 사랑의 삶이 무엇인지를 알았다. 그리고 이제 우리도 그것을 알게 되었다. 그 어느 것보다 나는 여러분이 예수 신경을 말하면서 하루를 시작하고 끝맺도록 돕고 싶다. 그러려면 여러분은 머릿속에 예수 신경이 떠오를 때는 언제든지 예수 신경을 암송해야 한다.

이스라엘아 들으라.
주 곧 우리 하나님은 유일한 주시라.

네 마음을 다하고 목숨을 다하고 뜻을 다하고 힘을 다하여

주 너의 하나님을 사랑하라 하신 것이요.

둘째는 이것이니 네 이웃을 네 자신과 같이 사랑하라 하신 것이라.

이보다 더 큰 계명이 없느니라.

주현절에

스캇 맥나이트

<독자들에게 알리는 말>

이어지는 본문에서 몇몇 낱말들은 이 책의 뒷부분에 수록된 용어 해설에 간략하게 설명이 되어 있다. 그리고 그 낱말이 이 책에 처음 나타날 때는 별표(*)를 달아두었다. 인용문과 성경 구절의 출전 역시 이 책 뒷부분에 실린 미주에 수록되어 있다. 각 장의 서두에는 복음서 읽기가 제시되어 있는데, 그 부분을 읽지 않는다고 해서 그 장의 내용을 이해하지 못하는 것은 아니지만, 그 장을 읽기에 앞서 해당하는 복음서 본문을 읽을 것을 추천한다.

1부

예수
신경

영성이 형성된 사람은 예수를 따르고
이웃을 사랑함으로써 하나님을 사랑한다.

예수는 한 율법 전문가로부터 영성 형성의 출발점이 무엇인지에 관해 질문을 받고 그 대답으로 예수 신경을 제시하였다. 예수 신경은 영성 형성이 무엇인지를 정의한다.

* * *

예수 신경

"첫째는 이것이니 '이스라엘아 들으라.
주 곧 우리 하나님은 유일한 주시라.
네 마음을 다하고 목숨을 다하고 뜻을 다하고 힘을 다하여
주 너의 하나님을 사랑하라' 하신 것이요.
둘째는 이것이니 '네 이웃을 네 자신과 같이 사랑하라' 하신 것이라.
이보다 더 큰 계명이 없느니라."

* * *

예수는 레위기 19:18을 추가하여 유대교의 쉐마(신 6:4-9)를 수정함으로써, 영성 형성은 곧 하나님과 이웃을 사랑하는 것임을 밝혔다.

영성 형성의 첫 번째 원리는 다음과 같다.
'영성이 형성된 사람은 하나님과 이웃을 사랑한다.'
우리는 다음 여섯 장에서 영성 형성이 어떻게 하나님을 사랑하고 이웃을 사랑하는 가운데 시작되는지를 살펴볼 것이다. 영성 형성은 다른 것이 아니라 관계, 곧 하나님과 이웃과의 관계다.

1장

예수 신경이란 무엇인가?

복음서 읽기 • 막 12:28-33; 눅 9:57-62

예수는 삶이 무엇인지를 분명히 알고 있다. 토마스 아 켐피스Thomas à Kempis도 알고 있다. 그는 하나님과 온전하게 교제하기를 원했다. 로렌스 형제도 안다. 그는 하나님과 항상 대화하기를 갈망했다. 존 울먼John Woolman도 안다. 그는 모든 상황에서 옳은 일을 하려고 애썼다. 패커J. I. Packer도 안다. 그는 하나님을 위한 거룩한 열심으로 불타오르기를 기대했다. 리처드 포스터도 안다. 그는 영성 훈련을 통한 마음으로부터의 영적 변혁을 갈구했다. 달라스 윌라드도 안다. 그는 육체 안에서 그리스도 닮기를 열망했다. 존 오트버그도 안다. 그는 그리스도의 형상 닮기를 흠모했다. 릭 워렌Rick Warren도 안다. 그는 하나님의 목적에 이끌린 삶을 간절히 원했다.[1] 오늘날 이런 영적 거장들을 그토록 매력적이게 한 것은 바로 이것이다. 그들은 '영성 형성'에 대해 논할 때 그것이 어떤 의미인지를 분명히 알았다. 그리고 영성이 형성된 사람들은 어떤 모습을 보이는지 알았고, 그 모습이 자신의 삶과 다른 사람들의 삶 속에 구현되기를 간절히 바랐다. 나는 날마다 그들에게서 배우며, 그래서 그들이 '바라던 것'을 하나로 요약하려는 시도가 합당하지 않음을 잘 알고 있다.

그러나 그런 대단한 영향력을 가진 거장들 뒤에는 예수가 있으며, 나는 그분 역시 알고 있다.

따라서 가장 중요한 질문은 바로 이것이다. 예수는 영성 형성에 대하여 무엇을 아는가?(그리고 말하는가) 그분에 의하면 영성이 형성된 사람은 어떤 모습을 보이는가? 이런 질문들은 예수가 어떤 영적 훈련을 실시하고 가르쳤는지에 관해 질문하는 것과는 다르다. 이 질문들은 그 모든 훈련 뒤에 조용히 자리한 채 이렇게 묻는다. 이 모든 것은 무엇을 위한 것인가?

예수가 영성 형성에 관한 견해를 밝힌 적이 있는가? 그렇다. 그것도 기존의 신경을 바꿈으로써 그렇게 했다. 나는 그 신경을 **예수 신경**이라 이름 지었고, 그것은 당시 유대교라는 맥락에서 생각할 때 의미가 더욱 분명해진다(네 복음서 모든 지면에서). 그러므로 우리는 바로 그곳에서부터 시작하려 한다(이 신경이 예수에게 얼마나 중요했는지를 강조하는 차원에서, 나는 예수가 만든 쉐마의 증보판을 이 책 전체에 걸쳐 예수 신경이라고 부를 것이다).

유대교의 신경

신실한 유대인은 매일 아침 일어날 때와 저녁 잠자리에 들 때마다 큰 소리로 신경을 암송한다. 이 신경은 성경, 그중에서도 모세오경의 하나인 신명기 6:4-9을 비롯하여 다른 두 본문에서 차용한 것이다(이것은 이 책 뒷부분 용어 해설에 모두 나와 있다). 유대교의 이 신앙고백은 쉐마Shema*라고 불린다. 예수가 말한 영성 형성이 무엇을 의미하는지 이해하기 원하는 사람은 유대교의 쉐마를 깊이 고찰할 필요가 있다. 쉐마는 영성 형성에 관한 유대교의 신경으로서 예수는 그것을 인정했고, 그분의 제자들에게 맞춰 변형시켰다.

> 이스라엘아 들으라(쉐마), 우리 하나님 여호와는 오직 유일한 여호와이시니 너는 마음을 다하고 뜻을 다하고 힘을 다하여 네 하나님 여호와를 사랑하라. 오늘 내가 네게 명하는 이 말씀을 너는 마음에 새기고 네 자녀에게 부지런히 가르치며, 집에 앉았을 때에든지 길을 갈 때에든지 누워 있을 때에든지 일어날 때에든지 이 말씀을 강론할 것이며, 너는 또 그것을 네 손목에 매어 기호를 삼으며 네 미간에 붙여 표로 삼고 또 네 집 문설주와 바깥문에 기록할지니라.

현대의 유대교 전문가에 의하면 쉐마는 유대인 어린이들이 '가장 먼저 암송하는 기도문'이며,[2] '유대교의 가장 기본이 되는 신앙과 헌신의 전형적인 표현'이다.[3]

쉐마는 영성 형성에서 가장 중요한 것이 무엇인지를 나타낸다. 그것은 야웨YHWH*(하나님을 가리키는 히브리어) 한 분만이 이스라엘의 하나님이시고, 이스라엘은 그분의 선택받은 민족으로서 하나님을 마음과 뜻과 힘을 다해 사랑해야 한다는 것이다. 또한 쉐마는 영성 형성을 위한 토라* 생활방식의 윤곽을 제시한다. 토라를 외우고, 낭송하고,

가르치고, 쓰는 것, 그리고 토라를 마음에 되새기기 위해 옷깃에 치칫 *tzitzit*(술)*을 다는 방식들이 그것이다. 그렇게 쉐마를 따라 살아갈 때 약속이 주어진다. 곧 쉐마를 좇아 살아가는 유대인은 상상할 수 없는 '복을 받을 것'이다.

우리는 유대교의 신경을 다음과 같이 말할 수 있다. 토라를 따라 삶으로써 하나님을 사랑하라. 그렇다면 쉐마를 신봉하던 유대교 세계에서 예수는 어느 자리에 서 있는가?

첫 번째 개정판으로서의 예수 신경

예수는 참된 유대인으로서 매일 쉐마를 경건하게 암송했다. 그리고 나중에는 한 율법 전문가에게 이런 질문을 받았다. "모든 계명 중에 첫째가 무엇이니이까?"[4] 유대인에게, 이 사람의 질문은 영성 형성과 관련된 궁극적인 질문이다. 그는 유대교의 영적 중심에 관해서 묻고 있다. 예수라면 당연히 이 질문의 답을 알 것이라고 생각했기 때문이고, 실제로 예수는 그 답을 알았다.

예수는 쉐마를 암송하는 것으로 그 질문에 답했고, 거기에 한 가지를 더해 유대교 신경을 변형함으로써 제자들에게 영성의 중심이 무엇인지 이해시켰다. 그것이 바로 내가 예수 신경이라고 부르는 것이다.

예수 신경

"첫째는 이것이니, 이스라엘아 들으라, 주 곧 우리 하나님은 유일한 주시라. 네 마음을 다하고 목숨을 다하고 뜻을 다하고 힘을 다하여 주 너의 하나님을 사랑하라." 여기까지는 좋다. 이것은 신명기 6:4-5 말씀과 동일하다. 하지만 그 다음 예수는 레위기 19:18 말씀을 덧붙인다. "둘째는 이것이니, 네 이웃을 네 자신과 같이 사랑하라 하신 것이라. 이보다 더 큰 계명이 없느니라."

우리는 바로 여기서 영성 형성을 위한 예수 신경을 발견할 수 있다. 토마스 아 켐피스가 말한 것처럼, 예수는 예수 신경 안에서 "책 한 권을 단 한 마디의 말로 담아낸다."[5] 예수의 영성 형성에 관한 모든 것은 그가 설파한 쉐마 안에 표현되어 있다. 예수에게는 하나님을 사랑하고 이웃을 사랑하는 것이 영성 형성의 핵심이다. 명확한 정의를 내리기가 거의 불가능한 낱말이지만, 사랑이란 어느 한 사람을 향한 무조건적 관심으로서, 그가 하나님이 원하시는 사람이 되도록 도와주기 위한 행동을 이끌고 또 만들어내는 것이다. 올바른 사랑은 감정이면서 의지이고, 애정이면서 행동이다.

유대교의 영성 형성에서 쉐마의 중요성은 아무리 강조해도 지나치지 않다. 그러므로 예수가 쉐마를 새로 정의한 이상, 그것에 주목할 필요가 있다. 분명히 예수는 쉐마를 받아들였지만, 또한 거기에 무언가를 덧붙였다. 그렇다면 우리는 이런 질문을 던질 수 있다. 예수는 단지 약간의 변경만 가한 것인가? 그렇지 않다. 신성한 쉐마에 무언가를 더하기 위해서는 용기가(혹은 뻔뻔함이) 요구되지만, 이 추가 부분이야말로 예수 신경의 중심이 무엇인지를 드러낸다.

이 책의 독자들은 대부분 사도신경을 알고 있을 것이다. 그리고 만일 내가 "영생을 믿사오며" 다음에 예를 들어 "국가에 세금을 내기 전에 십일조를 내어 지역 교회를 후원할 것을 믿습니다"라는 구절을 첨가한다면, 아무리 교양 있는 교회에서라도 공격을 당하고 말 것이라는 사실 역시 알 것이다. 사람들은 나를 구급차에 태워 보내며 "여보세요, 사도신경을 엉터리로 만들지 마세요"라고 말할 것이다.

그러나 이런 덧붙이기가 바로 예수가 행한 그 일이다. 예수는 하나님을 사랑하라는 쉐마 대신에 하나님과 이웃을 사랑하라는 쉐마를 선언했다. 예수가 추가한 것은 유대교에서 모르고 있던 것이 아니며, 그는 유대교를 비난하지도 않았다. 예수는 유대교 안에서 자기만의 가게를 연 것이다. 이웃을 사랑하는 것은 유대교의 중심이지만, 유대교의 신앙고백인 쉐마의 중심은 아니었다. 예수가 말한 것은 유대교적인 것이었다. 그러나 예수 신경 안에 나타난 방식으로 이웃을 사랑하는 것에 대한 강조는 유대교 안에서 찾아볼 수 없다. 예수가 이웃 사랑을 자신이 설파한 쉐마의 일부분으로 삼았다는 것은, 그가 이웃 사랑을 영성 형성의 중심으로 삼고 있음을 보여준다.

예수가 유대교의 쉐마를 수정하고 있음을 알아보는 것만으로는 충분하지가 않다. 거기에는 표면적으로 보이는 것 이상의 의미가 있다. 쉐마는 예수 신경이 됨으로써 개인적인 것이 되었다. 이 점을 알기 위해서는 하나님을 사랑하는 것이 어떤 의미인지에 대해 누가복음에 나타난 예수의 설명을 살펴볼 필요가 있다. 왜냐하면 예수에게 하나님을 사랑하는 것은 바로 그분을 따르는 것을 의미하기 때문이다.

나를 따르라

예수는 소규모로 이루어진 자신의 제자 그룹 안에 다른 사람들이 들어오도록 정기적으로 초대했다. 한 남자가 이 소식을 듣고 자청하여 그 안에 들어오고자 했다. 그는 그렇게 함으로써 하나님을 더욱 깊이 사랑하게 될 것이라고 생각했다. 그래서 예수에게 찾아와 간단한 요청을 했다. "주여, 저는 하나님을 사랑하고 선생님을 따르기를 원합니다. 그렇지만 먼저 가서 내 아버지를 장사하게 허락하옵소서."[6] 그러자 예수는 퉁명스럽게 대답했다. "죽은 자들이 그들의 죽은 자들을 장사하게 하라." 아뿔싸! 이 남자는 자신의 인생에서 단 한 번 있을 기회를 요청했고, 그 후 자신의 온 마음을 다해 하나님을 사랑하겠다는 다짐을 한 것이다. 그러나 예수는 하나님을 사랑하는 것이 무엇인지를 새롭게 정의하고 있다.

자기 부친의 장례식에 참석하지 말라는 예수의 발언을 이해하기란 쉬운 일이 아니다. 유대교에서 자기 부친을 장사지내는 일은 대단히 중요한 일로 여겨졌기 때문에, 쉐마 암송과 관련하여 다음과 같은 예외 규정을 둘 정도였다. "자기 앞에 [장사를 지낼] 시신이 있는 사람은 쉐마를 암송하는 것이 면제된다."[7] 거룩한 쉐마도 자기 부친을 장사지내는 일보다 우선은 아니다. 그런데 어떻게 예수는 그에게 자기 부친의 장례식에 참석하지 말라는 요구를 할 수 있단 말인가? 유대교의 장례 관습을 조금만 살펴보면 예수 신경이 실생활에서 어떻게 적용되는지 잘 알 수 있다. 이러한 관습들은 하나님을 사랑하는 것이 어떻게 예수와 개인적인 관계를 맺는 일이 되는지를 보여준다.

예수가 살았던 당시의 장례는 두 단계로 나뉘어 진행되었다. 첫째, 부친이 사망하면 그 즉시 가족들이 시신을 관에 넣어 무덤에 안치한다. 그리고 가족들은 며칠 동안 애도 기간인 쉬브아*shiva*를 가진다. 시신은 무덤 안에서 약 1년 동안에 걸쳐 부패된다. 둘째, 그 후 유골을 관과 무덤에서 꺼내 유골함에 넣고 다시 땅에 묻는데 이것으로 장례 절차가 완전히 종료된다.[8] 이 관습은 선량한 유대인이 자기 부친을 얼마나 존경했는지, 부모를 공경하라는 계명을 얼마나 잘 지키는지,[9] 그리고 그가 토라를 따름으로써 하나님을 얼마나 사랑하는지를 보여주었다.

오늘날 많은 이들이 예수가 이 남자를 만난 사건이 그 첫 번째 장사와 두 번째 장사 사이였던 것으로 생각한다. 우선, (첫 번째 매장 이후) 애도 기간 중에 상주가 자리를 벗어나 돌아다니는 것은 있을 수 없는 일이며, 예수가 매우 엄중한 이 의무를 부정했다고 보기는 힘들다. 만일 예수와 그의 만남이 첫 번째 장사 기간과 두 번째 장사 기간 사이에 일어났다면, 남자가 예수를 따르려는 시점까지는 최대 1년 정도의 시차가 존재하는 것이다.

이 사람은 예수 신경이 만들어낸 딜레마에 봉착했다. 예수를 따를 것인가, 아니면 (자기가 이해한 대로의) 토라를 따를 것인가? 예수는 그 남자에게 자기를 따르라 명했고, 그렇게 함으로써 하나님을 사랑하는 것이 예수와 개인적인 관계를 맺는 것과 동일한 일이 되었다. 다른 말로 하자면, 유대교의 쉐마가 예수 신경이 된 것이다. 즉 예수를 따름으로써 하나님을 사랑하게 되는 것이다. 이것은 쉐마에 대한 혁명적인 이해이며, 또한 예수가 의미하는 영적인 삶의 모든 것이었다.

이제 이 둘을 하나로 묶어보자. 평범한 유대인으로서 예수의 영성 형성은 유대교의 쉐마와 함께 시작한다. 그러나 예수는 쉐마를 두 가지 방식으로 받아들인다. 즉 이웃을 사랑하는 것이 하나님을 사랑하는 것에 추가되고, 하나님을 사랑하는 것은 예수를 따르는 것으로 이해된다.

이것이 예수 신경이며, 또한 이것이 바로 예수가 영성 형성과 관련해 가르친 모든 것의 기초다. 예수는 삶이 무엇인지를 알았으며 그 삶이 사랑, 곧 하나님과 이웃을 향한 사랑과 관련된 것임을 알았다. 릭 워렌이 말한 것처럼 "삶에서 사랑을 빼면 아무것도 남지 않는다." "인생을 가장 잘 활용하는 것이 사랑이다. 사랑을 나타내는 최고의 표현은 시간이다. 그리고 사랑하기에 가장 좋은 시간은 지금이다."[10]

또한 예수 신경을 배움으로써 그 사랑을 실천할 시간은 바로 지금이다.

오늘날의 예수 신경

나는 20년 동안 예수에 관해 가르친 이후, 예수가 가르친 영성 형성이 무엇인지를 보여주는 역사적으로 가장 정확한 방법은 예수 신경이라는 확신을 얻었다. 예수는 어린 시절 쉐마를 암송하는 법을 배웠고, 유대인이었던 그의 제자들도 당연히 그것을 암송했을 것이다. 나는 그들이 예수를 만난 이후에도 이 훈련을 매일 반복했을 거라고 믿을 만한 여러 이유를 알고 있는데, 아마 원래의 쉐마에서 약간 변경된 것을 암송했을 것이다. 즉 그들은 내가 예수 신경이라고 부른, '하나님을 사랑하고 이웃을 사랑하라'는 강령을 암송했을 것이다.

한마디로 말하자면, 예수는 제자들의 영성 형성을 위해 그들에게 하나의 신경을 주었다. 그리고 그 신경은 우리 모두에게도 주어졌다.

나는 우리 모두가, 예수가 제시한 영성 형성의 원리에 걸맞은 삶을 살아가기 위해서, 우리 주님이 우리에게 명하신 것을 각인시켜주는 예수 신경을 외우고 그것을 날마다 암송할 것을 추천한다. 예수 신경은 내 삶에서 무언의 동반자가 되어주었다. 나는 자리에 앉을 때나 길을 걸을 때나 자리에 누울 때는 아주 가끔씩 예수 신경을 암송했지만, 아침에 일어날 때면 항상 하나님 앞에서 예수 신경을 짧고 나지막하게 암송한다.

예수 신경은 내 아침에 방점을 찍는다. 그래서 내 일과에 리듬을 부여하고 하루를 편안하게 해준다. 또한 내가 그날 행하는 모든 일이 하나님을 사랑하고 이웃을 사랑함으로써 이루어지도록 끊임없이, 명령이 아닌 고백으로서 나를 일깨워준다. 내게는 그런 속삭임이 필요하다.

우리의 소명이 무엇이든, 예수에게서 영성 형성은 예수 신경과 함께 시작된다. 예수는 우리 모두에게 자신의 일을 그에게 드려, 파커 팔머Parker Palmer가 말한 것처럼 "우리의 삶이 말하게"[11] 하도록 명하신다. 당신과 내가 어떤 존재가 되어야 하는지는 서로 다르지만, 우리 각자의 삶은 우리가 다른 이들에게 말하기 위해 주어졌으며, 그 삶은 예수 신경에 의해 형성되어야 한다.

한 서기관이 영성 형성의 진수에 관해 예수에게 물었고, 예수는 그에게 예로부터 전해져오는 대답에 한 가지 혁명적인 내용을 살짝 꼬아서 제시했다. 그 답은 하나님을 사랑하고 이웃을 사랑하며, 자신을 따름으로써 하나님을 사랑하라는 것이다. 서기관은 자신의 모든 것이 새롭게 자리매김해야 할 필요가 있음을 깨달았다.

2장

예수 신경으로 기도하기

복음서 읽기 • 눅 11:1-4; 마 6:9-13

때때로 기도는 메마른 날 말라붙은 입 안에 들어간 마른 아욱콩처럼 느껴진다. 리처드 포스터의 말마따나, 어느 때 기도는 "우리를 영적 생활의 최전방으로 내몰고" "하나님께서 우리를 변화시키기 위해 사용하시는 주요 방식이" 되기도 한다.[1] 물론 그럴 수도 있지만, 항상 그런 것은 아니다. 사실 해마다 우리에게는 기도 생활에서 더 많은 것을 얻을 수 있게 하는 수많은 전략과 새로운 방침이 주어진다.

왜 그런가? 기도는 힘든 것이며, 우리의 일과 속에 파고들어 만족감만큼이나 좌절감을 안겨주기 때문이다. 로렌스 형제는 교회 역사에서 누구보다도 많이 기도 생활을 격려한 사람이었지만, 그럼에도 그는 틀에 박힌 기도가 메마르고 무감각하다는 것을 깨달았다. 그는 기도와 관련된 자신의 곤혹감을 매우 솔직하게 드러냈다.[2] 기도의 대가가 보여주는 기도에 관한 정직함은 기도와 관련해 많은 갈등을 겪고 있는 우리 모두에게 큰 위로가 된다.

근본적으로 기도는 간단한 것이다. 이것은 하나님과의 애정 어린 의사소통이다. 기도할 때 우리에게 필요한 것은 열린 마음뿐이다. 그렇지만 그것이 기도가 길게 늘어지거나, 입술로는 은혜로운 말을 중얼거리면서 마음속으로는 골치 아픈 생각을 떠올릴 때가 없다는 의미는 아니다. '갈등'이야말로 기도 생활에서 항상 새롭게 생겨나는 것이다.

한 가지 좋은 소식은 주기도문을 탄생시킨 장본인이 바로 기도의 갈등이라는 점이다. 제자들은 기도 생활에 갈등을 겪고 있었다. 예수가 기도하는 것을 본 제자 하나가 이렇게 말했다. "주여, 기도를 우리에게도 가르쳐주옵소서."[3] 예수는 그들이 기도하는 것을 돕기 위해, 그리스도인들이 '주기도문' 혹은 '주의 기도'라고 부르는 하나의 기도를 제시했다.

제자들은 예수가 제시한 이 기도를 처음 들었을 때, 그 기도가 어떤 것인지를 얼른 알아챘다. 그러나 유대인들의 기도와 약간 다른 점이 있었다. 이것을 알아보기 위해서는 고대 유대인들의 기도를 살펴보고, 이어서 예수가 예수 신경이라는 관점에서 그것을 어떻게 수정했는지를 고찰할 필요가 있다.

유대교의 카디쉬와 예수의 카디쉬

예수 당시의 유대교에서는 카디쉬*Kaddish*(성화聖化)라 불리는 기도문을 외웠다.

그분이 자신의 뜻에 따라 지으신 세상에서 그분의 거룩하신 이름이 광대하고 거룩하게 될지어다.

너희의 삶과 너희의 날 중에, 그리고 이스라엘의 모든 가족의 삶 속에서, 신속하게 그리고 가까운 미래에 그분의 나라가 세워질지어다.

그리고 아멘이라고 말할지어다.[4]

몇 군데에서 주기도문과 놀라울 정도로 비슷한 이 공식적인 기도문은 예수가 애용하던 기도문 가운데 하나다. 따라서 그는 자기 자신의 기도문을 만든 것이다.

제자들이 예수에게 기도를 가르쳐달라고 요청했을 때 예수는 이 카디쉬에 약간의 변경을 가한다.

유대교의 카디쉬	예수의 카디쉬(주기도문)
	아버지여
이름이 광대하고 거룩하게 될지어다	이름이 거룩히 여김을 받으시오며
	['광대하게'는 없음]
나라가 속히 세워질지어다	나라가 임하옵소서['속히'는 없음]
	양식
	용서
	구원
아멘	['아멘'은 없지만, 어차피 '아멘'을 붙여 말하므로 별 차이는 없음]

우리는 앞에서 예수가 유대교의 쉐마를 수정하여 자신의 쉐마를 만든 것을 살펴보았다. 그는 이번에는 거룩한 기도문을 개정한다. 예수가 쉐마에 행한 것을 '첫 번째 수정'이라 한다면, 카디쉬에 행한 것은 '두 번째 수정'이 된다.

거기에는 기본적으로 세 가지 변화가 있다. 첫째, 주기도문은 '아버지여'*Abba**로 시작한다. 둘째, 예수는 세 개의 행을 추가했다(위의 도표에서 이탤릭체로 된 부분). 셋째, 추가된 행은 '너희들'에서 '우리에게'로 초점이 바뀐다. 이러한 변화의 결과로, 주기도문은 '당신' 청원과 '우리/우리에게' 청원이라는 두 부분으로 구성된다.

당신 청원	우리/우리에게 청원
당신의 이름이 거룩히 여김을 받으소서	우리에게 일용할 양식을 주소서
당신의 나라가 임하소서	우리가 우리에게 죄 지은 자를 사하여 준 것 같이 우리 죄를 사하여주소서
당신의 뜻이 땅에서 이루어지이다	우리를 시험에 들게 하지 마시고 다만 악에서 구원하소서

예수는 왜 거룩한 기도문을 개정했을까? 예수가 하나님만 사랑하라는 쉐마를 하나님과 이웃을 사랑하라는 (똑같이 거룩한) 쉐마로 변경했음을 기억하라. 카디쉬에도 이와 유사한 일이 일어났다. 유대교의 카디쉬에는 하나님에 대한 관심만 존재한다. 그러나 예수의 카디쉬에는 하나님과 이웃을 향한 관심이 함께 존재한다. 따라서 다음과 같은 도식을

만들 수 있다.

유대교의 쉐마	하나님을 사랑하라(토라를 따름으로써)
예수의 쉐마	하나님을 사랑하고 (예수를 따름으로써) 이웃을 사랑하라
유대교의 카디쉬	하나님의 영광을 간구함
예수의 카디쉬	아버지의 영광을 간구하고 이웃을 위하여 간구함

　　지금까지 살펴본 내용은 주기도문이 두 부분으로 이루어져 있음을 보여준다. 하나는 하나님을 사랑하는 것이고, 다른 하나는 이웃을 사랑하는 것이다. 그 사람의 신학은 그 사람의 기도에서 증명된다. 예수가 말한 하나님을 사랑하고 이웃을 사랑하라는 강령(예수 신경)은 하나님을 사랑하는 기도와 이웃을 사랑하는 기도 가운데 구현된다. 다음과 같이 말이다.

하나님 사랑 청원들	**이웃 사랑 청원들**
당신의 이름이 거룩히 여김을 받으시오며	우리에게 일용할 양식을 주시고
당신의 나라가 임하시고	…우리의 죄를 사하여 주시고
당신의 뜻이 땅에서도 이루어지이다	우리를 시험에 들게 하지 마시고…

공식 기도문으로 주어진 주기도

제자들이 예수에게 기도를 가르쳐달라고 했을 때, 예수는 "너희는 기도할 때 이렇게 하라"라고 말했다. '이렇게 하라'는 문자적으로 '반복하다'를 의미한다. 몇몇 그리스도인들은(나를 포함해서) 공식적인 기도문에 다소 신중한 태도를 보인다. 왜냐하면 그런 기도문은 아무런 생각이나 마음을 담지 못한 채 단순히 반복되거나 기계적인 암송을 하게 함으로써 결국 형식적인 종교의식으로 이어질 수 있기 때문이다.

그러나 예수가 제자들에게 기도를 가르쳐줄 때 그는 이러한 문제를 분명히 인식하고 있었다. 예수는 유대교 세계(공식적 기도문이 오랜 역사를 갖고 있는) 안에서의 경험을 통하여 자기의 공식적인 기도문이 기도의 틀을 제시할 것을 잘 알았다. 즉 제자들이 자신들의 찬양과 간구, 그리고 자신들의 불평과 의문들을 걸어둘 몇 개의 고리를 제공해줄 것임을 알았던 것이다. 또한 주기도는 우리 모두가 하나님과 체계적인 대화를 하게 한다. 달라스 윌라드는 자신이 어떻게 주기도를 사용하여 기도 생활을 강력하게 만들고 또 기도 가운데 '살아갈' 수 있게 되었는지 이야기한다.[5]

예수는 또한 이 기도가 제자들에게 자신의 우선순위를 깨우쳐줄 것을 잘 알았다. 하나님의 이름, 그분의 나라, 그분의 뜻, 그리고 육체적·영적·도덕적 우선순위들 말이다. 리처드 포스터가 말한 것처럼 "우리는 기도, 즉 진정한 기도 가운데서 하나님을 좇아 그분이 생각하시는 것을 생각하고, 그분이 원하시는 것을 원하고, 그분이 사랑하시는 것을 사랑하기 시작한다."[6] 그리고 토마스 아 켐피스의 다음 기도처럼 변화된다. "오, 주여. 당신은 무엇이 좋으며 무엇이 나쁜지를, 무엇이 더 좋으며 무엇이 더 나쁜지를, 그리고 무엇이 가장 좋으며 무엇이 가장 나쁜지를 아십니다. 바라옵건대 제 기도가 당신이 원하시는 그런 기도가 되게 하옵소서."[7]

예수는 또한 자신의 기도가 제자들로 하여금 자기만족적인 기도에 빠져들지 않게 할 것을 알았다. 전통적인 유대교에서 전통적인 기독교로 개종한 로렌 위너Lauren Winner는 이렇게 주장한다. "결국, 기도문은 일시적으로 떠오르는 감정적인 기분을 잘 반영하지 못한다."[8] 그래서 예수는 자신의 제자들에게 이 기도를 선물하는 것이, 앞으로 자신의 모든 제자들에게 가르침과 영감을 불어넣는 새로운 전통을 세울 것임을 알았다.

바로 이것이 주의 기도를 개인적으로 또 공교회적으로 사용하는 것에 대한 간략한 변론이다. 리처드 포스터는 "예수의 말씀이 내 교만한 생각을 따르도록 하는 것이 아니라 내 생각이 예수의 말씀에 순종하게 하라"라는 기도를 배웠을 때, 자신의 생애에서 참 자유를 맛보는 경험을 했다고 말한다.[9]

2년 전에, 나는 주기도문을 깊이 고찰한 결과 그것이 예수를 이해하는 핵심임을 확신했다. 주님은 만일 내가 이런 식으로 생각한다면 내 수업에서 주기도문을 훨씬 더 실제적인 것으로 만들 필요가 있다는 깨달음을 주셨다. 그래서 나는 예수에 관한 수업이 끝날 때면 수업에 참석한 모든 학생과 주기도문을 암송하는 시간을 갖는다. 나는 초대 교회 지도자인 테르툴리아누스가 설파한 진리에 매일 놀라고 있다. "[주님이 가르쳐주신] 기도에는 복음 전체의 줄거리[요약]가 들어 있다."[10]

(우리 수업은 주기도문으로 마칠 뿐 아니라 예수 신경을 암송하는 것으로 시작한다.)

주기도문은 우리의 기도를 안내하는 선물이다. 그리고 우리가 주기도문을 사용해 기도를 풍성하게 할 때, 그것은 우리 마음의 문틈 사이에 예수 신경이라는 기름을 칠하는 것이 된다. 이렇게 주기도문을 기도 생활의 멘토로 받아들일 때 우리는 최소한 다음과 같은 네 가지를 배울 수 있다.

하나님을 아바로 여기고 나아간다

주기도문의 첫 번째 특징은 하나님을 **아바**^{Abba}로 부르는 점을 강조하는 것이다. 우리의 아바에 대한 확실하고도 분명한 사랑, 바로 여기가 출발점이다. 하나님을 사랑한다는 것은 기도 중에 그분을 아바라고 부르는 것이다. 하나님을 아바라고 부르는 것은 예수의 고유한 용어이며, 하나님에 대한 그의 가르침의 핵심이다.

하나님이 진정으로 원하시는 것을 배운다

우리가 누군가를 사랑하면, 우리는 그 사람이 사랑하는 것을 사랑하게 된다. 하나님의 사랑 계획은 그분의 거룩한 이름이 높임을 받고, 그분의 뜻이 땅에서 구체적인 현실로 이루어지는 것이다. 땅은 아바 하나님의 미개척지이며, 하늘은 이미 그분의 것이다. 우리는 하나님의 이름과 나라와 뜻을 고찰하는 가운데 하나님께서 열망하시는 것을 열망하도록 (매일) 자극을 받는다. 사랑은 언제나 열망을 불러일으킨다.

우리 딸 로라가 처음 학교에 갔을 때, 우리는 그 아이가 자기 선생님을 무척이나 좋아해 자기도 선생님이 되고 싶어 하는 것을 눈치챘다. 우리는 부모로서 선생님이 되고 싶어 하는 그 아이의 열망에 동참했다. 노팅엄(영국)에서 초등학교 1학년을 보내는 동안 로라는 수업을 마치고 집에 돌아오면 거실에 있는 커다란 커튼 뒤로 의자와 몸을 숨기고 수업을 진행했다. 다시 미국으로 돌아왔을 때 우리 집 다락방은 책상, 칠판, 탁자, 책장을 갖춘 교실로 바뀌었다. 로라가 대학에 입학한 이후 그 조그만 교실은 침묵에 싸였다. 하지만 로라가 대학 졸업반이 되어 '진짜' 교실로 가기 위해 자기 물건들을 정리하러 집에 왔을 때, 우리는 그것이 전혀 놀랍지 않았다.

로라가 집에서 함께 주말을 보낼 때면 이력서는 어떻게 쓰는지, 편지의 겉봉은 어떻게 작성하는지, 어느 학교를 알아보고 어떤 추천서를 포함시킬지 등에 관한 끝없는 대화가 이어졌다. 그녀의 삶은 가르치는 일에 대한 사랑, 아이들을 가르치고 싶다는 열망에 의해 이끌렸다. 그리고 마침내 로라에게 기회가 찾아왔을 때 우리는 다같이 감사했다. 로라는 계약서에 사인했고, (5년이 지난 지금도) 자기가 그토록 하고 싶어 하던 일, 곧 교사의 일을 사랑하고 있다.

우리는 어떻게 하면 예수가 가르친 것을 열망하기를 배울 수 있을까? 우리 조상들은, 기도할 때 하나님을 향한 우리의 사랑을 표현하는 틀로 주기도문을 사용하라는 지혜를 주었다. 우리는 매일 주기도문을 암송하면서 그 멋진 문구에 '자기 자신의 말을 맞출' 수 있다. 우리는 "이름이 거룩히 여김을 받으시오며"라고 암송하고 그것을 묵상한다. 이어서 "당신의 나라가 임하옵소서"라고 암송하고 다시 그것을 묵상한다. 그리고 "당신의 뜻이 하늘에서 이룬 것 같이 땅에서도 이루어지이다"라고 암송하고 그것을 묵상한다. 주기도문은 틀을 제공해주며, 그 내용은 바위처럼 견고하다. 주기도문은 우리가 이기심에 빠지지 않도록 도와주며, 이 짧은 말들은 변화라는 작은 기적을 조용히 만들어낸다.

이웃을 생각하는 것을 배운다

카디쉬에 더해진 가장 분명한 수정 사항은 무엇인가? 그것은 이웃에 대한 청원이다. 예수는 쉐마를 하나님과 관계된 것으로만 내버려두지 않은 것처럼, 또한 카디쉬를 하나님과 관계된 것으로만 내버려두지 않았다. 그리고 그것이 나하고만 연관된 것이 되는 것도 원하지 않았다. 만일 우리가 기도를 주기도문이라는 틀에 맞추는 것을 배운다면, 우리는 다른 사람을 위해 기도하는 법을 배우게 될 것이다. 우리가 이렇게 하는 것은 어떤 정해진 일과를 지키기 위해서가 아니라, 주기도문이 기도를 변화시킬 때 이웃을 사랑하는 일이 일어나기 때문이다.

모든 사람에게 무엇이 필요한지를 배운다

우리의 기도 생활을 주기도문이라는 틀에 맞추면 모든 이들이 필요한 양식을 공급받고, 죄를 용서받고, 시험에서 구출 받기를 간절히 원하게 될 것이다. 이것은 무슨 의미인가? 여기서 우리는 예수가 **아바**에게 그분의 이름과 나라와 뜻을 청원했다는 것을 유념하면서, 예수 당시의 세계로 되돌아가 볼 필요가 있다. 우리의 관심사는 하나님께서 우리 모두를 위하여 역사에 개입하셔서 이 세상을 바로잡는 것이다. 그리고 그것은 다른 사람들을 위해 기도함으로써 그들이 자신들에게 필요한 것을 공급받고, 영적 정결,* 그리고 도덕적 안정성을 가지는 것을 의미한다.

이웃을 위해 기도할 때 그들에 대해 내가 알고 있는 것과, 그들에게 필요한 것을 가지고 기도를 시작하곤 한다. 예수는 또 다른 길을 보여주었다. 우리는 예수가 그들에게 원하는 것을 가지고도 기도를 시작할 수 있다. 주기도문을 사용함으로써 다른 사람들을 향한 그분의 사랑으로 가득찬 기도에 동참할 수 있는 것이다.

행동을 위한 선물, 주기도문

기도는 '아멘'으로 끝나는 것이 아니다. 그것은 아멘 이후에 행동으로 옮겨질 충만한 열망을 가지고 자기 발로 서서 밖으로 걸어나가는 것이다. 나는 몇 년 동안 주기도문을 고백하는 것은 기도자가 자기 자신을 주기도문의 가치관에 헌신하는 것이라고 가르쳐왔지만, 프랭크 로바크Frank Laubach보다 이것을 더 잘 말한 사람은 없다.

> 그것[주의 기도]은 가장 많이 사용되는 동시에 가장 많은 오해를 받고 있는 기도다. 사람들은 자신들이 하나님께 무언가를 구하고 있다고 생각한다. 그러나 그렇지 않다. 그들은 하나님께 무언가를 제안하고 있는 것이다.
>
> …주의 기도는 우리가 원하는 무언가를 이루어달라고 하나님께 요청하는 기도가 아니다. 그것은 오히려 그분이 원하시는 것을 행하도록 그분을 도우라는, 우리를 향한 하나님의 기도에 가깝다.…그분은 모든 기도가, 우리가 그 기도를 드리기 이전에 응답되기를 원하셨다.…주의

기도는 간구가 아니라 그분의 부르심에 참여하는 것이다.[11]

다시 한번 말하지만, 주의 기도는 예수 신경이 기도가 되었을 때 나타나는 기도다. 그러나 궁극적으로 주의 기도는 우리 삶을 향한 하나님의 계획이다. 우리는 예수를 따름으로써 하나님을 사랑하고 이웃을 사랑하도록 창조되었다.

켄터키 주 렉싱턴에 있는 서덜랜드 크리스천 교회의 전임 목회자 마이크 브룩스Mike Breaux는, 누가복음 14:13-14의 가난한 자와 몸이 불편한 자를 잔치에 초대하라는 예수의 말씀은 그대로 기도할 뿐 아니라 실천에 옮겨야 하는 것임을 깨달았다. 미국의 고등학교에서 열리는 졸업파티는 학생들이 같은 사회 계층끼리 나뉘어 특권의식을 드러낸 채 밤새 춤을 추는 호화스러운 행사다. 마이크 목사는 렉싱턴 지역의 몸이 불편한 학생들이 졸업파티라는 전통 행사를 차별적이고 악몽 같은 행사로 여긴다는 사실을 깨달았다.

마이크 목사와 그가 이끄는 팀은, 이웃을 사랑하되 그들을 위하여 무언가를 할 수 있을 만큼 사랑하라는 성경 말씀을 실천하기 위해 '예수 졸업파티: 별들의 밤'이라는 행사를 기획했다. 만일 예수가 모든 이를 식탁에 초대했다면, 교회 역시 그렇게 할 수 있고 또한 그렇게 해야 한다. 500여 명에 이르는 몸이 불편한(단순히 몸이 불편한 것만이 아닌) 졸업파티 참석자들을 상대로 말이다. 교회의 자원 봉사자들은 턱시도와 드레스, 그리고 리무진을 비롯해 풍성한 잔치 음식과 음악을 준비했다. 이 학생들은 우아한 몸놀림이나 현란한 발동작을 연출하지는 못했지만, 그들의 환한 얼굴은 서덜랜드 크리스천 교회 식구들을 짜릿하게 만들었고, 렉싱턴 지역에 조금이나마 하나님 나라를 임하게 만들었다.

브룩스와 그가 이끄는 팀이 행한 일은, 예수가 예수 신경의 관점에서 카디쉬를 수정했을 때 의도했던 바로 그것이다. 당신도 당신의 아바가 원하시는 것을 위해 기도하라. 당신의 이웃이 필요로 하는 것들을 위해 기도하라. 그리고 기도를 마친 뒤에는 예수 신경을 따라 살아라.

3장

예수 신경의 아바

복음서 읽기 • 마 6:9-15; 눅 15:11-32

내가 아홉 살 때 골프를 시작한 것을 어머니는 크게 기뻐하셨다. 나의 지나친 부산함이 최소한 다섯 시간 정도, 잘하면 예닐곱 시간 동안은 집안에서 사라질 거라고 생각하셨던 것이다. 지금에 와서야 생각하는 것이지만, 아버지는 어머니가 이런 식으로라도 겨우 한숨을 돌리게 된 것을 기뻐하셨다.

아버지는 아주 가끔 골프를 치셨는데, 한번은 내게 골프와 관련된 진실을 들려주셨다. "만일 네가 공을 똑바로 맞추면 점수가 더 좋아질 거야." 물론 그 말은 사실이었지만, 한 가지 어려운 점이 있었다. 곧 그 사실을 우리 삶의 정수에 받아들이고 그것을 통해 우리의 삶이 변화해야 한다는 것이다. 나는 요즘도 페어웨이를 벗어나 풀숲을 어슬렁거리거나 공을 꺼내기 위해 호수에 클럽을 집어넣고 휘저을 때면, 그때 아버지가 들려주신 골프의 진실이 떠오르곤 한다. 아버지의 말씀은 그때도 옳았지만 지금도 옳다.

지금까지 나온 가장 중요한 신학적 진리는 골프와 관련된 간단한 진실보다 훨씬 더 분명하면서도 받아들이기가 어려운 진리다. 모세로부터 말라기에 이르기까지 그리고 예수에게서 요한에 이르기까지, 성경은 하나님이 당신을 사랑하신다는 이 근본적인 진리를 증거한다. 그분은 당신을 사랑하시며, 나를, 그리고 모든 사람을 하나하나 다 사랑하신다. 이 위대한 진리가 우리 삶에 뿌리내려야 한다. 하지만 하나님의 사랑은, 고백하기는 쉽지만 뿌리내리기는 어려운 신경이다.

예수 신경은 이렇게 작용한다. 하나님은 우리를 사랑하시고, 우리에게 가장 좋은 것이 무엇인지를 아시며, 또한 우리에게 가장 알맞는 것을 원하시기 때문에 그분은 우리가 그분을 사랑함으로써 '가장 좋은 것'을 발견하도록 초대하신다. 이런 일이 일어나면 모든 창문은 그분의 치유하시는 사랑의 바람으로 활짝 열리게 된다. 예수 신경의 내용이 하나님을 사랑하고 이웃을 사랑하는 것이라면, 예수 신경의 전제는 하나님이 우리를 사랑하신다는 사실이다. 그 사랑은 주기도문에 표현되어 있는데, 그 기도는 하나님을 가리키는 이름으로 시작되는 예수의 독특한 기도다. 우리의 입으로 그 이름을 말할 때, 그 이름은 하나님의 사랑이 임재하도록 창문을 활짝 연다.

아바 아버지

주기도는 "아바, 아버지"로 시작한다.[1] 예수는 하나님의 이름과 관련해서 일관성 있는 모습을 보인다. 복음서에 기록된 예수의 모든 기도는, 십자가 위에서 부르짖은 유명한 기도 "나의 하나님, 나의 하나님, 어찌

하여 나를 버리시나이까?"[2]를 제외하고는 하나같이 "아바, 아버지"로 시작한다. 예수의 동시대 사람들에게는 하나님을 가리키는 수많은 '이름들'이 있었다. 그 가운데 가장 중요한 야웨 ^{YHWH}는 절대 입으로 말해서는 안 되는 것이었다. 그밖에 주님 ^{Lord}, 하나님 ^{God}, 전능하신 하나님 $^{God\ Almighty}$ 등의 다른 이름들이 사용되었다. 그들이 기도 가운데 하나님을 "아버지"라고 부르는 것은 매우 드문 일이었다.

그렇다면 예수는 왜 하나님을 부르는 이름으로 아바라는 말에 초점을 맞추었을까? 하나님은 $YHWH$일 수 있지만, 그 거룩한 이름은 신비감을 불러일으킨다. $YHWH$는 왕을 가리킬 수도 있지만, 그 이름은 거리감을 불러일으킨다. 예수는 여러 이름 가운데 아바를 선택했다. 그는 아바라는 이름을 통해 자기 백성을 향한 하나님의 무조건적이고 무제한적이며 변함없는 사랑을 불러일으키길 원했다. 우리는 하나님을 나타내는 이 이름에서 영성 형성의 분명한 전제를 마주한다. 그 전제는 하나님은 우리를 사랑하시며, 우리는 그분의 자녀라는 사실이다.

예수는 가정에서 사용하는 '아바'(아빠, 아버지)라는 말을 선택했다. 아바가 살고 있는 가정에서 사랑이 시작되기 때문이다. 사랑이 가정에서 시작될 뿐 아니라 하나님에 대한 우리의 첫 번째 이해 역시 가정에서 시작된다. 우리가 부모님을 사랑하는 것은 하나님을 사랑하는 것으로 바뀐다. 우리는 이런 식으로 연결되어 있다. 이성적·의도적으로 행하는 것이 아니라 본능적으로 행하는 것이다.

누군가 내게 이것을 설명하라고 요구하면, 나는 한 가지 증거를 들수 있다. 우리 가운데 그 누구도 우리를 완벽하게 사랑하는 부모를 둔 사람은 없기에, 우리는 하나님께 완벽한 사랑의 감정을 드리지 못한다. 지난 20여 년 동안 학생들의 이야기를 들어온 사람으로서 하는 말이지만, 실제로 어떤 이는 어린 시절에 대한 끔찍한 기억이 있으며, 이 때문에 하나님의 사랑을 혼란스럽고 당혹스러워하며, 심지어 거의 이해를 하지 못하기도 한다.

어떤 이의 마음은 부모가 자기를 사랑한(혹은 사랑하지 않은) 방식 때문에 벌겋게 녹이 슨 채로 닫혀 있다. 이런 과거를 가진 사람들에게는 그 마음에 대한 재교육과, 예수가 가르친 하나님의 아름다운 사랑에 대한 새로운 시선이 필요하다. 우리에게 필요한 것은 녹슨 우리 마음의 출입문에 부어지는 아바의 사랑이라는 기름이다. 웨슬리 넬슨 Wesley Nelson의 마음에서 일어난 것처럼 말이다.

웨슬리는 정이 많고 감수성이 풍부한 아이였으며 또 자타가 공인하는 울보였다. 식구들이 재미삼아 그를 놀릴 때에도 그는 마음에 상처를 받았다. 그는 다음과 같은 결정적인 순간을 묘사한다.

하루는 식구들과 우리 농장 앞쪽으로 소풍을 갔는데 나는 문득 엄마가 옆에 없다는 사실을 깨달았다. 아마 엄마는 집으로 가셨겠지만, 나는 엄마가 보고 싶어지자마자 평소처럼 엄마를 찾으며 울기 시작했다. 아버지는 이 끝도 없는 울음에 진저리가 나서는 나를 꾸짖기 시작하셨다. 그때 아버지가 이렇게 말씀하셨다. "네 엄마는 갔어. 엄마는 네 울음소리를 지겨워 해. 그래서 영원히 가버렸지. 이제 다시는 돌아오지 않아." 물론 나는 그 말을 듣고 더 큰소리로 울었다.…마음속으로는 그것이 사실이 아니라고 말하고 있었지만, 내가 할 수 있는 것이라고는 아버지의 말이 갖는 무게와 엄마에 대한 그리움을 절실히 느끼는 일뿐이었다.

물론 단순히 물리적 수준에서 그는 어머니를 다시 볼 수 있었다. 그러나 그의 인생을 바꾸어놓았던 아래의 말을 들어보자.

사실 어머니는 내게 돌아오지 않았다. 나는 어머니가 분명 돌아오셨고, 항상 그랬듯이 두 팔로 나를 안아주실 것을 확신했다. 하지만 어머니의 행동은 내 기억에서 지워지고 말았다. 아버지의 말은 내가 그것을 사실로 믿을 수밖에 없게 했다. 물론 어머니가 계속해서 나를 아끼셨다는 것을 알았지만, 그 감정의 끈은 파괴되었고, 어머니의 사랑과 보살핌은 더 이상 내 기억에 남아 있지 않다. 그리고 나는 50년 동안이나 어머니를 찾으며 울었다.

이 이야기를 자세히 이해하려면 정신과 의사의 설명이 필요하다. 하지만 나는 다음과 같은 점을 충분히 이해할 수 있다. 웨슬리는 아버지가 남긴 몇 마디 잔혹한 말과 어머니가 보여준 무정한 순간의 기억 때문에 하나님을 사랑하는 아바로 인식하지 못했다. 그래서 자기를 향한 아바의 사랑을 받아들이는 데 무려 50년이란 세월이 걸렸다. 앞에서도 말했지만, 우리를 향한 하나님의 사랑은 가정에서 우리의 어머니와 아버지와 함께 시작된다고 한 말의 의미가 이것이다. 만일 영성 형성이 하나님을 사랑하는 것을 의미한다면, 영성은 우리를 향한 아바의 무조건적 사랑을 열린 마음으로 받아들일 때 형성되기 시작한다.

웨슬리 넬슨은 자신이 겪은 정서적 고통에서 벗어나기 위해 늘 한결같아 보이는 기계와 과학, 이론에 애정을 쏟았다. 그의 마음은 닫힌 채 녹이 슬었다. 그러나 아바의 사랑이라는, 복음과 함께한 시간이 그 마음에 용매처럼 작용했다. 기계를 사랑하는 그의 마음은 하나님을 사랑하는 마음으로 바뀌었고, 마침내 이웃을 사랑하게 되었다.

50년 뒤, 웨슬리는 하나님의 은혜라는 용매가 자신의 마음속에 스며들어 하나님의 사랑을 만끽하게 된 날을 이렇게 기록한다.

어느 따뜻한 오후에…나는 차를 타고 버클리 언덕 정상에 올라 금문교가 내려다보이는 지점에 도착했다. 그리고 땅바닥에 앉아 잠시 책을 읽었다. 그러고는 그저 앉아서 묵상을 했다. 그런데 갑자기 '내가 너를 사랑한다'라고 말하는 목소리가 들리는 것 같았다.

…무엇보다 분명한 것은 내가 복음을 깨닫도록 초대하고 계신 분은 변함없는 사랑의 하나님이라는 사실이었다. 나는 마음에 큰 위로와 평안을 얻은 채 차를 몰아 저녁 식사 시간에 늦지 않게 집에 도착했다. 아내 마거릿은 식탁에 둘러앉아 이야기를 나누면서 이렇게 말했다. "당신이 다시 집에 오니 너무나 좋군요."[3]

그날 이후 웨슬리 넬슨의 삶은 완전히 바뀌었다. 아바의 사랑이라는 용매는 그의 마음속에 달라붙어 있던 모든 녹을 제거했다. 그는 이렇게 설명한다. "달라진 점은 나를 있는 그대로, 내 모든 걱정과 실패, 좌절과 문제점까지도 사랑하셨다는 하나님의 음성을 내 영혼이 분명히 들었다는 것이다."

하나님의 사랑은 예수 신경의 전제이며, 널리 알려진 탕자의 비유보다 이 사실을 더 잘 찾아볼 수 있는 곳은 없다.

돌아온 아들을 반갑게 맞이하는 아바

만일 예수의 마음의 중심이 예수 신경이며, 주기도문이 기도 가운데 나타난 예수 신경의 모습이라면, 탕자의 비유는 예수 신경이 이야기 형태로 나타난 것이다.[4] 수많은 군중이 예수를 둘러싸고 있었고, 그들은 그가 죄인들과 함께 어울린다는 사실에 대한 비난과 함께 "도대체 이제 이 사람이 어떻게 할까?" 하는 마음으로 예수를 주시하고 있었다. 그래서 예수는 하나의 이야기를 통해 하나님께서 무엇을 하고 계시는지, 그리고 그분이 하고 있는 일이 얼마나 놀라운 것인지를 무리에게 들려주셨다.

한 아버지에게 두 아들이 있었는데, 그중 막내아들은 자기 유산을 미리 분배받아 로마 제국의 변방에 가서 사업이나 하며 놀고먹으려고 했다. 놀랍게도 아버지는 그가 원하는 대로 얼마만큼의 재산을 나누어 주었고, 아들은 거룩한 땅을 떠나서 방탕한 생활에 빠져 살다가 가진 돈을 모두 탕진했다. 돈이 다 떨어진 아들은 이방인의 돼지 축사에서 일하게 된다(이는 보통의 유대인이라면 결코 하지 않을 일이다). 돼지가 먹는 음식찌꺼기도 없어서 못 먹는 지경에 처하자 아들은 그제서야 정신을 차리고 고향으로 돌아간다. 고향에 도착한 그는 이기적인 마음에서 아버지의 유산을 미리 받아내고 아버지의 이름에 먹칠한 자신의 범죄를 고백한다. 그런데 놀랍게도 그의 **아바**는 방탕한 아들을 위해 잔치를 베풂으로써 토라를 존중하는 그 사회의 통념을 날려버린다. 예수는 이야기를 마무리하며, 동생에 대한 아바의 사랑에 심통을 부리는 큰아들에 대해 들려준다. 큰아들은 그동안 자신이 얼마나 성실하게 전통을 준수하며 일했는지를 알아달라고 하소연하며 살아 돌아온 동생을 반갑게 맞이하지 못한다.

우리는 지금 수많은 사람이 예수를 둘러싸고 있었고, 그들이 예수에게 왜 그가 죄인들과 함께 음식을 먹었는지를 질문했다는 사실을 기억해야 한다. 예수는 자신의 행동을 설명하기 위해 탕자의 비유를 들려주었다. 그는 이 비유의 핵심 인물인 아바를 부각시킴으로써 이웃을 향한 자신의 사랑을 설명한다. 우리가 이 비유를 자세히 살펴보면, 이 아바가 얼마나 사랑이 많고 너그러운지를 알 수 있다.

이 비유가 담고 있는 또 하나의 놀라운 모습은 아바가 자기 아들의 귀환을 가장 먼저 알았다는 사실이다. 몇몇 성경학자들은 본문의 행간에 숨어 있는 유대인의 관습에 주목한다. 한 아들이 범법 행위를 저질러 아버지의 명예를 더럽히고, 부자 관계를 끊고 집을 나갔다가 나중에 다시 돌아오면, 성읍의 장로들은 그 젊은이를 마을 중앙에 세운 다음 그의 발 앞에 그릇을 놓고 그것을 깨뜨렸다. 그릇을 깨뜨리는 것은 추방을 뜻하는 법적 행위였다. 또한 학자들은 이 비유에서 아바가 자기 아들을 맞으러 급히 달려간 것은 다른 사람들이 아들을 먼저 발견해 공동체에서 축출하는 끔찍한 일이 벌어지는 것을 막기 위함이라고 생각한다. 그래서 이 아바는 종을 데리고서 아들에게로 급히 달려가 이렇게 말했다. "어서 서둘러라! 가장 좋은 옷을 가져오너라."

또한 이 비유는 아바가 자기 아들과의 재회를 축하하는 잔치를 베풀었다고 말한다. 아들이 돌아왔을 때 공개적인 꾸지람을 찾아볼 수 없으며, 모든 사람이 보는 앞에서 아들에게 창피를 줄 필요도 없었다. 아들의 귀환이야말로 그의 마음이 낮아졌다는 분명한 증거이기 때문이다. 예수가 죄인들과 함께 먹는 것을 의롭다고 한 아바는, 회개하는 자녀들을 위해 잔치를 베풀고 그들이 한 단계 더 높은 지위로 받아들여졌음을 나타내는 의복을 내준다. 그들은 그분이 주신 의복을 입고, 그분의 반지를 끼고, 그분의 신발을 신는다. 또한 최상품 송아지 고기를 구워 먹으면서 잔치를 즐긴다! 예수는 자기가 죄인들과 함께 먹는 것이 바로 이러한 이유라고 말한다. 즉 예수는 돌아온 아들들과의 재회를 축하하는 아바와 같다.

예수 신경의 전제는 하나님이 우리를 사랑하신다는 것이다. 그리고 그 전제는 아바라는 용어에 분명히 나타난다.

진리 받아들이기

그보다 더 좋은 것이 있다. 하나님이 우리를 사랑하신다는 전제가 약속이라는 것이다. 하나님은 우리를 향하여 먼저 한걸음을 내디디신다. 모든 것은 우리가 어떤 존재인지, 어떤 일을 했는지와 상관없이 우리를 향한 그분의 은혜로운 사랑과 함께 시작한다. 그분은 우리를 사랑하실 것임을 분명히 약속하신다.

우리가 주기도문으로 기도할 때, 예수는 하나님이 우리를 사랑하고 계시다는 사실을 매일 기억하라고 아바라는 이름을 주었다. 그러나 이 진리는 받아들이기가 어렵다. 과거에 입었던 상처가 하나님과 우리의 관계를 부분적으로 왜곡시키기 때문이다. 그렇다면 우리는 그분의 사랑이라는 진리를 더욱 온전하게 받아들이기 위해 무엇을 할 수 있을까? 예수가 하나님을 사랑하는 것이 자신의 신경이라고 말한 것의 의미를 실제로 살아 있는 것으로 만들기 위해 우리는 무엇을 할 수 있을까?

아바의 사랑에 마음을 열 때 우리는 하나님의 사랑을 알기 시작한다. 여기서 연다는 것은 평온한 마음으로 하나님 앞에서 무력함을 드러내 보이는 것을 의미한다. 마치 병을 치료받기 위해 의사 앞에 편하게 앉아 있는 것처럼 하나님을 신뢰하는 것이다. 우리가 하나님을 신뢰하지 못해 긴장을 풀지 않는 한 치유는 일어나지 않는다. 우리가 침묵하며, 어지러워진 생각을 정리하고, 하나님께만 집중하여, 아바의 사랑에 의식적으로 우리 마음을 열고 그분의 임재 안에 거할 때, 우리는 아바의 사랑을 신뢰하고 그의 사랑에 우리 마음을 '열게' 된다. 우리는 그분을 신뢰한다. 우리는 그분의 임재 안에 거한다. 그리고 그분의 사랑에 복종한다. 마음을 여는 비결은 열쇠를 넣어 돌리는 것이다. 하나님은 우리 마음을 만드셨고 그 안에 사랑의 열쇠를 꽂을 수 있는 문을 설치해두셨다.

아바의 사랑에 마음을 열 수 있는 또 다른 방법은 하루 종일 짧은 기도를 반복하는 것이다. "아버지여, 나를 사랑하심을 감사합니다." 이 간결한 기도—때로는 호흡이라고 불리는—에 담긴 지혜는 교회 안에, 성경의 내용에, 그리고 영적 상담가들의 삶 속에 심겨 있다.

셋째, 우리는 하나님의 사랑을 신뢰하는 믿음의 행동을 하루에 하나씩 실천할 수 있다. 가장 쉬운 믿음의 행동은 혼잣말로, 하나님께서 우리를 사랑하신다는 사실을 자기 자신에게 말하는 것이다. 우리는 "하나님은 나를 사랑하셔. 그분은 나를, 다른 사람이 아닌 바로 나를 사랑하셔. 그분은 나를, 다른 사람이 아닌 바로 나를 알고 계셔. 나는 하나님의 사랑을 받고 있어"라고 말할 수 있다. 나는 스스로에게, 어떤 사람(저 나쁜 사람)은 나를 좋아하지 않더라도 하나님은 나를 사랑하신다고 말함으로써 상처가 되는 말들을 아무렇지 않게 떨쳐버릴 수 있다. 우리는 아픈 기억이 맹렬히 엄습할 때, 탕자의 비유처럼 하나님은 죄인이 돌아오는 것을 반기신다고 스스로에게 말함으로써 그 기억을 가볍게 흘려보낼 수 있다. 아니면 하나님은 오직 (누가 보더라도) 사랑받을 만한 사람만—다시 말해 무슨 일이든 잘하고, 성공하고, 훌륭해 보이고, 인기 좋고, 여러 사람 앞에서 말도 잘하고, 커다란 집과 예쁜 자녀와 멋진 자동차를 갖고 있는 사람만—사랑하신다는 생각이 들 때, 우리는 죄에 찌들고 돼지 냄새를 풍기며 오랜 시간을 허비하다 아바에게 돌아온 아들을 떠올릴 수 있다. 아바는 바로 이 아들을 위해 잔치를 베풀었다. 우리는 스스로에게 이렇게 말할 수 있다. 비록 조금 허름한 옷을 입고 아바가 베푼 잔치에 늦게 도착하더라도, 그 무엇보다 좋은 일은 잔치에 아바와 함께 있는 것이라고 말이다.

예수 신경은 하나님을 사랑하는 것이며, 예수 신경의 근간을 이루는 전제는 아바가 우리를 사랑하신다는 진리의 약속이다.

4장

식탁으로서의 예수 신경

복음서 읽기 • 마 11:16-19; 막 2:14-17; 눅 19:1-10

식탁은 공동체를 만들어낸다. 몇 년 전 내 아들 루카스는 고등학교 친구 몇 명과 함께 자신들만의 축제를 벌이면서 축제용 음식을 만들었다. 그는 친구들과 함께 그 축제에 특별한 이름을 붙였다. 아이들은 그 이름을 텔레비전 프로그램에서 따왔다고 했다. 지금은 추수감사절과 성탄절 사이에 있는 페스티부스Festivus로 그날을 기념하고 있다. 축제의 구호는 '페스티부스: 우리 남은 사람들에게 최고의 축제'였다.

내가 보기에 그 축제는 차라리 '날음식 축제'라고 부르는 편이 나았다. 아이들은 중세의 식사예법에 따라 중세 음식들을 만들었다. (우리는 아이들에게 아무것도 묻지 않기로 약속했다.) 페스티부스가 시작되자, 아이들은 죄다 혼자 왔고 (천연 그대로의 중세 방식으로) 요리를 해주려고 자원한 여학생들을 제외하고는 여자들은 한 사람도 초대되지 않았다. 페스티부스에는 고기, 감자, 디저트, 음료만 있었고 그 외 음식을 먹을 때 필요한 식기들은 하나도 없었다. 아이들은 손으로 음식을 집어먹으며, 고기 조각으로 감자를 퍼내고, 디저트 용기에 놓인 파이를 손가락으로 집어올렸다. 소매는 냅킨 역할을 충실히 해냈다. 음료수는 나무 양동이bucket에 담겨 있었고 그들은 양동이를 다 같이 사용했다. 그들은 이 양동이를 만들려고 참나무를 베어서 작은 조각을 잘라 가운데를 파내고는 조그만 비닐봉지를 그 안에 씌웠다. 비닐을 씌운 것이 위생을 위한 것이라고 말했지만, 진짜 이유는 정치가의 사무실처럼 양동이가 샜기 때문이었다.

축제 분위기는 대체로 근사하고, 깨끗하고, 즐거웠다. 나는 아이들이 자신들의 '친목'과 '가치관'을 표현하기 위해 식탁을 선택한 사실이 흥미로웠다. 아이들은 축제 기간에 나오는 지나치게 화려하고 많은 음식에 싫증을 느꼈고, 집에서 만든 잔치 음식 메뉴가 마음에 들지 않았으며, 음식을 기다리는 시간이 피곤했고, 불편한 옷을 입느라 짜증이 나고, 게다가 축제의 어머니인 성탄절이 코앞으로 다가오고 있었다. 그래서 그들은 추수감사절에서 성탄절로 이어지는 일상에서 벗어나고자 '남자가 먹는 음식'을 만들었다. 페스티부스는 우리 남은 사람들에게 최고의 축제였다. 그들의 식탁은 하나의 작은 사회를 만들었다.

막힌 벽인가 열린 문인가?

식탁은 공동체를 만들어낼 수도 있고, 무리를 나눌 수도 있다.

예수는 사람들이 서로 어울리는 공동체를 만들도록 식탁을 사용했다. 하지만 예수의 동시대인들 중 어떤 이들은 그의 식탁이 위험한 집단을 만들어낸다고 생각했다. 예수는 식탁에서 예수 신경을 선언했지만, 그를 비난하는 이들은 식탁에서 전통을 이야기하고 싶어했다. 예수는 사람들을 포용하기를 원했지만, 그의 대적들은 정결예식을 지키기를 원했다.

예수 시대의 유대인들은 자신들이 토라를 얼마나 잘 지키는지를 알 수 있는 방법 중 하나가 식사 예절이라고 생각했다. 다시 말해 훌륭한 유대인은 정결한 사람들과 함께 음식을 먹고, 또한 율법에 합당한 것(코셰르, kosher)만을 먹어야 했다. 토라를 엄격하게 준수하는 것을 중요하게 생각한 유대인들은 예수의 식사 습관에 눈살을 찌푸렸다. 아니, 눈살을 찌푸렸다는 말은 너무 완곡하고, '규탄했다'가 더 적절하겠다. 예수에 대한 고발 가운데 잘 알려지지 않은 이야기 하나가 이것이다. "보라 (예수는) 먹기를 탐하고 포도주를 즐기는 사람이라."[1] 그 고발은 겉으로 드러난 것 이상의 의미를 지닌다. 곧 살펴보겠지만 이 말은 고대 이스라엘 율법서의 정확한 인용구다. 예수의 식사 습관이 옷깃의 이름표처럼 이 말을 그에게 붙였다. 그들은 예수의 식사 습관에서 자기들이 원하는 무리가 아니라 전혀 다른 공동체를 만드는 식탁을 보았다.

그렇다면 예수는 식탁에서 어떤 행동을 했을까? 어느 날 세리 마태는 예수를 새롭게 믿게 된 것을 기념하기 위해 예수에게 저녁 만찬을 베풀었다. 그는 자기 친구들을 초대했고, 그들은 회심한 지 얼마 안 된 죄인들의 무리였다. 그리고 몇몇 바리새인들은 죄인들이 식탁에 앉는 것을 보고는 눈살을 찌푸리고 몸을 움찔하더니 불평을 늘어놓기 시작했다. 바리새인들에게 식탁은 대화를 위한 자리였지만, 그 대화는 '율법에 합당한 것'과 '정결한 것'이어야 했다. 마태가 베푼 식탁은 율법을 지키는 자와 지키지 않는 자 사이에 놓인 벽이 되었다. 이는 그들이 비열한 사람들이어서가 아니라 토라를 바르게 적용해야 한다는 그들의 과도한 헌신 때문이다.[2]

그렇지만 예수에게 식탁은 교제와 포용, 그리고 용납을 위한 자리였다. 예수의 식탁은 예수 신경을 구체화하는 자리다. 즉 하나님을 사랑하고 이웃을 사랑한다는 것은 모든 사람을 식탁에 초대하는 것이다. 이러한 예수의 태도가 그에게 오명을 뒤집어 씌웠다.

사람을 가리지 않고 식탁에 초대하는 습관으로 인해 예수는 '먹기를 탐하고 포도주를 즐기는 사람'이라 불렸다. 이 표현은 예수에 대한 율법적인 고발을 가리킨다. 예수 시대에는 부모가 불순종하는 자신의 아들을 고발할 수 있도록 돕는 문서가 있었다. 이 문서는 율법에 따라 만들어졌다. 예수를 고발한 이들은 이 문서에 나온 구체적인 용어를 사용해 예수를 고발했다. 부모는 자식을 장로들 앞에 데리고 가서 "여기 있는 우리 아들은 완악하고 반항적입니다. 우리 말에 순종하지 않습니다. 먹기를 탐하고 포도주를 즐깁니다"라고 고발한다. 그런 다음 공동체는 악을 제거하기 위해 반항하는 아들을 돌로 쳐 죽인다. 세상에![3]

모든 것은 예수가 식탁에서 행한 일에서 비롯되었다. 식탁은 하나의 사회를 만들 수 있다. 예수는 자신의 식사 습관을 통해 강력한 무언가를 전달하려고 애썼다. 율법 준수자들은 그의 습관을 몹쓸 것이라 간주했다. 왜 그런가? 그들은 식탁을 '토라와 전통'이 지배하는 사회를 만드는 곳으로 생각했기 때문이다. 하지만 예수는 자신의 식탁에서 예수 신경을 이야기하며 그것이 실천되는 사회를 만들기 원했다.

이제 우리는 지금까지 살펴본 내용을 하나로 엮을 수 있다. 예수는 하나님 앞에서 사는 삶의 중심이 예수 신경이라고 가르친다. 예수 신경이 기도가 되면 그것이 주의 기도다. 그것이 이야기가 되면 탕자의 비유가 되고, 그것이 사회가 되면 예수를 중심으로 서로 환대하고 사랑을 나누는 식탁이 된다.

따라서 예수가 식사 관습으로 인해 바리새인들과의 분쟁에 휘말렸을 때 문제가 된 것은 바로 예수 신경이다. 그가 자신의 식사 습관을 통해 드러내려 한 것은, 식탁은 다른 사람이 들어올 수 있는 열린 문이지 사람들 사이를 가로막는 벽이 아니라는 사실이었다.

예수가 식탁을 모든 사람에게 개방했을 때 그 식탁은 새로운 이야기를 들려주기 시작한다. 그러나 그 이야기는 예수와 동시대를 살았던 사람들의 이야기와는 전혀 다른 것이다.

식탁으로서의 예수 신경

율법 준수자들의 식탁 이야기는 이러하다. 만일 당신이 정결하다면 나와 함께 먹을 수 있다. 만일 깨끗하지 못하다면 몸을 씻고 내일 저녁에 다시 오라. 이에 반해 예수의 식탁 이야기는 다음과 같다. 당신이 깨끗하든 깨끗하지 않든 나와 함께 먹을 수 있다. 그리고 내가 당신을 깨끗하게 하겠다. 그의 식탁은 정결을 요구하는 것이 아니라 정결을 만들어낸다. 예수는 식탁이 은혜의 장소가 되기를 원했다. 식탁이 은혜의 장소가 되는 순간, 식탁은 행동하기 시작한다. 무엇을 시작하는가?

그것은 사람들을 치유하고, 그들이 비전을 품고 소망하게 만든다.

식탁은 치유한다

예수는 자기 식탁에 (영적으로나 사회적으로) 병든 자들을 초대했는데, 이는 예수가 그들을 치유할 수 있기 때문이다. 마태가 베푼 만찬 자리에서 바리새인들이 예수를 비난하자 그는 이렇게 말했다. "건강한 자에게는 의사가 쓸데없고 병든 자에게라야 쓸데 있느니라."[4] 예수는 병든 자들을 식탁에 초대하고 자신의 임재와 말씀을 통하여 은혜를 나누어줌으로써 그들을 치료했다. 바꾸어 말해서, 영적으로 사회적으로 병든 사람들은 예수의 식탁에서 아바의 사랑을 발견하기 시작했고 또 이웃에 대한 사랑을 발견했다. 이것이 예수 신경의 교제다.

나는 어떻게 그처럼 하나의 물리적 사물에 불과한 것이 하나님의 은혜가 들어올 수 있는 공간을 만들어낼 수 있는지에 대해 자주 놀라곤 한다. 가끔씩 그 물리적 사물은, 사람들이 침묵을 발견하고 경이감에 젖어 산책할 수 있는 공원이 될 때도 있다. 사람들이 도시의 번잡함에서 벗어나 하나님이 말씀하시는 것을 들을 수 있는 평온한 장소가 되어주는 교회일 수도 있다. 또 어떤 경우에는 집안에 놓인 의자나 뒤쪽이 막혀 있는 차고, 혹은 동네 식당의 탁자일 수도 있다. 달리 말해, 이러한 물리적 대상들은 우리를 아바와 만나는 장소로 이끌어준다. 그것들은 자기 스스로 우리에게 이야기를 만들어준다. 곧 치유의 이야기를 들려주는 것이다.

물리적인 사물이 어떻게 당신을 치유로 인도할 수 있는지를 보여주는 알렉 기니스Alec Guinness(대부분의 사람에게는 대히트 영화 〈스타워즈〉에 나오는 오비완 케노비로 알려진)에 관한 이야기는 내가 가장 좋아하는 이야기다. 알렉 기니스는 한 영화에서 브라운이라는 신부 역할을 맡아, 프랑스 뷔르공드 지방에서 촬영을 했다. 그는 사제 복장을 입고 연기하면서 아이들을 포함해 상당수 동네 주민들의 마음을 사로잡았던 어느 초저녁의 촬영장면을 아직도 잊지 못하고 있다. 그날 촬영을 마치고 숙소로 복귀할 때, 그의 복장은 연기할 때 입은 사제 복장 그대로였다. 그는 자기가 입은 복장으로 인해 어떤 일이 일어날지를 전혀 예상하지 못했다. 그의 자서전『가면을 쓴 축복』*Blessing in Disguise*에서 그는 이렇게 적고 있다.

내가 머물던 곳은 [촬영지에서] 3km 떨어진 작은 기차역 부근의 호텔이었다. 땅거미가 질 무렵이 되자 나는 숙소에 있는 것이 지루해졌다. 나는 검은 사제복을 입은 채 모래 바람이 부는 길을 가로질러 마을로 가는 언덕길에 올랐다. 아이들이 광장에서 소리를 지르며 나무 막대기로 칼을 만들고, 쓰레기통 뚜껑으로는 방패를 만들어 병정놀이를 하고 있었다.…나는 적어도 4시간 동안은 아무도 나를 필요로 하지 않을 것을 깨닫고는 다시 역을 향해 돌아갔다. 그리고 날이 어두워졌다. 얼마 가지 않아서 서두르는 발걸음 소리와 함께 '신부님!'*Mon père!* 하고 부르는 소리가 요란하게 들렸다. 그리고 갑자기 한 일고여덟 살 정도 되는 사내아이가 튀어나와 내 손을 붙잡더니 꼭 쥔 채로 흔들면서 잠시도 쉬지 않고 뭐라고 중얼거렸다. 그 아이는 잔뜩 신이 나서는 깡총깡총 뛰다가 제자리에서 발을 콩콩 구르는가 하면 멀리뛰기도 하면서 도무지 내 손을 놓지 않는 것이었다.…내가 아주 낯선 사람인데도 그 소년은 나를 사제로 여기고 마냥 신뢰했다. 그러다 갑자기 소년은 "신부님, 안녕히 가세요" 하는 소리와 함께 옆으로 비스듬히 급히 인사를 하고는 울타리에 난 구멍 속으로 사라졌다.

기니스는 그 어린 소년에 관한 추억을 계속 이어갔다.

그 소년이 행복하고 자신감 넘치는 발걸음으로 집으로 간 빈자리에서 나는 야릇한 평온함에 취해 한껏 기분이 고양된 채로 한동안 서 있었다. 나는 숙소로 돌아가면서 생각했다. 한 아이에게 그런 확신을 심어주고, 누구나 쉽게 다가갈 수 있는 사제들이 섬기는 교회가 있다면, 많은 사람이 생각하는 것처럼 교회가 암투와 음모의 온상만은 아닌 것 같다. 그리하여 나는 오랫동안 배워왔고 또 오랫동안 간직했던 편견들을 떨쳐버리기 시작했다.[5]

기니스가 입은 의상이 영화계의 스타에게 갑작스러운 치유를 가져온 것처럼, 예수가 마련한 식탁은 그 자리에 둘러앉은 많은 이에게 치유를 가져온다. 그리고 그 식탁은 단순히 사람들을 치유하는 일 이상을 한다. 그 식탁은 그들에게 현실적인 대안을 제시한다.

식탁은 비전을 품게 한다

예수의 식탁 교제는 이스라엘의 의미가 무엇인지, 그리고 어떤 모습이어야 하는지에 대한 새로운 비전을 제시한다. 사람들은 예수와 함께 식탁에 앉으면 새로운 사회, 곧 예수의 천국 공동체를 맛보며 살아가게 된다. 예수의 천국 공동체는 예수 신경이 삶을 변화시키는 사회다. '이스라엘'은 이제 예수를 따름으로써 하나님을 사랑하게 된 이들을 가리킨다. '이스라엘'은 영적으로 예수에게 속한 이들을 의미한다.

식탁은 예수에게 새로운 사회의 모습을 품게 했다. 곧 식탁이 경계를 무너뜨리고 은혜를 제공하는 장소를 의미하는 것이다. 다시 말해 식탁은 사람들이 아바와의 교제를 회복할 때 하나님이 무엇을 하실 수 있는지를 볼 수 있는 장소다. 식탁이 비전을 보여줄 수 있는 것은 그것이 열리고, 초대하고, 포용하는 문이기 때문이다. 그렇기 때문에 식탁은 하나의 사회를 만든다.

우리는 볼 수 있는 힘, 물리적 사물이 담고 있는 힘을 상실해서는 안 된다. 예수는 물리적 사물인 식탁을 사용해 천국 공동체, 곧 예수 신경으로 살아가는 이들을 향한 자신의 비전을 구현했다. 예수의 식탁은 새로운 사회, 즉 새로운 은혜와 포용, 회복, 변화의 사회에 대한 비전을 제시한다. 우리는 물리적 수준에서 교회가 무엇을 말하고 있는지 물어볼 필요가 있다.

식탁은 소망을 부여한다

예수의 식탁 습관은 장차 다가올 세대를 기대하게 한다. 이것은 굉장한 주장이다. 예수가 자신의 식탁 교제에 관해 어떻게 말하는지를 살펴보자. 그는 자신의 식탁이 영원을 기대하고 있다고 분명히 언급한다. 또한 제자들에게 장차 올 세대에서는 이방인들도 그의 식탁에 앉을 것이므로 자신에게 응답할 수 있다고 말한다.[6] 예수는 그날이 오면 인종 간의 차이는 더 이상 문제가 되지 않는다고 말한다. 그리고 최후의 만찬에서 제자들에게, 자신이 천국에서 그들과 함께 다시 식탁에 앉을 때까지 두 번 다시 그들과 함께 음식을 먹지 않을 것이라고 말한다.[7]

예수의 이 두 가지 발언은 다음과 같은 점을 시사한다. 우리 모두가 식탁에서 예수와 교제를 나누는 것은 하나님 나라를 미리 맛보는 것이다. 예수는 자기와 함께 식탁에 앉은 이들에게 시간을 갖고서 낙원의 맛을 좀 보라고 말하고 있다.

예수 신경이 우리가 사는 세상의 식탁이 될 때

아바는 우리를 사랑하신다. 그러므로 우리도 아바를 사랑하고, 아바의 사랑을 다른 이들과 나누어야 한다. 이것은 사람들을 대할 때 그들이 지금 어떤 사람이든 또 지금까지 어떤 사람들이었든지에 상관하지 않고, 우리의 '식탁'으로, 곧 우리의 교회, 교제, 가정과 사무실로 초대하는 것을 의미한다. 그들이 식탁에서 발견하는 것은 치유와 비전과 소망일 것이다.

우리 가족과 나는 윌로우크릭 교회에서 열리는 '지역' 교제 모임에 참석하고 있다. 그곳의 모든 문은 개방되어 있다. 그곳은 치유가 일어나고, 비전이 상상력을 자극하고, 소망이 자리를 잡은 곳이다. 담임목사 빌 하이벨스의 인도 하에 윌로우크릭 교회는 지역 공동체에게 다가가 모든 이들을 '교제의 식탁'으로 초대한다. 지역 공동체에 다가가는 이 교회의 모습은 지구상에 있는 모든 교회가 본받을 만한 모범을 제시하고 있다. 그 교회는 "당신의 식탁에는 나를 위한 자리가 남아 있나요?"라는 질문에 "네, 그렇습니다!"라고 큰소리로 대답하려고 노력한다. 물론 완벽한 교회는 없다. 윌로우크릭 교회도 마찬가지다. 그러나 그들은 예수의 식탁을 지역 공동체에 마련함으로써, 예수가 자기 식탁에서 만든 비전을 실천하는 일에 동참하고 있다.

그 교회는 사랑하고 섬기는 마음으로 성적인 문제가 있는 사람, 암으로 고생하거나 가정에 문제가 있는 사람, 직업과 관련해 도움이 필요한 사람, 무언가에 중독된 사람, 생필품과 음식이 필요한 사람, 결혼 생활에 문제가 있는 사람, 그리고 발달상에 어려움이 있는 사람들을 반갑게 맞이하고 그들과 식탁 교제를 나눈다. 또한 가정에 재정적인 조언을 해주고, (크루징 크리커라고 불리는) 오토바이광들에게 특별한 사역을 베풀고, 고장난 자동차를 '고치는' 가게를 운영하면서 수리가 끝난 자동차는 필요한 사람들에게 기증한다. 그리고 그 교회는 예술에 재능을 가진 사람들을 발굴·양성하는 특별한 은사가 있고, (많은 교회에서 가장 소홀히 여기는 무리인) 독신 성인들을 위한 다양한 사역을 펼친다. 복음주의 교회 가운데 그 교회보다 더 여성을 끌어안고 중용하는 곳은 지금까지 없었다. 그들은 라틴 아메리카인들을 위한 사역을 개발하고 있으며, 아프리카계 미국인들과 더욱 친밀하게 화합하려고 열심히 노력하고 있다.

그 어떤 것도 식탁과 같은 공동체를 만들지 못한다. 특히 예수 신경을 구체적인 현실로 바꾸는 식탁과 같은 공동체는 말이다.

5장
거룩한 사랑의 신경

복음서 읽기 • 마 6:9-15; 눅 7:36-50; 19:1-10

하나님을 향한 우리의 사랑은 거룩하다. 예수의 제자들은 매일 예수 신경을 통해서 자신의 온 마음과 목숨과 뜻과 힘을 다해 하나님을 사랑한다고 고백했다. 여기서 하나님을 향한 우리 사랑의 본질을 드러내는 단어는 '모든'[all]이다. 그리고 그 사랑의 본질은 거룩한 사랑이다.

사랑은 거룩하다. 왜냐하면 진정한 사랑은 자신의 모든 것을 헌신하기 때문이다. 사랑은 우리에게 '전부' 아니면 '전무'를 요구한다. 사랑은 '모든 것'을 요구한다. 풀러 신학대학원의 교수였던 루이스 스미디스[Lewis Smedes]는 이웃을 헌신적으로 사랑하는 일에 매진하기 위해 "우리는 자신의 자유와 개성을 포기한다"라고 말했다. 우리를 향한 하나님의 사랑은 거룩하다. 그래서 스미디스는 "야웨는 자신이 사랑하는 모든 것을 끝까지 사랑하시는 그런 분이다"[1]라는 인상적인 글로 하나님의 사랑을 이야기했다.

"사랑하는 것을 끝까지 사랑"하지 못하는 사랑은 거룩하지 못하며,

그런 사랑은 곧 자신의 아름다움을 상실한다. 왜냐하면 사랑은 거룩하기 때문이다. 타협하는 사랑은 마음을 무너뜨리고 삶을 어둡게 하며 신뢰의 끈을 놓게 한다. 다음 이야기가 이것을 잘 보여준다.

악몽

로리 홀Laurie Hall은 『마음의 문제』An Affair of the Mind에서 아주 진솔하고 예리하게, 가슴이 미어질 듯한 아픔을 주는 이야기를 전하며 사랑의 거룩함을 잘 보여준다. 이 책에서 로리는 남편 잭이 그녀에게 사랑의 '전부'가 아닌 사랑의 '일부'만 주었다는 사실을 고통스러우면서도 자세하게 밝히고 있다. 잭은 섹스 중독에 빠져 있었다. 로리의 인생은 남편의 천박한 사랑으로 인해 파괴되었다. 두 사람은 이전에 가졌던 사랑의 거룩함을 회복하려고 몸부림쳤다. 하지만 로리는 남편에게 끊임없이 실망하며, 혼자 외롭게 식사를 하고, 아이들에게 아빠의 잘못에 대해 대신 사과해야 했다. 결국 그녀는 잭이 지금 하고 있는 일이 어떤 것인지를 깨달은 뒤에야 그와 헤어졌다. 그리고 그에게 편지를 쓰기 시작했다.

여보, 우리가 헤어진 지 3주가 되었네요. 어젯밤엔 한숨도 자지 못했죠. 당신이 없는 침대는 너무 싸늘했어요. 결국 새벽에 잠깐 눈을 붙이는 것으로 끝났어요. 그리고 아침에 일어났을 때 당신의 팔을 베고 잠에서 깨었던 첫날 아침을 회상했죠. 그때는 너무나 행복했고, 우리가 함께하려 했던 밝은 내일들에 대한 희망으로 부풀었었죠. 하지만 그것도 20년이 지난 일이고, 이제 두 번 다시 당신의 품안에 안길 수 없을 거라고 생각해요.

나는 외로울 뿐 아니라 너무 아파서 토할 지경이에요. 그리고 아이들을 위해서라도 강해져야 한다고 스스로 다짐해요. 그렇지만 그것이 내 감정의 전부는 아니에요. 가장 커다란 감정은 분노예요. 나는 미칠 것 같아요. 왜 당신이 음란물과 창녀들에게서 벗어나지 못했는지 아직도 이해가 되지 않아요. 왜 아이들 대신에 그런 것들을 택할 수 있었나요? 어떻게 나 대신에 그것들을 선택할 수 있었나요? 나는 오직 당신만을 원했는데, 왜 당신은 나 하나로 만족할 수 없었나요?[2]

왜 그녀는 이런 질문을 했을까? 사랑은 거룩한 것이기 때문이다. 사랑은 순결하고 거룩하게 지켜질 때만 유지되기 때문이다. 우리는 안다. 하나님의 사랑이 거룩하기 때문에 우리의 사랑도 거룩하다는 것을 말이다. 이스라엘의 가장 위대한 예언자 가운데 한 사람이 주전 8세기에 하나님의 사랑에 관하여 이러한 비밀을 발견했다.

호세아의 공공연한 비밀: 하나님은 애인이시다

예언자 호세아는 이스라엘 민족 전체가 가지고 있던 하나님에 대한 이해를 재정립할 필요가 있다고 선언했다. 그리고 자기가 알고 있는 비밀을 공개적으로 드러냈다. 호세아 이전에 하나님과 이스라엘의 관계는 이런 것이었다. "나는 네 하나님이며, 너는 내 백성이다." 호세아 이후에 하나님과 이스라엘의 관계는 이렇게 기술된다. "나는 너의 애인이며, 진심으로 이스라엘 너를 원한다." 호세아 이전에는 그 누구도 하

나님을 애인이라고 말하는 이가 없었다.[3]

야웨는 남편이 자기 아내를 사랑하듯이 이스라엘을 사랑하신다. 이스라엘은 그와 동일한 방식으로 야웨를 사랑해야 한다. 한 가지 충격적인 것은, 호세아가 대담하게도 이스라엘의 사랑을 스스로 가정을 박차고 나가 창녀가 된 아내의 '사랑'과 비교한다는 점이다. 어쩌면 당신이 보기에는 호세아가 매우 뻔뻔스러울 수도 있다. '창녀'는 당신의 마음과 머릿속에 쉽게 와 닿는 이미지이며, 그가 전한 메시지는 따분한 설교처럼 공허하지 않다.

호세아에 따르면, 믿기 힘들게도 하나님은 자기 백성의 신실치 못함으로 인해 마음이 너무 아프셔서 이스라엘에게 다시 돌아오라고 애원하고 계신다. 이스라엘에게 버림받은 연인 야웨는 마치 방송국에서 사랑의 노래를 부르는 사람처럼 보인다. 그는 자기를 버리고 떠난 연인에게 이렇게 노래한다.

> 이제 내가 그를 꾀어서[혹은 구애하여], 빈들로 데리고 가겠다.
> 거기에서 내가 그를 다정한 말로 달래주겠다.
> 그런 다음에, 내가 거기에서 포도원을 그에게 되돌려주고,
> 아골 평원이 희망의 문이 되게 하면,
> 그는 젊을 때처럼, 이집트 땅에서 올라올 때처럼,
> 거기에서 나를 기쁘게 대할 것이다.[4]

호세아는 하나님이 이스라엘과 유배지에서, 광야에서, 신혼여행을 즐기실 것이라고 한다. 그곳에서 이스라엘은 자신을 되돌아보고, 처음

에 그랬던 것처럼 그분에게 응답하기 시작할 것이다. 그리고 가수 셀린 디온처럼 "이제 모든 것이 내게 다시 돌아오고 있어요"라고 노래할 것이다. 호세아는 이스라엘이 야웨에게 다시 "내 남편이시여"[5]라며 결혼서약을 할 것이라고 말한다.

이것이 호세아의 공공연한 비밀이다. 하나님은 이스라엘의 연인이시다. 하나님은 거룩한 사랑으로 자기 백성을 사랑하신다. 그분은 이스라엘을 버리지 않으실 것이다. 그리고 이스라엘의 사랑은 거룩해질 것이다.

따라서 예수 신경이 우리에게 온 마음과 정성과 뜻과 힘을 다해 하나님을 사랑하라고 말할 때, 우리는 하나님과 온전하게 거룩한 사랑의 관계를 맺도록 부르심을 받았다.

예수의 공공연한 비밀: 하나님은 아바로 사랑하신다

하지만 예수에 의하면, 호세아는 하나님이 연인이라는 공공연한 비밀을 충분히 밝히지 않았다. 예수는 자기 제자들이 하나님은 아바라는 거룩한 이름을 가지신 연인이심을 알기 원한다. 인간이 자기 연인이나 아버지를 사랑하는 방식으로 하나님을 사랑해야 한다는 예수의 공공연한 비밀은, 제자들이 사랑의 아바와 거룩한 사랑의 관계를 맺게 한다. 우리가 3장에서 살펴보았던 것처럼, 예수는 거듭해서 하나님을 아바라고 불렀다.

예수가 이 비밀을 드러냈다고 해서, 하나님께 불경하거나 지나치게 허물없이 대한 것은 아니다. 사실 예수는 제자들에게 하나님의 특별한 아바 되심을 독특하게 말한 것이다. "땅에 있는 자를 아버지라 하지 말라. 너희의 아버지는 한 분이시니 곧 하늘에 계신 이시니라."[6] 그것이 아바라는 이름 가운데 기록된 하나님의 거룩한 사랑이다.

예수가 하나님의 호칭으로 아바를 선택한 것은 예수 신경에서 '사랑'의 중요성을 강조한다. 우리가 하나님에 대한 사랑을 거룩한 사랑, 곧 우리를 거룩하게 사랑하시는 아바에 대한 사랑으로 이해할 때 마음과 뜻과 힘을 다해 그 사랑을 지켜나가는 법을 배우게 될 것이다. 즉 하나님을 향한 우리의 사랑은 우리가 그분에게 온전히 복종할 때에만, 또한 예수 신경이 강조하는 것처럼 그 사랑이 우리의 '모든' 것이 될 때에만 참으로 거룩해진다.

거룩한 사랑의 삶

미국의 초창기 퀘이커* 교도 존 울먼 John Woolman 은 거룩한 사랑을 품고서 예수 신경으로 사는 것이 어떤 의미인지를 행동으로 보여준 민감한 영혼의 소유자였다.[7] 미국에서 탁월하게 영성을 설명하는 작가 중 하나인 리처드 포스터는 "성경을 제외하고 내게 존 울먼의 일기보다 더 커다란 영향을 미친 것은 없다"라고 말했다.[8]

젊은 시절 예수 그리스도께 순종하는 신앙으로 개종한 울먼의 신앙 고백은 바로 예수 신경이었다. "참된 종교는 내면적인 삶이 있다. 이 삶에는 창조주이신 하나님을 사랑하고 존경하며 [이웃을 향해] 참된 정의와 관용을 실천하는 것을 배우는 가슴이 있다." 울먼의 사랑을 거룩하게 만드는 것은 이 예수 신경이 그의 삶 전체를 만들어갔기 때문이다.[9] 울먼의 삶은 모든 이들(특히 흑인과 아메리카 원주민)이 평등한 대우를 받을 수 있도록 세상을 변화시키는 일에 초점이 맞추어져 있었다. 왜냐하면 아바의 거룩한 사랑은 모든 이를 위한 것이기 때문이다. 이것은 우리가 다른 모든 사람을 사랑해야 한다는 의미다.

아바에 대한 울먼의 응답이 어떠했는지, 그의 마지막 해에 일어난 일련의 사건들보다 더 잘 보여주는 것은 없다. 울먼은 하나님의 인도하심에 활짝 열려 있는 전형적인 퀘이커 교도의 사상에 영향을 받아 1722년 영국으로 건너갔다. 거기서 그는 노예제도가 모든 사람을 사랑하시는 하나님의 복음에 어긋나는 것이며, 복음은 그리스도인들에게 이웃을 사랑하라고 명하고 있음을 선포했다. 영국으로 떠나던 날, 그는 사랑하는 아내가 걱정할까 봐 날이 채 밝기도 전에 잠자리를 슬그머니 빠져나와 아내에게 인사도 하지 않고 집을 나섰다. 배에서도 좋은 선실에 머물기보다는 질척거리고 흙투성이인 배 뒤편의 비좁은 공간에서 선원들과 함께 잠을 잤다. 이런 행동으로 그는 다른 이들을 섬기며 노예무역의 비열함을 진심으로 공감할 수 있었다.

울먼이 영국에 도착한 뒤, 그를 만나는 사람마다 그에게 푹 빠진 것은 모든 피조물에 대한 사랑뿐 아니라 하나님에 대한 거룩한 사랑으로 불타오르는 그의 진실함이 보여주는 꾸밈없는 증거 때문이었다. 그는 마차 사업이 동물을 학대하고 마부를 혹사시킨다며 말을 타지 않고 런던에서 영국 북부까지 걸어갔다. 여행을 하는 동안 울먼의 건강은 약해졌고, 안타깝게도 그는 영국 요크에서 천연두로 사망한다. 마지막 장례식에 참석한 가족들은 그가 가족들에게 짐이 되지 않으려고 애썼다는 사실에 (우리와 마찬가지로) 숙연해질 수밖에 없었다.

우리는 예수가 아바의 거룩한 사랑에 온전히 복종하고 그 사랑의 삶을 사는 사람에게 일어나길 기대하는 일들을 울면의 삶에서 보았다. 이 거룩한 사랑의 **신경**은 우리의 삶을 변화시킨다. 그것은 우리의 '모든 것'을 요구한다. 우리가 하나님을 우리 온 마음과, 온 목숨과, 온 뜻과, 온 힘을 다해 진정으로 사랑할 때 그 거룩한 사랑은 우리의 말을 변화시키고, 우리의 행동을 바꾸어놓고, 우리의 예배에 영감을 불어넣을 것이다.

거룩한 사랑은 우리의 말을 변화시킨다

예수 당시의 유대인들은 하나님을 직접적으로 호명하는 일을 극도로 자제했다. 이를 통해 그들은 거룩한 사랑으로 인해 우리의 말이 어떻게 변화되는지에 관해 작은 교훈을 준다. '발음'을 삼가는 일은 하나님의 이름YHWH을 망령되게 부르지 말라는 계명으로부터 시작되었다.[10] 예수 당시 사람들의 논리는 다음과 같다. 만일 우리가 야웨를 결코 발음하지 않는다면 야웨를 망령되게 부르는 일도 절대 없을 것이다. 그래서 그들은 하나님의 이름을 사용하지 않을 수 있는 방법을 생각해냈다. 마찬가지로 예수도 비슷한 방법으로 그 사용을 자제했다. 그는 당국자들에게 심문을 받을 때 이렇게 말했다. "인자가 권능자의 우편에 앉은 것과 하늘 구름을 타고 오는 것을 너희가 보리라."[11] 예수는 하나님의 이름을 사용하는 대신에 '권능자'라는 높임말을 사용했다. 예수는 주의 기도에서도 유대인의 관습인 높임말을 사용했다. "하늘에 계신 우리 아버지여 [당신의] 이름이 거룩히 여김을 받으시오며."[12]

오늘날도 메시아-유대인Messianic Jews(예수를 메시아로 받아들이면서 유대교의 율법을 지켜야 한다고 믿는 유대인—옮긴이)은 유대교의 이런 신앙을 지키려고 노력한다. 그들 가운데 어떤 이들은 하나님^{God}이란 낱말을 기록하는 데도 '언어 유보'를 적용해 'G-d'라고 기록함으로써 하나님^{God}을 발음하지 못하게 한다. 나는 이런 유에 빠지는 것을 좋아하지 않지만, 현대 그리스도인이 자신의 '하나님 발음'에 약간의 유보를 두는 것은 문제가 되지 않는다고 생각한다. 그러나 하나님이 그리스 신화에 나오는 제우스처럼 인간이 자기 손아귀를 벗어나면 죽음에 이르는 번개로 세상을 위협하는 재판관과 같기 때문에 이런 유보가 발생하는 것은 아니다. 실상 그리스도인의 언어 유보는 하나님을 향한 거룩한 사랑을 바탕으로 할 때, 그리고 그리스도인이 '온 마음을 다해' 하나님을 사랑할 때 일어난다.

거룩한 사랑은 언어만 변화시키는 것이 아니다. 그것은 우리의 행동에도 즉시 영향을 미친다.

거룩한 사랑은 우리의 행동을 바꾼다

만일 예수 신경이 하나님께서 우리에게 요구하시는 핵심을 표현하고 있다면, 그분이 우리에게 요구하시는 것은 그분을 사랑하고 이웃을 사랑하는 것이다. 죄는 그 사랑에서 벗어난 모든 행동이다. 우리가 마음속 깊은 곳에서 아바와의 거룩한 신뢰의 사랑을 위반했음을 깨닫고 우리 헌신을 새롭게 하려고 할 때, 회개가 일어난다. 생산과 매출이 서로 수지를 맞추는 '하나님의 회계장부'가 놓인 법률회계팀에서는 회개가 이루어지지 않는다. 그 대신 회개는 호세아가 말한 사랑의 거룩한 침실에서 일어난다.

이러한 회개를 살아 움직이게 만드는 것은 하나님의 거룩한 사랑이 진정으로 어떤 것인지를 바라보면서 느끼는 철저한 경외심이다. 아바는 우리를 향한 사랑에 아무 흠도 없이 정결하시며, 더할 나위 없이 장엄하며, 당혹스러울 정도로 신실하시다. 우리 마음에 회개를 불러일으키고 하나님과 이웃을 사랑하지 못한 것이 죄임을 볼 수 있도록 도와주는 것이 바로 이 선한 의미에서의 당혹스러움이다.

우리는 누가가 들려주는 삭개오에 관한 이야기를 통해 그가 '매우 키가 작은 사람'임을 알 수 있다. 더 중요한 것은 그가 세금을 거두는 세관장이라는 사실이다.[13] 그가 로마 제국이 할당한 금액 이상을 거둬들이면 그 부분은 자신의 몫이 되었다. 그것이 당시 세리들의 일반적인 관행이었다. 예수 당시의 세리들은 그런 횡령으로 악명이 높았고, 그래서 복음서 저자들은 죄인들의 명단에 세리를 포함시켰다.[14] 세리 삭개오는 일정한 세금을 횡령함으로써 사랑의 하나님을 위해 사랑과 신뢰를 바탕으로 사는 거룩한 삶을 훼손했다. 그리고 그는 이웃과 그들의 재산을 성실과 존중으로 대하지 않음으로써 그들을 향한 올바른 사랑을 베풀지 않았다.

그러나 일단 거룩한 사랑을 배우면 죄의 행동은 사랑의 행동으로 바뀐다.

예수는 나무에 오른 삭개오를 발견하고는 자청하여 그의 집에서 식사를 하겠다고 제안한다. 통상적으로 유대인들은 세리의 집에 들어가지 않았는데, 그것은 그의 집이 합당한 곳*kosher*이 아니기 때문이다. 예수는 삭개오의 마음으로부터 거룩한 사랑과 정화된 회개를 이끌어냄으로써 합당하지 못한 집에서 식사를 하는, 사회적으로 용납할 수 없는 행동에 정당성을 부여한다. 이제 삭개오는 당당히 일어서서, 이웃을 향한 자신의 사랑을 새롭게 하는 가운데 자기 소유의 절반을 가난한 사람에게 베풀고 토색한 것은 네 배로 갚았다.

인간이 자신의 삶에 하나님을 향한 거룩한 사랑이 들어오도록 허락할 때 이런 일이 일어난다. 그리고 하나님을 향한 그 거룩한 사랑은, 곧 호세아의 예언에 나오는 창녀와 같은 삶을 산 여인의 삶에서 볼 수 있는 것처럼 예배에 영감을 불어넣는다.

거룩한 사랑은 우리의 예배에 영감을 불어넣는다

누가는 예수가 시몬이라는 이름의 바리새인의 집에서 저녁식사를 한 이야기를 들려준다. 부유한 로마 관료의 정부情婦 노릇을 하며 '향유를 구입한' 한 창녀는 예수에게서 하나님의 거룩한 사랑을 발견한다. 그녀는 예수의 발 앞에 엎드린 채 하염없이 눈물을 흘리면서 그의 발에 입을 맞추고, 이어서 자기 머리카락으로 물기를 닦는다. 그런 다음 비싼 향유를 그의 발에 붓는다.[15]

토라를 지키고 전통을 중시하는 집주인은 얼굴이 사색이 되어서 예수에게 그 여인이 '죄인'—'창녀'를 가리키는 완곡한 말—임을 고했다. 그러자 예수는 이 여인은 자신이 죄가 많다는 것을 기억하고 있으며, 그 기억은 그녀에게 자신이 어떻게 하나님과 스스로를 향한 사랑을 어겼는지를 끊임없이 생각나게 했다고 응답한다. 그녀는 이제 예수를 사랑하게 되었는데, 이는 예수가 자기를 아바의 거룩한 사랑과 그분의 용서하심으로 인도했기 때문이다.

나는 그리스도인의 진정한 예배가 어떠한 것인지를 이보다 더 잘 보여주는 예화는 없다고 생각한다. 예배는 내가 (1) 하나님 앞에서 어떤 사람인지, 즉 사랑을 어긴 죄인임을, (2) 하나님께서 나를 향한 자신의 거룩한 사랑에 얼마나 신실하고 은혜로우신지, (3) 나를 향한 그 사랑의 물고를 여신 하나님이 얼마나 믿기 어려울 정도로 선하신 분인지를 깨달을 때 일어난다.

이것을 깨달을 때 나는 그분의 발에 향유를 붓고, 그분의 은혜의 발을 깨끗이 닦게 된다.

6장

이웃을 위한 신경

복음서 읽기 • 눅 10:25-37; 막 12:28-34

때때로 우리는 배우기 위해 붙잡힐 필요가 있다. 나는 전에 경찰에 체포된 적이 한 번 있다. 우리 아버지는 운전 교육 교관이었다. 아버지의 강의에는 겨울철에 자동차 앞 유리에 쌓인 눈과 성에를 완전하게(말 그대로 하나도 남김없이 완전하게란 의미다) 제거하지 않으면 안전 운전을 할 수 없다는 내용이 있었다.

하루는 밤에 비가 몹시 내리고 날이 추워지더니 내린 비가 그대로 얼어버렸다. 내 고물 스테이션왜건의 앞 유리창에는 1cm는 족히 되는 얼음이 얼어 있었다. 나는 몇 시간 동안이나 얼음을 제거하려고 무척 애썼지만 운전석 앞부분에 농구공만 한 크기의 시야만 겨우 확보할 수 있을 뿐이었다. 여자친구(지금의 아내)를 데리러 갈 시간에 늦어 마음이 급했고, 그 정도면 앞이 충분히 보일 것 같았다. 앞쪽은 제법 잘 보였다. 하지만 나는 갑자기 시야에 들어온 신형 뷰익 엘렉트라의 측면을 들이받고 말았다. 어떤 매력 있는 숙녀의 자동차와 충돌해서 심각한 손상을 입힌 것이다. 다행히 그녀는 큰 부상을 입지는 않았다. 내 차도 별다른 손상을 받지 않은 것처럼 보였고, 다만 군데군데 얼음이 떨어져 나갔다. 내 스테이션왜건은 군수용 지프 허머와 같은 덩치와 힘을 갖고 있었던 것이다.

나는 분별 없이 운전했기 때문에 체포되었고, 이를 통해 큰 교훈을 배웠다. 그리고 그 교훈을 우리 아이들에게 들려주고, 또한 순진한 학생들에게도 늘상 들려준다.

예수에게 붙잡히기

예수는 독자들을 도덕적 딜레마라는 거미줄에 걸려 바둥거리게 만들고, 또 그로 인해 교훈을 얻게 하는 비유들을 많이 들려준다. 그 좋은 본보기가 선한 사마리아인*의 비유다.[1]

한 율법학자*가 예수에게 영생을 얻으려면 어떻게 해야 하는지를 물었다. 예수는 이렇게 대답했다. "율법에 무엇이라고 기록되었느냐?" 아마 다른 사람들에게 예수 신경에 대해서 전해들었을 그 율법학자는 이렇게 대답했다. "네 하나님을 사랑하고 또한 네 이웃을 네 자신과 같이 사랑하라 하였나이다." 그러자 예수는 '에이 플러스!(A⁺)'라고 화답했다.

예수에게서 인정을 받자 약간 고무된 그는 신학교 신입생마냥 조금은 우쭐한 마음이 들어 재차 물었다. "그러면 내 이웃이 누구니이까?" 이 사람은 "누가 우리의 참 이웃인가?"를 묻고 있지 않고, "누가 성결한지 혹은 그렇지 않은지"를 묻고 있다. 그는 등급 매기기를 하고 있는 것이다. 또한 '누가 성결한가?'라는 질문은 '누가 사랑받을 만한가?'라는 질문이 된다. 예수는 그 질문의 이면에 더 커다란 관심사가 감추어져 있음을 간파하고는 이 율법전문가가 도덕적 딜레마의 거미줄에 걸릴 만한 이야기를 하나 들려준다. 그리고 그것은 우리 모두가 배울 수 있는 것이다.

어떤 사람이 예루살렘에서 여리고로 여행을 가다가 강도떼에게 습격을 당해 겨우 목숨만 건진 채로 쓰러져 있었다. 한 제사장과 성전에서 일하는 사람(레위인)이 그곳을 지나다 그를 발견했지만, 시체를 접촉하여 부정함*을 입을까 두려워 다른 길로 피해서 갔다. 우리는 그들이 토라를 따랐다는 것을 기억해야 한다. 모세오경 중 한 권에는 "사람의 시체를 만진 자는 부정할 것이다"[2]라고 분명하게 기록되어 있다. 모세가 기록한 다른 책에 의하면, 제사장은 '가까운 친척'의 시신이 아닌 경우 부정한 시신과 접촉하는 것이 금지되었다.[3] 만일 누군가 시신에 가까이 다가가서 그 사람의 그림자가 시신 위에 드리워지면, 그림자를 드리운 그 사람은 부정해진다. 그래서 제사장과 레위인은 반대편 길로 살짝 빠져나간 것이다. 그들은 매정한 사람들이라기보다는 율법에 순종한 사람들이었다. 그들은 배운 대로 실천했다.

예수의 비유를 들은 유대인 가운데 그 제사장(혹은 레위인)이 토라가 규정하지 않은 행동을 했다고 생각한 사람은 한 사람도 없다. 이 작은 이야기에 담긴 아이러니는 이렇다. 제사장과 레위인은 토라에 '순종하기' 위해 토라의 근본인 이웃을 사랑하라는 명령을 위반한 것이다. 역설적이게도 옳은 일을 행한 사람은 사마리아인이었다. 이 비유에서 사마리아인은 사회적으로는 혐오 대상을 의미하고, 종교적으로는 이교도를 의미한다. 사마리아인은 예수의 칭찬을 받은 반면 제사장과 레위인은 그에게 꾸중을 들었다.

예수는 청중들에게 다음과 같이 묻는다. 만일 우리가 하나님을 사랑하고 이웃을 사랑해야 한다면, 토라에 순종함으로써 하나님을 사랑하는 일(유대교의 쉐마)이 예수를 따름으로써 하나님을 사랑하는 일(예수의 쉐마)과 서로 충돌을 일으킬 때 우리는 무엇을 따라야 할까? 이는 모든 사람에게 해당하는 어려운 문제다. 그러나 예수에게 그 답은 명확했다. 하나님을 올바로 사랑하는 것은 우리가 언제라도 어려움에 처한 사람을 보살펴야 한다는 것을 의미한다.

이것은 이야기 안에 또 하나의 이야기가 있는 경우다. 예수는 토라를 따랐지만(부정함을 피하는 일처럼) 어려움에 처한 사람을 돌보는 일에는 실패한 자들을 꾸짖는다.

토라 사랑인가 사랑의 토라인가?

예수는 '토라는 하나님을 사랑하고 이웃을 사랑하는 것이다'라고 말한다. 그는 토라를 반대하지 않는다. 단지 그는 토라의 근본적인 가르침인 하나님과 이웃을 사랑하는 것이 빠진 채 토라를 이해하는 것을 반대한다. 제사장과 레위인은 토라의 문자는 따랐지만 그 정신을 따르는데는 실패했다.

율법학자는 '누가 내 이웃인가?'라고 질문했다. 예수는 사랑 없는 행동으로 토라를 문자 그대로 따르는 이들을 꾸짖으며, 사람을 분류하는 질문으로 보이는 토라를 다른 질문으로 변경하였다. '너는 누구에게 이웃이 될 수 있느냐?' 내 생각에는, 이 이야기의 구성은 완벽하고, 이 이야기를 통해 꾸지람을 받지 않을 사람은 아마 없을 것이다.

다른 방식으로 말하자면, 우리는 토라 사랑love of Torah이 아니라 사랑의 토라Torah of love로(즉 토라를 사랑하는 것이 아니라 토라에 담긴 사랑을 행하도록—옮긴이) 부르심을 받았다. 21세기를 사는 우리는 제사장과 레위인을 깔보고 그들에게 뜨거운 비난의 화살을 날리기가 쉽다. 그것은 쉬운 일이지만 잘못된 것이다. 왜냐하면 우리 역시 사랑의 토라가 아닌 토라를 사랑하는 일에 사로잡혀 있기 때문이다. 폴 왜들Paul Wadell은 "당신이 사랑을 실천에 옮기기 전까지 사랑은 위험한 것처럼 들리지 않는다"라고 말한다.[4] 예수는 우리가 가진 '안전한 이웃 사랑'을 포기하도록 촉구한다. 그것은 제사장과 레위인이 자기 앞만 바라보았을 때의 행동이었다. 그 대신 예수는 우리에게 눈을 옆으로 돌려 도움이 필요한 이웃을 보라고 명령한다. 그것이 바로 사마리아인이 행한 일이다. 이웃에 대한 사랑은 옆을 바라보는 것이다. 사마리아인은 길을 걷는 중에 눈을 옆으로 돌렸기에 상처를 입고 도움이 필요한 사람을 볼 수 있었다.

오늘날에도 눈을 옆으로 돌려 도움이 필요한 사람에게 긍휼을 베푸는 많은 그리스도인이 있다.

눈을 옆으로 돌려 이웃을 보라

동남아시아 싱가포르에 있는 한 성공회 교회는 옆을 바라보는 교회다. 그 교회 교인들이 옆을 바라보았을 때, 그들은 자기 지역 안에 상처 입고 삶이 엉망이 된 사람들을 볼 수 있었다. 그들은 자신의 경건함에 전념하기 위해 상처 입은 사람들을 회피하기보다는 손에 오물을 묻혀가며 그들을 도왔다. 그들의 사역은 다른 지역의 사역에 새로운 비전을 제시했다.

그들은 매우 빈번하게 복음전파나 사회참여로 사역을 "분업"하는 것을 피하는 한 가지 통합 사역을 개발했다. 그 사역은 지역 사회에 실제적으로 다가가기 위해 개발되었고, 쇼(SHOW: Softening Hearts and Opening Windows, 마음을 부드럽게 하여 창문 열기)라는 이름으로 알려졌다. 또한 이 사역은 사회참여를 잘하는 '은사를 가진' 개인들만을 위한 것이 아니다. 이를 통해 모든 사람이 예수를 따르는 일의 핵심은 넉넉하고 통합된 사역임을 배우고 있다. 리더들은 맨 앞에서 솔선수범하고, 가정들은 가정 단위로 봉사한다. 아마 가장 의미 있는 일은, 지역 교회의 예산이 이러한 방식으로 확립이 되어서 그중 50%가 지역 사회의 복지사업(미국인들이 사용하는 용어로)에 쓰인다는 점일 것이다.

이 교회의 리더들은 통합된 사역에 대한 비전을 항상 새롭게 유지하기 위해 눈을 옆으로 돌려 전 세계를 대상으로 하는 전략을 세웠다. 그래서 그들은 다음과 같은 새로운 필요를 발견했다. 지역 사회를 위해 협력하기, 개인적으로 기도하기, 지역 사회를 점검하여 도움이 절실히 필요한 곳 찾기, 온유함과 영향력을 모두 끼치기 위한 프로젝트 수행하기, 그리고 자신의 영향력을 증진시키기 위해 다른 그리스도인들과 동역하기.[5]

아마도 우리는 사마리아인처럼, 그리고 싱가포르의 그리스도인들처럼 이웃을 향한 사랑으로 옆을 돌아보면서 우리 지역 사회를 점검하는 일에 더 많은 시간을 사용할 필요가 있을 것이다. 그렇게 할 때 이웃을 향한 우리의 사랑은 다음과 같은 모습이 될 것이라고 생각한다.

이웃 사랑은 가정에서 시작한다

예수의 삶 가운데서 감동적인 장면 중 하나는 십자가 위에서 자기 어머니에 대한 책임을 요한에게 맡기면서 마리아에게 "여자여 보소서 아들이니이다"라고, 그리고 제자에게 "보라, 네 어머니라"라고 말하는 장면일 것이다.[6] 예수는 여기서 가족에 대한 책임을 확실하게 강조하고 있다. 아쉽게도, 너무나 많은 그리스도인이 다른 사람은 사랑하면서도 정작 자기 가족은 사랑에 굶주리도록 내버려두고 있다. 하지만 우리의 가정 또한 우리 이웃 안에 포함된다는 것은 분명한 사실이다.

가난한 사람을 사랑하고, 에이즈 환자에게 긍휼을 베풀고, 재난의 피해자들에게 자비를 베푸는 것은 사람들의 이목을 끄는 일이다. 그러나 아침에 일어나 내 아내, 내 남편, 내 딸, 혹은 내 아들에게 필요한 것은 무엇일까를 묻고 또 그들에게 필요한 것을 채워주는 일은 사람들의 관심에서 벗어나는 일이다. 가정에서 사랑을 보이는 일보다는 사람들이 많은 광장에서 사랑을 보이는 것이 더 쉽다.

선한 사마리아인의 비유는 이 부분에서 오용되는 경우가 많다. 마치 사랑이란 것이 가장 비현실적인 장소에서만, 가장 예외적인 시간에만, 그리고 가장 도움이 필요한 사람에게만 보이는 것처럼 말이다. 그렇지 않다. 예수는 이렇게 말한다. 이웃 사랑은 가정에서 시작한다. 실제로 가정에서 사랑이 보이지 않는다면 대중 앞에서의 사랑은 가짜다. 그런 사랑을 어떻게 보일 수 있을까?

한 가지 제안하자면, 아침에 가족을 위해 기도할 때 식구들 하나하나를 놓고 이런 질문을 하는 것이다. "나는 ○○를 위해 오늘 무엇을 할 수 있을까?" 그렇게 하면 가족을 위한 우리의 기도는 은밀한 사랑의 기도이면서 그날 행해질 이웃 사랑의 계획이 될 것이다.

이웃 사랑은 언제나 사랑하고 어디서나 사랑하는 것이다

예수는 선한 사마리아인의 비유를 통해, 사람들의 도움이 필요할 때에는 언제 어디서나 긍휼을 품고 행동할 것을 청중들에게 촉구한다. 예루살렘에서 여리고로 여행하는 것은 흔한 일이었다. 하지만 긍휼을 베풀기 위해 자신을 더럽히는 것은 흔한 일이 아니었다. 나아가 죽음의 문턱에서 헤매는 사람을 만나는 것 역시 흔한 일이 아니었다. 제사장과 레위인이 (부정한 시신을) 피해서 가려고 한 그 사람은 바로 사마리아인이 긍휼로 감싸주려고 한 사람이었다. 우리는 예수 신경의 두 번째 부르심이 언제 들릴지를 예상할 수 없다. 그러니 언제든지 필요할 때에 맞춰 준비가 되어 있어야 한다. 내 경우에는 영국에서 공부할 때 우리와 함께하던 친구들이 그랬다.

내가 오늘날 학생들을 가르칠 수 있는 것은 (부분적으로, 혹은 그보다 더 많이) 선한 사마리아인과 같은 사람들이 '언제든지' 베푼 이웃 사랑 때문이다. 그들은 '옆을 돌아봄'으로써 도움이 필요한 사람을 보았다. 하루는 이웃에 사는 클레어Claire가 내 아내 크리스에게 내년 계획이 어떻게 되는지를 물어왔다. 크리스는 지나가는 말로 우리에게 주어진 장학기금이 얼마나 계속될지 확실하지가 않다고 말해주었다. 클레어는 그것을 자신의 관심사로 여겼다. 우리 담임목사였던 존과 엘리자베스 코리는 이 말을 듣고 그 문제를 위해 기도했다. 물론 우리는 이런 일들을 전혀 알지 못했다. 어느 주일날 존은 주중 저녁 시간에 잠깐 우리 집에 들러 이야기를 나눌 수 있겠느냐고 물었다. 며칠 뒤 문을 두드리는 소리가 들렸고, 우리는 손님을 맞이하였다. 영국인들 특유의 의례적인 인사말이 오간 후에 그가 이렇게 말했다. "엘리자베스와 나는 당신이 연구를 계속하는 데 필요한 재정이 부족하다는 말을 들었어요. 그런데 우리는 몇 년 전에 약간의 기금을 받았고, 그것을 당신과 같은 사람들을 돕는 일에 쓰기로 결정했었어요. 그래서 내년에 당신에게 필요한 수업료를 우리가 내려고 해요. 만일 주님이 당신을 축복하시면, 나중에 당신이 그 기금을 다시 채워 넣어도 좋아요." 우리는 감사해서 두 손을 꼭 모았다. 그렇지만 속으로는 아바의 공급하심이 이런 것이구나 하는 것을 알고는 기쁨에 겨워 뛰고 있었다. 그들이 베푼 '언제든지' 이웃 사랑의 행동은 우리에게 시작된 일련의 좋은 일들의 물고를 텄다. 그 기금은 내가 학위를 마칠 수 있게 해주었고, 그로 인해 나는 교직을 얻을 수 있었으며, 결국 다른 사람을 위해 그 기금을 다시 채울 수 있었다. 그리고 그 선한 일들은 지금도 계속 이어지고 있다.

예수 신경은 언제 어디서나 이웃을 사랑하라는 신경이다.

그리고 예수 신경은, 하나님을 향한 거룩한 사랑으로 우리를 부르는 것처럼 이웃을 향한 거룩한 사랑으로도 부른다.

이웃 사랑은 도덕적인 사랑이다

우리 사회는 관용을 최고의 미덕으로 승격시켰기 때문에 '사랑'이 무엇을 의미하는지에 대해서는 혼란에 빠져 있다. 하지만 그리스도인들은 관용하도록 부르심을 받지 않았다. 그리스도인은 사랑하도록 부르심을 받았다. 관용은 친절을 베풀며, 사랑은 명예를 높인다. 그렇지만 많은 이들에게 관용으로서의 사랑은 다른 사람의 선택과 행동에 대해 도덕적 판단을 내리지 않는다는 의미가 담겨 있다. 우리는 그리스도인이 사랑이 많다는 소리를 들으며, 또한 예수가 "비판을 받지 아니하려거든 비판하지 말라"라고 말한 것을 듣는다.[7] 그래서 예수는 다른 사람에 대해 도덕적 심판을 해서는 안 된다는 의미의 사랑을 가르친다고 여긴다. 천만의 말씀이다. 예수의 사랑은 항상 도덕적이다. 왜냐하면 사랑은 항상 거룩하기 때문이다. 사랑은 아바의 거룩한 사랑과 아바를 향한 우리의 거룩한 사랑의 빛에 바탕을 둔, 다른 사람에 대한 인간적인 응답이다.

예수가 수정한 하나님 사랑은 많은 것을 계시한다. 그는 이스라엘의 거룩한 쉐마에 레위기 19:18의 한 구절을 추가했다. "네 이웃 사랑하기를 네 자신과 같이 하라." 이렇게 하여 예수는 레위기에서의 '사랑'의 권위와 의미를 일정 수준 확인해준다. 예수는 자기가 말하는 사랑이 어떤 것인지에 대해 한 번도 정의한 적이 없다. 레위기를 인용함으로써 그렇게 할 필요가 없어진 것이다. 레위기의 그 내용이 그가 말한 의미를 정의하고 있기 때문이다.

모세가 기록한 책에 나오는 사랑은 부모를 공경하고, 가난한 자에게 필요한 것을 공급하고, 개인의 재산을 보호하고, 사람의 말을 존중하고, 신체적으로 약한 사람을 보살피고, 힘없는 이를 위해 정의를 추구하고, 성적으로 순결하게 살고, 자기 원수에게 사랑을 드러내는 것외에 수많은 것들을 의미한다. 이것이 예수 신경에 포함된 수정 내용의 바탕이다. 그리고 그 밑바탕은 사랑이 도덕적으로 건전한, 혹은 거룩한 것임을 드러낸다.

예수 신경은 우리 모두가 하나님의 사랑을 도움이 필요한 사람에게 전하는 통로가 되라는 부르심이다. 제임스 브라이언 스미스^{James}
^{Bryan Smith}는 『하나님의 사랑 끌어안기』^{Embracing the Love of God}에서 예수 신경의 두 번째 부분을 간결하게 요약한다. "하나님은 우리가 서로 사랑하는 사람이 되어 살아가는 세상을 창조하셨다. 다른 말로 하면, 하나님은 다른 사람을 통해 우리를 사랑하신다."[8]

1960년대 말과 1970년대 초에 복음주의 진영에서 프란시스 쉐퍼^{Francis Schaeffer}의 『그리스도인의 표지』^{The Mark of a Christian}(생명의말씀사 역간)보다 더 큰 영향력을 끼친 책은 없다. 그의 결론은 심오한 내용을 담고 있는데, 이는 그 말이 다른 사람을 찾아 나서는 거룩한 사랑을 반영하고 있기 때문이다.

사랑, 그리고 그 증거로서의 하나 됨은 그리스도가 그리스도인들에게 세상 사람들 앞에서 들고 있으라고 준 표지다. 이 표지를 통해서만 세상은 그리스도인들이 진정한 그리스도의 사람들이며, 예수가 성부 하나님께로부터 보내심을 받았다는 것을 알 것이다.[9]

2부

예수 신경의
이야기들

영성이 형성된 사람은

예수를 사랑하는 사람들의 이야기를 받아들인다.

예수 신경

"'이스라엘아 들으라. 주 곧 우리 하나님은 유일한 주시라.
네 마음을 다하고 목숨을 다하고 뜻을 다하고 힘을 다하여
주 너의 하나님을 사랑하라' 하신 것이요,
둘째는 이것이니 '네 이웃을 네 자신과 같이 사랑하라' 하신 것이라.
이보다 더 큰 계명이 없느니라."

***

영성이 형성된 사람은 예수를 따르고 이웃을 사랑함으로써 하나님을 사랑한다.

영성이 형성된 사람은 하나님 사랑과 이웃 사랑의 표현으로 예수를 사랑하는 다른 사람들의 이야기를 포용한다.

그리스도인들은 미래의 신앙고백들 가운데서 자신이 '성도의 교제'를 믿는다고 고백할 것이다. 이 교제는 예수의 생애 동안 진행되고 있었다. 과거에 이미, 예수와 교제하던 이들은 자신의 이야기와 삶들을 함께 나누고 있었다. 예수가 살아 있었을 당시 이미 제자들은 서로를 사랑함으로써 예수 신경의 두 번째 항목을 실천하고 있었다.

우리는 예수의 공동체에 자리한 식탁 앞에서 수많은 사람들의 이야기에 귀를 기울인다. 예수의 선발대인 세례 요한, 예수의 가족(특히 요셉과 마리아), 베드로와 요한을 포함해서 예수의 특별한 제자들, 그리고 예수 공동체에서 기쁨을 발견한 많은 여인이 그들이다.

이들 모두 저마다의 이야기를 가지고 있다. 그 각각의 이야기는 모두 예수 공동체에 받아들여진다.

7장

세례 요한: 새로운 시작에 관한 이야기

복음서 읽기 • 눅 3:1-20; 요 1:6-9, 15, 19-34

노랑은 내가 좋아하는 색이 아니다. 그러나 빈센트 반 고흐에 관한 이야기를 알게 된 지금, 나는 노랑색을 달리 생각하고 있다. 네덜란드 출신의 이 유명한 화가는, 안타깝게도 자신이 자란 기독교 가정을 통해 받은 진리를 내팽개쳐 버리고 억압과 파멸 속으로 빠져들고 말았다. 다행히 후일 그가 하나님의 은혜로 이 진리를 다시 받아들이기 시작하면서 그는 삶의 소망을 발견하게 되었고, 그 소망에 색깔을 부여했다.

반 고흐의 삶 가운데서 가장 알려지지 않은 비밀은, 그가 발견한 진리가 그의 작품에서 노란색의 비중이 점차 늘어가는 모습으로 나타난다는 것이다. 노랑은 하나님의 사랑이라는 진리가 주는 소망과 따뜻함을 (그에게) 불러일으켰다. 그가 우울증에 걸렸던 시기에 그렸고, 지금은 사람들에게 널리 알려진 "별이 빛나는 밤"에는 노란 태양과 함께 노랗게 소용돌이치는 별들이 묘사되어 있다. 반 고흐는 오직 자연 가운데서만 진리가 존재한다고 생각했다. 비극적이게도, 이 그림에서 높게서 있는, 진리의 집이어야 할 교회는 노란색의 흔적을 조금도 찾아볼 수 없는 거의 유일한 부분이다. 그러나 그가 "나사로의 부활"을 그릴 무렵, 그의 삶은 자아에 관한 진실을 마주하기 시작하면서 조금씩 나아지고 있었다. 그 그림은 (눈이 부실 정도로) 온통 노란색으로 물들어 있다. 실제로 반 고흐는 자기 얼굴을 나사로에게 투영하여 부활에 대한 그의 소망을 표현한다.[1]

우리의 삶이 하나님의 사랑이라는 진리로 인해 완전히 다시 시작할 수 있다는 이야기가 반 고흐의 그림에 사용된 노란색에 고스란히 담겨 있다. 우리 모두는 자신이 지니고 있는 것이 진짜 노란색이든 비유적인 노란색이든지에 상관없이, 우리의 삶을 새로운 시작이라는 신선한 희망으로 칠해나갈 수 있다.

어떤 이는 고흐처럼 하나님을 향해 먼저 자기 마음을 열어야 하고, 어떤 이는 실패로 인해 본궤도에서 벗어난 후 다시 원래의 자리로 돌아가야 하고, 또 어떤 이는 다시금 하나님의 회복하시는 영을 발견하기 위한 묵상과 휴식의 시간을 가질 필요가 있을 것이다. 어떤 이는 이혼으로 인하여 아픔을 겪는 가운데, 남은 삶의 덩어리들을 하나로 붙이기 위해 애쓰고 있다. 또 다른 이들은 직장에서 과도한 스트레스를 받는 시간을 견디면서 더욱 균형 잡힌 삶에 정착하는 것이 필요하다. 어떤 이는 최근에 직장을 잃어 하나님이 함께하신다는 음성을 듣고 싶어한다. 어떤 이는 질병으로 세상이 빙빙 돌아가는 것 같은 현기증을 느끼고, 다른 이는 자녀들을 대학에 보내기 위해 애쓰고 있다(같은 일로 어떤 이들은 기쁨의 탄성을 발하기도 하지만!). 어떤 이는 가장 가까운 친구나 배우자, 형제, 혹은 자녀의 죽음을 슬퍼하고 있다. 우리 모두는 살다 보면 반드시 자신의 삶을 완전히 새로 시작해야 할 때가 있다.

만일 우리가 완전히 새롭게 시작할 수 있다는 것이 약속이라면, 우리는 '어떻게'를 질문해야 한다.

우리가 가장 먼저 해야 할 일은 요단 강가로, 곧 예언자 세례 요한이 청중들에게 다시 시작할 것을 촉구하고 있는 곳으로 돌아가는 것이다.

요단 강가의 예언자

요단 강은 역사적으로 중요한 두 가지 사건을 생각나게 한다. 그 두 가지는 모두 새로운 시작과 관련된 것이다. 첫째, 이스라엘 자녀들이 마침내 그 강을 건넜을 때 그들은 이스라엘 땅에서 새로운 삶을 시작할 수 있었다.[2] 둘째, 요한에게 세례를 받은 이들은 새로운 삶을 다시 시작했다. 그리고 그들도 이스라엘 땅에서 살기 위해 요단 강을 건너갔다.[3]

요한이 어떻게 청중들에게 전혀 새로운 삶을 시작할 기회를 제공했는지를 이해하려면, 이스라엘의 예언자들이 자기 시대에 어떻게 활동했는지를 알아야 한다. 우리는 요한에게서 세 가지 모습을 배울 수 있다.

먼저 **제사장과 예언자**를 비교하면서 시작해보자. 요한의 부친은 제사장이었고 요한은 예언자였으므로 이것은 좋은 비교가 된다. 제사장은 성전이라는 은밀한 공간에서 인간들의 잘못을 하나님께 말한다. 예언자는 마을 광장에서 하나님의 뜻을 대중들에게 말한다. 제사장은 백성의 죄를 씻기고, 예언자는 백성 앞에서 죄를 지적하여 백성이 회개하도록 한다. 제사장들이 백성을 모아놓고 진리를 선포한 이유는 그들로 속죄하게 하기 위함이었다. 반면, 예언자들이 백성을 모아놓고 진리를 선포한 이유는 그들로 다시 시작하게 하기 위함이다.

그러나 예언자들이 항상 말을 사용하는 것은 아니다. 그들은 경우에 따라서 자신의 뜻을 **행동**으로 보여주기도 했다. 성경을 읽은 독자들은 오래전 예언자들이 자신의 메시지를 행동으로 전했음을 잘 알고 있을 것이다. 구약에 나타나는 다음과 같은 예언적 행동들을 살펴보라.

- 예레미야는 자기 허리띠를 물가에 감추었다(렘 13:1-7).
- 에스겔은 바벨론으로 여행했다(겔 12장).
- 이사야는 3년 동안 알몸으로 걸어다녔다(농담이 아니다. 사 20장을 보라).

제사장의 아들인 세례 요한은 요단 강가에 한쪽 발을 고정하고서 자기의 메시지를 행동으로 보여주었다. 그의 행동은 요단 강에서 사람들에게 세례를 베푸는 것이다.

지역도 중요한 항목이다. 요한이 세례를 베푸는 장소로 택한 곳은 **요단 강 건너편**이었다.[4] 과거 이스라엘의 자녀들은 그곳에서 이스라엘 땅에 들어가기 위해 요단 강을 건너려고 물로 들어갔다. 요한은 만일 이스라엘이 하나님의 축복을 누리기 원한다면, 그들이 요단 강으로 돌아가서 다시 시작해야 한다고 선포하고 있다. 놀랍게도 요한의 예언적인 행동은 **그 땅에 들어가는 행동의 재연**이다.

요한의 세계를 이해할 수 있는 유일한 길은, 그가 삶은 처음부터 다시 시작할 수 있는 것임을 자신의 청중들이 알기를 원했다는 사실에 있다. 요단 강에서 요한은 우리에게 새로 시작할 수 있는 기회를 제공한다. 어떻게? 요한의 말을 직접 들어보자.

삶은 진리선포와 함께 다시 시작된다

요한의 입에서 가장 먼저 나온 말은 **"회개하라!"**였다. 이것은 통렬한, 그것도 철저함이 있는 회개다. 프레드릭 뷔히너Frederick Buechner는 이 말을 인상적인 글로 표현했다. "그 누구도 예언자를 자기 집 저녁 식사에 한 번 이상 초대한 사람은 없다."[5] 요한은 아마 그 한 번마저도 초대받지 못했을 것이다.

요한은 **자기 죄를 고백하는 것**이 회개라고 설명한다. 여기에 새로운 시작의 비밀이 있다. 그 비밀은 반 고흐가 생애 말년에 겨우 발견하기 시작한 것이다. 고백한다는 말은 우리가 **하나님께 진실을 말씀드리는 것**을 의미한다. 이보다 더 간단하면서도 어려운 것은 없다. 왜 그런가? 미국의 수필가 조셉 엡스타인Joseph Epstein의 말을 들어보자.

모든 사람에게는 적어도 세 가지 수준이 있다. 다른 사람들 앞에 보이는 그대로인 사람과, 가족과 친한 친구를 포함해서 가까운 사람에게 알려진 그대로인 사람, 그리고 마지막으로 가장 깊은 수준인데, 자기 자신에게만 알려진 사람이 있다. 이 사람은 그 모든 포부와 적개심과 공상과 열망과 그밖의 모든 것이 대중들에게 알려질 준비가 되지 않은 사람이다.[6]

사실을 직시한다는 것은 자기 수준이 어떤지를—사람들 앞에 비치는 자신의 모습(그렇게 힘든 것은 아니다), 가족들이 우리에 대해 갖고 있는 인상(이건 꺼림칙한 것이다), 그리고 우리 내면의 모습(가장 어려운 부분)을—하나님께 말씀드리는 것이다.

예수 신경은 하나님을 사랑하는 것에서 시작한다. 사랑이 올바른 사랑이 되려면 그것은 진실을 말할 것을 요구한다. 하나님께 이 진실을 말씀드리는 것은 우리가 진정으로 아바를 사랑하는 것이며, 삶에 새로운 시작을 만들어낸다. 신학자 디트리히 폰 힐데브란트Dietrich von Hildebrand의 말에 의하면, 하나님을 향한 우리의 "예스"는 가장 근본적인 말이며, 그 이상 더 명료하고 깨어 있고 솔직할 수 있는 말은 없다.[7]

아담과 하와 이후 우리 인류는 하나님으로부터 숨으려고 애써왔지만 소용이 없었다. 에덴동산의 창조주께서 "네가 어디 있느냐?"라고 물으시며 우리를 당신의 동산으로 부르시는 일을 계속하시기 때문이다.[8] 우리는 숨는 법을 배웠기 때문에 우리를 자유롭게 할 새로운 시작이 필요하며, 그 새로운 시작은 우리가 우리 자신의 요단 강에서 진실을 말하는 순간에 시작한다. 교황 요한 바오로 2세가 말한 것처럼 말이다.

하나님의 시각에서 자신의 비극을 인식한다는 것은 자기를 비하하는 것이 아니라 참된 자신의 처지 그대로 살아가는 것이다. 그렇게 살아온 진실이야말로 인간이 처한 상황 가운데 우리를 자유하게 만드는 유일한 것이다.[9]

하나님께 (참된) 진실을 말씀드리기 위해서는 **절대적인 정직**이 필요하다. 그러나 우리는 다른 사람에게 책임을 전가하는 경향이 있다. 소설가 마크 트웨인Mark Twain은 '착한 소년들'에게 몇 가지 조언을 들려주었다. 그것들 중에는 이런 내용이 포함되어 있다. "절대 나쁜 짓을 하지 말아라. 그리고 네 형제에게 그것을 떠넘기지 말아라." 만일 여기서 멈추었다면 그의 조언은 정말 건전한 조언이 되었을 것이다. 그러나 트웨인은 역시 트웨인이었다. 그는 계속해서 이런 말을 덧붙였다. "만일 (형제가 아닌) 다른 아이에게 (그 나쁜 짓을) 떠넘기는 것이 더 편하다면 말이다."[10] 이 조언은 잘못되었다. 우리는 우리 자신의 삶을 책임져야 한다. 헨리 나우웬Henri Nouwen의 말에 의하면, 우리는 "우리 자신의 잔을 마셔야만" 한다.[11] 자신의 잔을 마시는 것은 진실이 우리 마음의 가장 깊은 곳을 꿰뚫고 우리를 깨우는 것을 허용하는 것이다.

진실 말하기는 용서를 일깨운다

하나님께 진실을 말하는 것은 용서를 일깨운다. 우리는 종종 잘못된 전문가로부터, 하나님이 우리 머리 위에서 곤봉을 들고 계시다가 우리가 사실을 말하는 순간 우리의 머리를 때리시며 "이 못난 죄인아!"라고 말씀하신다는 인상을 받기도 한다.

그러나 아바는 그런 분이 아니다. 예수 신경의 약속은 아바가 우리를 사랑하신다는 것이다. 그분은 우리가 그분을 사랑하도록 우리를 지으셨다. 그분은 우리와 교제하기를 원하신다. 그러므로 진실을 고하는 것은 우리 머리를 때릴 수 있는 기회가 아니라, 아바의 마음을 화해의 용서로 흥분되게 해드릴 수 있는 기회다.

헨리 나우웬은 진실 고하기와 관련해 다음과 같이 고백한 적이 있다.

하나님이 꼭꼭 숨어계셔서, 내가 하나님을 찾는 것을 불가능하게 만드
시는 분으로 생각하지 않고, 내가 숨어 있을 때 오히려 나를 찾으시는
분으로 하나님을 생각할 때, 비로소 내 영적 여정의 성격이 얼마나 근
본적으로 변하게 될지가 보이기 시작한다.[12]

진실 고하기는 우리를 하나님과 다시금 하나 되게 한다. 왜냐하
면 그것이 그분의 용서하심을 불러일으키기 때문이다. 진실을 고하
기 전에 우리는 스스로 숨고, 필립 얀시Philip Yancey가 '은혜 없음의 악순
환'이라 말한 상태에 놓인다.[13] 우리는 진실을 고하는 데 실패함으로
써 머리를 옆으로 늘어뜨린 채 하나님을 대면하는 것이다. 용서에 대
한 논의에 온 정열을 기울였던 루이스 스미디스는 "진실을 고하지 않
고도 당신이 [하나님과] 다시 하나가 될 수 있다는 것은 거짓말이다"
라고 말한다.[14]

그렇다면 무엇에 관한 진실을 고해야 하는가? 물론 우리 자신의 모
든 것이다. 그러나 먼저 요한이 자기 사역지인 요단 강에서 어떤 죄악
들을 내놓는지를 살펴보도록 하자. 그는 진정한 회개를 이루었다.

진실 고하기는 진정성을 추구한다

요한은 우리에게 여러 가지 것들에 관해 진실을 고하라고 명한다.

우리의 영성(눅 3:7-9)

요한의 말을 듣던 이들 가운데 어떤 종교 전문가들은, 자신들이 아브라함의 신앙 계보에 편승해 그들이 물려받은 전통에 호소할 수 있다고 생각했다. 요한은 동일한 경고를 보낸 선배 예언자들의 어깨 위에 서서 "너희의 민족적인 배경이 자신을 구원해주지 못할 것이다"라고 선포한다. 요한은 자신이 유대인인 것을 자랑스러워했지만, 영성은 좋은 신앙의 유전자를 가진 것 이상이라는 사실을 잘 알고 있었다.

우리도 요한의 메시지를 들어야 한다. 우리는 우리 부모의 영성 안에서 살고 있을 수는 있지만, (우리 자신에 대해 하나님께 진실을 말씀드리지 않는 한은) 우리 부모의 신앙이 우리 안에 살아 있지는 않을 것이다. 만일 우리가 진실을 고백하며 우리의 배경을 뛰어넘는다면 우리 삶은 완전히 새롭게 시작될 것이다.

우리는 우리의 영성에 관하여 진실을 고할 필요가 있다. 우리의 영성은 어디에 닻을 내리고 있는가?

요한은 요단 강가에 모인 또 다른 무리를 보았는데, 그의 눈에 비친 것은 바로 우리 자신의 모습이다.

우리의 소유(눅 3:10-11)

성경이 돈에 대해 자주 언급하는 것은 우리가 돈을 통해서 선택의 자유를 누리기 때문이다. 이것은 서구의 많은 그리스도인에게 힘든 일이다. 왜냐하면 너무나 많은 이들이 패커가 '온탕 종교'hot tub religion라고 부른 것에 깊이 빠져 있기 때문이다.[15] 더 많은 것, 더 큰 집, 더 멋진 자동차, 더 최신 유행의 의상을 추구하는 인간의 만족할 줄 모르는 욕망은, 일단의 사람들에게 환멸감을 불러일으켰다. 욕망에 대한 환멸감은 성 프란체스코가 자신의 모든 소유를 포기하도록 만들었고, 메노파 교도들이 검소한 생활을 하도록 인도했고, 어떤 사람들로 하여금 모든 서구인에게 적은 것으로 훨씬 풍성한 삶을 살도록 촉구하게 만들었다.

요한은 "옷 두 벌 있는 자는 옷 없는 자에게 나눠줄 것이요"라고 말한다. 요한은 요단 강가에 서서 자기만을 위해 재물을 쌓지 말라는 경고를 큰소리로 외치고 있다. 머지않아 예수는 갈릴리 언덕에서 경제적 정의에 관한 요한의 메시지를 그대로 받아 외칠 것이다. 그들의 경고는 아직도 그 말에 귀를 기울일 교회들을 기다리고 있다. 요한의 외침에 귀 기울이는 것은 새로운 시작으로 인도한다.

만일 우리가 하나님을 사랑하고 이웃을 사랑한다면, 우리 마음이 우리의 재물과 얼마나 가까이 있는지를 깨달을 수 있을 것이다.

우리는 우리의 재물과 관련된 진실을 말씀드려야 한다. 재물이 우리에게 얼마나 중요한 것일까?

요한은 다른 두 무리의 사람들에게로 시선을 돌렸는데, 그들을 보는 것은 곧 우리 자신을 보는 것이다.

우리의 권력(눅 3:12-14)

요한은 자신의 말을 들으러 요단 강가에 모여든 세리들의 얼굴을 본다. 요한은 그들이 프리랜서로 일하는 탈세 전문가들이라는 사실을 잘 알고 있다. 그리고 갈취와 불법행위로 유명한 군인들의 얼굴을 본다. 이 두 무리는 권력 남용이라는 이름으로 한데 모여 있다.

그러나 권력은 그들의 손에만 있는 것이 아니다. 권력 남용은 추악한 행동으로 자기 딸들의 마음을 뒤틀리게 만든 아버지, 비현실적이거나 일방적인 명령으로 직원들의 영혼을 파괴하는 상사, 밀실회의에서 중요 안건을 처리해 회중들을 피폐하게 만드는 목회자 가운데서도 볼 수 있다. 우리가 사랑하는 사람들이나 함께 일하는 동료들의 기억에 잔인한 말을 깊게 남길 때, 권력은 파괴적으로 작용한다. 하나님을 사랑하고 이웃을 사랑한다면, 우리는 우리의 힘을 다른 사람의 유익을 위해 사용할 것이다. 그렇게 할 때 우리의 삶은 새로운 시작을 제시한다.

우리는 권력에 관하여 진실을 고해야 한다. 그렇다면 우리는 권력을 어떻게 사용해야 하는가?

요한은 진실을 말하는 법을 배운 사람들에게 앞으로 들려줄 이야기가 생겨날 것이라고 넌지시 말해준다. 그리고 영성이 형성된 사람은 하나님을 사랑하고 이웃을 사랑하는 사람들, 즉 예수 신경을 받아들이는 사람들을 수용한다. 우리는 다음 장들에서 그중 몇 가지 이야기에 초점을 맞출 것이다. 그렇지만 이 장에서는 진실을 담은 이야기를 통해 세상을 변화시킨 한 사람을 살펴보는 것으로 마무리를 짓고자 한다.

진실을 이야기하는 사람

해마다 크리스마스가 되면, 우리는 사람들이 많이 모이는 곳에 빨간색 통을 걸어놓고 그 옆에서 종을 치며 서 있는 남녀를 본다. 그들은 바로 구세군이다. 구세군은 해마다 영적으로, 사회적으로 어려움을 당하고 있는 수십만 명의 사람들을 돕기 위해 성금을 모은다. 이런 노력들은 진실을 이야기하는 사람이 어떤 것인지를 보여주는 좋은 본보기가 되는 인물 윌리엄 부스^{William Booth}와 함께 시작되었다. 부스는 진실을 똑바로 바라보았다.

천국에 들어가는 문은 속죄가 필요한 내 과거의 악한 행동으로 인해 꽉 닫혀 있었다. [그는 친구들을 속였고 은으로 만든 연필통을 그 대가로 받았다. 그는 그것이 잘못된 것이며 다시 돌려주어야 한다는 것을 알았다.] 내가 그들에게 행한 속임수를 고백하는 것은 너무도 부끄러운 일이어서 나는 며칠 동안 그 일을 행동으로 옮기지 못했다.

나는 지금도 그 일을 마치 어제 일처럼 생생하게 기억한다. 나는 그 문제를 해결하려고 자리에서 일어나 밖으로 달려가, 내가 큰 잘못을 저지른 그 젊은 친구를 찾아 내 죄를 인정하고 연필통을 그에게 돌려주었다. 그 즉시 내 마음을 무겁게 짓누르던 죄책감이 사라졌고 대신 그 자리에 평화가 찾아왔다. 그리고 그 시간 이후로 나는 하나님과 함께 젊은 세대를 섬기기 시작했다.¹⁶

부스는 하나님과 이웃에게 진실을 고했다. 진실을 고백했기에 그의 삶은 완전히 새로워졌다.

우리가 하나님께 진실을 말씀드리고 우리의 현재의 모습과 과거의 행동에 책임을 질 때, 우리는 살아 있는 강, 용서하고 능력을 베푸는 요단 강, 곧 우리를 깨끗이 씻어 모든 것을 다시 시작할 수 있게 하는 강을 발견할 수 있다. 내가 보기에 이 강은 고흐가 칠한 노란색이 가득한 곳이다.

8장

요셉: 명성에 관한 이야기

복음서 읽기 • 마 1:18-25

나는 고등학교 때 회심했다. 내게는 명성이 너무도 중요했기에 자존심은 나를 크게 괴롭혔다. 나는 육상 선수였고, 그것이 바로 나 자신이었다. 또한 나는 크로스컨트리 선수이자 농구 선수였고, 트랙경기에 출전하기도 했다. 세 종목의 운동 경기를 하는 사내였던 것이다. 사람들은 그것으로 나를 평가했고, 나는 그것을 즐겼다. 내가 스포츠 분야에서 다방면에 걸쳐 뛰어난 실력을 보였던 보 잭슨^{Bo Jackson} 같은 유명인은 아니었지만, 그렇다고 약골도 아니었다. 나는 어느 정도 실력을 갖추었었고, 내 생각에는 운동선수였기 때문에 명성도 제법 누리고 있었다.

내가 나 자신을 되돌아보지 않았을 때, 그리고 아무런 기대도 하지 않고 있었을 때, 주님은 내 삶 가운데 들어오셔서 '회심'이라고 부르는 기적을 행하셨고, 내 명성을 참혹하게 '무너뜨리셨다.' 그 일은 8월 초에 일어났다. 새 학기가 시작할 무렵, 나는 아주 새로운 친구들과 새로운 습관을 익혔다. 그 습관에는 미친 듯이 성경을 읽고, 기도하고, 그룹 성경 공부를 하는 일이 포함되었다. 우리는 금요일 아침 7시 교회에서 모이는 고등부 성경 공부반을 재빠르게 조직했다. 그 일은 사람들의 입소문을 타고 퍼졌고, "맥나이트가 종교를 가졌다"는 말로 이어졌다.

고등학교 3학년이 되던 해에 처음 라커룸으로 들어가던 날이 지금도 기억난다. 내 책들 맨 위에는 성경이 놓여 있었는데, 친구 중 하나가 그 책을 집어 들고 다른 아이들이 볼 수 있게 높이 흔들면서 내 남자다움 곧 육상선수로서의 자존심을 일정 부분 짓밟는 말들을 했다. 나는 그 말에 마음이 상했지만 굳게 입을 다물고 있었다. 내가 일반 대학이 아닌 기독교 대학에 지원하겠다는 의사를 밝혔을 때 선생님은 (반 친구들 앞에서) 내가 '인생을 낭비'했다고 말씀하셨다. 그 일 역시 내게 상처가 되었다. 그러나 마음 깊은 곳에서는 내가 그런 상처가 되는 말을 비껴갈 수 있다는 것이 너무도 만족스러웠다.

나는 그런 시비에 전혀 신경을 쓰지 않을 수 있었고, 동시에 내 자신을 전혀 다른 언어로 생각하는 법을 배워야 한다는 것을 깨달았다. 나는 더 이상 '육상선수 맥나이트'가 아니라 다른 보통의 그리스도인과 다를 바 없는 한 명의 평범한 그리스도인이었다. 저열처리 용광로와 같은 고등학교 생활을 통해 다른 사람이 생각하는 나(내 명성)는 최종적인 답이 아니라는 사실을 배운 것이다. 결국 나는 내가 생각하는 나와 하나님이 생각하는 나(내 정체성)란 존재가 어떤 것인지를 알게 되었고, 하나님의 생각이 참으로 중요하다는 사실을 깨달았다.

우리의 명성(다른 사람이 생각하는 우리의 모습)이 우리의 정체성(우리의 진정한 모습)만큼 중요한 것은 아니다. 우리가 명성과 정체성을 구분하고, 하나님께서 생각하시는 우리의 모습이 우리가 생각하는 우리 모습과 남들이 생각하는 우리의 모습보다 더 중요해질 때 영성 형성은 시작된다.

예수의 식탁에 둘러앉은 사람들은 새롭게 발견한 자신의 정체성에 대해 이야기한다. 그 중 한 사람은 예수의 부친이며, 그가 자신의 삶과 관련해 우리에게 들려줄 이야기―그의 자서전―는 자신이 힘들게 얻은 명성을 잃고 새로운 정체성을 얻은 일에 관한 것이다.

요셉의 이야기는 그가 놓인 유대교라는 맥락과 함께 시작한다. 비록 이 사실을 아는 이가 그리 많지는 않지만, 요셉의 이야기는 신약의 위대한 이야기 가운데 하나다. 그러나 요셉이 겪었던 일을 이해하기 위해서 그가 처한 종교적·사회적 딜레마를 설명해야만 한다.

1. 나는 차디크*다

요셉의 평판은 어떠한가? 마태복음은 요셉을 '의인'이라고 말한다.[1] 히브리어로 표현하면, 그는 '**차디크**'다. 이런 꼬리말, 곧 평판은 성실하게 **토라**를 연구하고, 배우고, 준수하는 모든 사람에게 주어진다. 요셉 당시에 이 말은 그가 매일 **쉐마**를 암송하고 쉐마대로 살았음을 의미한다. 또한 음식에 관한 규례를 따르고 공회당을 후원하며 예루살렘에서 열리는 거룩한 절기에 정기적으로 참석하고 있음을 의미하기도 한다. 요셉은 자신의 명성이 자랑스러웠다. 요셉이 속한 세계에서 제사장(흔치 않은 존재), 예언자(드문 존재), 혹은 메시아(극히 드문 존재)를 제외하고 **차디크**보다 더 높은 명성은 존재하지 않았다.

그러나 차디크로서의 요셉의 명성은 이제 도전받게 되었다. 나사렛의 '라커룸'에서 그의 약혼녀에 관한 풍문이 떠돌았기 때문이다.

2. 내 명성은 도전을 받았다

요셉이 마리아와 결혼하기도 전에, 마리아가 임신했다는 말이 나돌았다. 사람들은 마리아가, 미국 남부 특유의 표현대로 '천박한'common 여자라고 말하고 다녔다.

'천박하다'는 말이 토라를 따르는 요셉의 세계로 들어가서 그에게 새로운 명성을 안겨주었다. 만일 요셉이 마리아와의 관계를 지속한다면, 유대인들은 종교적으로 천박한 사람이나, 토라를 싸구려로 만든 사람을 부르는 말로 그를 부를 것이다. 그들은 그를 **암 하아레츠***의 일원으로 부를 것이다. 그런 사람들은 토라를 지키지 않는다. 그들은 돼지고기가 들어간 샌드위치를 먹고 십일조를 건너뛰며, 이방인들과 함께 길거리에서 노닥거린다. 결혼 전에 성관계를 가지는 여성도 그와 크게 다르지 않다. 사람들은 마리아가 한 짓이 바로 그런 일이라고 생각했다.

그리고 요셉은 그런 여인과 결혼식을 올리려 한다. 만일 그렇게 하면 그는 차디크로서의 자신의 명성을 잃게 된다. 명성은 요셉에게 매우 중요한 것이었다. 이제 요셉은 암 하아레츠, 즉 토라를 아무 쓸모도 없는 것이라 생각하는 사람들과 하등의 차이가 없을 것이다. 그렇다면 요셉은 무엇을 해야 하는가?

3. 나는 토라에 호소한다

요셉은 자신의 명성을 유지하기 위해서 무엇을 해야 하는지를 잘 알고 있다. 그는 성경을 믿는 사람, 곧 차디크이므로, 모세오경에 자문을 구하면 된다.[2] 여기서 우리는 몇 가지 복잡한 '율법' 문제를 살펴보기 위해 잠시 속도를 늦출 필요가 있다. 왜냐하면 요셉이 자신의 명성을 유지하려고 애쓰는 중에 그의 머릿속에 율법 문제들이 떠올랐기 때문이다.

그는 마리아에게 어떤 행동을 해야 할지를 토라에서 배운다. 그녀는 유혹을 당했거나 강간을 당했을 것이다. 만일 그녀가 유혹을 당한 것이라면, 토라는 마리아와 그녀를 유혹한 자 모두를 돌로 쳐 죽이라고 가르친다. 만일 그녀가 강간을 당한 것이라면 강간범은 사형을 당해야 한다. 그러나 아무도 자백하지 않는다면, 토라는 마리아가 '쓴 물'을 마셔야 한다고 말한다. 그녀가 그 물을 마시고 죽으면 그녀에게 죄가 있고, 죽지 않으면 무죄하다. 아니면 요셉은 토라의 다른 내용에서 조언을 얻을 수 있다. 그녀의 부모가 '처녀의 표'를 제출할 수 있으며, 그것은 다른 해명을 더 필요로 하지 않는다.

이런 대안들이 요셉의 머릿속을 맴도는 가운데 그는 마리아의 이야기를 듣게 된다. 마리아는 자신이 유혹을 당하거나 강간을 당하지 않았다고 주장한다. 그 대신, 그녀는 자신의 임신이 기적의 결과이며, 하나님께서 바로 이 일을 행하셨다고 주장한다.

여기서 요셉은 자신의 정체성을 발견한다. 그는 토라를 위해서라면 무엇이든 할 수 있는 차디크다. 그가 사랑하고 결혼하기 원하는 여인이 임신을 했다. 그녀는 자신의 임신이 하나님으로부터 말미암은 것이라고 주장한다. 만일 요셉이 그녀와 결혼한다면, 그는 자신의 명성을 잃게 된다. 그러나 그는 만일 마리아가 옳으면 어떻게 할지를 생각한다. 만약 그 아기가 정말 기적으로 잉태된 아기라면 어떻게 할까? 요셉은 하나님과 씨름하고 있다. 하나님이라면 어떻게 하실까?

4. 나는 하나님과 씨름한다

요셉은 어떻게 행동하는 것이 좋은 것인지 알고 싶었다. 그는 다음과 같은 딜레마에 빠졌다. 토라에 순종함으로써 하나님을 사랑할 것인가 (그가 속한 집단이 이해하는 방식으로), 아니면 마리아를 사랑하고 그녀를 아내로 데려올 것인가? 자신도 미처 알지 못한 사이에 요셉은 장차 예수 신경이 만든 딜레마의 양뿔에 걸렸다.

그는 자신의 명성을 유지하기 위해서 사람들의 웃음거리가 되는 것을 피하고자 '은밀한' 파혼을 선택했다. 하지만 그때 한 천사가 그에게 나타나 두려워하지 말라고 말한다. '두려워하지' 말라고? 어째서? 만일 그가 마리아와 결혼한다면, 그는 명성을 잃게 될 것이다.[3]

천사는 요셉에게 그 아기는 성령으로 잉태되었다고 설명했다. 요셉은 천사가 자기를 방문했다는 사실을 믿을 친구는 거의 없을 것이고, 더욱이 성령으로 말미암은 임신*은 아무도 믿지 않을 것을 확실히 알았다. 아마 친구들은 요셉이 마리아의 부른 배를 감추기 위해 합법적인 유대식 결혼을 시도하고 있다고 생각할 것이다.

때때로 하나님의 음성을 듣는 일은 우리의 명성을 사람들 앞에서 손상시키는 결과로 이어진다. 예수 신경이 가르치는 것처럼, 하나님을 사랑하는 일은 우리 자신을 포기하고 우리의 마음, 뜻, 정성, 힘을 다하고 그리고 명성까지도 하나님께 복종시킬 것을 요구한다. 참된 정체성을 발견하기 위해 우리가 오직 주님만 의지하는 순간은 곧 우리의 명성이 죽는 날이다. 우리는 토마스 아 켐피스가 말한 것처럼, 명성을 포기할 때 "천개의 혀가 쉴 새 없이 지껄여도 조금도 개의치 않을 것"이라는 가르침을 배운다.[4] 이것이 요셉과 마리아가 배운 것이다. 그것은 또한 존 스토트John Stott가 배운 것이기도 하다.

영국 국교회 목사 존 스토트는 20세기 복음주의 진영에 가장 큰 영향을 준 지도자라 할 수 있다. 그는 대학시절에 요셉이 경험한 정체성과 명성 사이의 딜레마에 직면했다. 스토트는 주님이 자신을 사역의 길로 부르고 있다는 확신이 들자, 물리학자였던 그의 아버지 아놀드에게 그 사실을 알렸다. 스토트는 자기가 가진 복음의 소명이 "아버지가 그에게 품었던 높은 기대를 물거품으로 만들 것"을 잘 알았다.[5]

아버지 아놀드 스토트가 사역의 길을 가겠다는 존 스토트의 선택에서 그날까지 쌓아온 명성이 무너짐을 보았다 해도, 후일 존 스토트가 영성 형성을 다음과 같은 정체성의 언어로 규정하는 것은 조금도 이상한 일이 아니다. "그리스도인은 자아를 잃을 때 자신을 발견한다. 즉 **자신의 참된 정체성을 발견하는 것이다.**" 스토트는 자신의 개인적인 갈등을 밝히면서, 그리스도가 통치하시는 것에는 "우리의 직업도 포함된다.…하나님의 계획은 우리 부모나 우리 자신의 계획과 다를 수 있다"고 말한다.[6]

우리는 요셉의 부모가 무슨 생각을 했는지 알지 못하지만, 그의 하늘 아버지가 무슨 생각을 하셨는지는 잘 안다. 요셉은 하나님의 말씀에 순종했다.

5. 나는 마리아의 남편이고 예수의 아버지다

요셉의 단호한 행동은 다음의 간단한 표현에서 찾아볼 수 있다. "주의 사자의 분부대로 행하여." 곧이어 요셉은 마리아가 낳은 아기에게 이름을 지어주었고, 아이와의 관계를 법적으로 인정했다.

요셉의 정체성은 더욱 좋아진 반면 그의 명성은 더욱 나빠졌다. 이제 요셉은 명예가 실추된 두 사람과 맺어졌다. 마리아는 간음$^{na'ap}$을 통하여 임신한 것으로, 예수는 사생아^{mamzer}*로 간주되었다. 마리아를 집으로 데려오고 예수를 법적 아들로 받아들이기로 한 결정은 차디크에게는 어울리지 않는 일이다. 요셉에게 그것은 순종의 선택이다. 왜냐하면 그는 자신의 정체성을 하나님 안에서 발견했기 때문이다. 요셉은 더 이상 **차디크**가 아니다. 이제 그는 마리아의 남편이며 예수의 (법적) 아버지다.

요셉과 예수 신경

비록 그때 예수는 마리아의 뱃속에 잉태되어 있었지만, 요셉은 이미 예수 신경이 무엇인지를 배우고 있었다. 요셉은 예수를 따름으로써(토라와 그 해석을 따른 것이 아니라) 하나님을 사랑했고 이웃을 사랑했다. 곧 그는 마리아와 아기 예수 모두를 사랑했다. 사실 우리의 머리속에 예수는 자기 부모의 무릎에서 예수 신경을 배웠을지도 모른다는 생각이 들더라도 그것은 불경스러운 생각이 아니다.

예수의 식탁에 둘러앉았을 때 들려온 첫 번째 이야기는, 정체성은 명성보다 더 중요하다는 것이다. 요셉은 하나님 앞에서의 자기 모습이 경건한 친구들 앞에서의 자기 모습보다 더 중요하다는 것을 배웠다.

요셉의 본을 따른 또 한 사람은 히포(북아프리카)의 주교 성 아우구스티누스^Augustinus^였고, 그의 이야기는 정직함에 대한 새로운 기준을 제시했다. 그의 자서전은 명성에서 정체성으로 나아가는 여정을 그리고 있다. 그는 자신의 회심 이전의 삶에 대해 "내가 말한 좋은 삶이란 사람들의 인정을 받는 것이다"(명성)라고 말한다. 그리고 회심 이후의 삶에 대해서는 "나는 하나님 안에서가 아니면 내 영혼의 안식처를 발견할 수 없다"(정체성)라고 말한다.[7]

하나님 역시 자기 아들이 나쁜 명성을 가진 부모—간음한 여인 마리아와 수치를 당한 차디크 요셉—에게서 태어나도록 선택하셨을 때, 당신의 명성을 잃으셨다. 그리고 하나님은 자신이 명성을 잃는 것을 매우 극적으로 보여주기 위한 방법으로, 자신의 독생자가 십자가에서 죽임을 당하는 것을 선택하셨다. 역설적으로, 삶에서 예수 신경을 실천하는 사람들은 자신들의 정체성이 형성되는 과정을 하나님이 그분의 명성을 잃어가며 자기 아들이 죽임당한 장소에서 발견한다. 요셉은 가장 먼저 자기 이야기를 식탁에 내놓은 사람이다.

요셉은 **차디크**들보다 **암 하아레츠**들에게 더 높은 명성을 준 사내아기에게 자리를 마련하려고, 차디크의 눈으로 볼 때 암 하아레츠와 같은 사람이 되었다. 그래서 하나님은 요셉에게 요구하신 것을 이미 그분이 스스로 행하셨다. 도로시 세이어즈Dorothy Sayers는 "하나님은 자기 피조물과 어떤 게임을 하든 간에 규칙을 지키며 공정하게 행하신다. 그분은 스스로에게 요구하지 않는 것을 사람에게 요구하는 분이 아니시다"라고 말했다.[8]

어느 날 밤, 요셉과 마리아 그리고 아기 예수는 그들이 머물던 누추한 마구간 문을 나섰고, 차가운 바람을 맞았다. 그리고 그들은 어느 순간 이것은 단지 시작에 불과하다는 것을 깨달았다. 그들 세 사람 모두 말이다. 그들은 세상을 변화시킬 사람들이었지만, 또한 자신들 앞에 보이는 언덕을 힘겹게 오르면서 그 일을 행할 것이다.

9장

마리아: 소명에 관한 이야기

복음서 읽기 • 눅 1:46-55(마리아의 노래). 추가 본문: 시 149편

우리 모두에게는 소명이 있다. 소명^{vocation}이라는 이 위대한 용어에는 두 가지 의미가 있다. 일반적인 의미의 소명은 모든 그리스도인이 그리스도인으로서 해야 하는 일이다(예수 신경을 실천하는 것). 그러나 구체적인 의미에서 소명은 당신만이 할 수 있는 특별한 임무를 말한다(당신의 자녀를 양육하는 것, 영적 은사를 계발하는 것, 직장에서 일하는 것). 도로시 세이어즈의 강력한 말로 하면, 우리의 소명은 이렇다.

> (소명은) 우선적으로 사람이 먹고살기 위해 하는 어떤 것이 아니라 그것을 하기 위해 살아가는 어떤 것이다. 소명은 그것을 행하는 자의 능력을 최고로 발휘하는 것, 즉 그가 영적·정신적·육체적 만족을 발견하는 어떤 것, 그리고 자신을 하나님께 드리는 수단이다. 혹은 그러한 수단이어야 한다.

세속적 소명이 그 자체로 거룩함을 인식하는 것이 교회의 임무다.

교회는 다음과 같은 사실을 명심해야 한다. 모든 생산자와 노동자는 자신의 직업 혹은 생업 밖에서가 아니라 그 안에서 하나님을 섬기도록 부르심을 받았다는 것을 말이다.

우리가 무엇을 '행하도록' 부르심을 받았든지 그것은 하나의 '직업'이 아니라 거룩한 소명이다.[1]

우리 모두를 위한 소명

대부분의 사람이 심각한 갈등을 겪은 후에야 겨우 배우는 것이지만, 우리의 소명은 하나님이 만들어가시는 그런 존재가 되는 것이다. 파커 파머는 수십 년 동안 다른 사람들을 즐겁게 하려고 애를 쓴 후, 어떤 퀘이커 교도가 전한 "당신의 삶이 말하게 하라"는 소명에 관한 지혜를 들었다. 그리고 그는 퀘이커 교도의 오아시스로 들어갔다. 그것은 "당신의 삶이 말하게 하라"는 것이다. 파커의 통찰력은 이렇게 빛난다. "당신이 자신의 삶으로 무엇을 하려고 하는지 당신 삶에게 말하기 전에, 먼저 그 삶이 당신과 함께 무엇을 하려고 하는지를 귀담아들어라."[2]

파머가 우리에게 배우라고 요청하는 것은 이것이다. 하나님은 우리에게 "너는 테레사 수녀나 예언자 다니엘, 혹은 베드로나 너의 부모를 닮았는가?"라고 묻지 않으신다. 대신 그분은 "너는 내가 지금 만들어가는 '너'인가?"라고 물으신다. 오스 기니스^{Os Guinness}는 이 지혜에 이렇게 화답한다. "하나님이 우리의 은사에 어울리는 자리를 찾고 계시는 것이 아니라, 하나님 자신이 선택하신 자리를 위해 그분이 우리의 은사와 우리를 창조하셨다는 것이 진실이다. 그리고 우리가 마침내 그곳에 도착할 때에만 우리는 참된 우리가 될 수 있다."[3]

교회의 지혜로운 이들이 잘 알고 있는 것처럼, 당신은 하나님이 의도하신 바로 그 사람이 되어야 한다. 이 교훈을 잘 배운 사람이 예수의 어머니 마리아다. 그녀 역시 자신의 이야기를 예수의 식탁에 내놓았다. 그것은 하나님의 선하심 가운데 삼켜진 그녀의 과거 이야기다.

1. 나는 명성을 가진 사람이다

하나님의 특별한 사역은 힘든 과거를 사명으로 바꾸시는 것이라고 마리아는 말한다.

그녀는 다음과 같은 힘든 일을 겪었다. 요셉이 마리아의 임신 사실을 알기 전에 천사 가브리엘이 마리아를 찾아와 그녀가 지금 초자연적으로 임신했다고 알려주었다. 마리아는 즉시 그 말이 무엇을 의미하는지를 파악했다. 이제 마리아가 속한 공동체는 그녀에게 간음한 여인[na'ap]이라는 꼬리표를 붙일 것이다. 그 꼬리표는 사실과 다르지만, 한 번 붙으면 떨어지지 않는다. 또한 그녀는 천사가 이 계시를 주었고, 그 천사는 하나님이 자신에게 보낸 사자임을 확실히 알았다. 그리고 그 사실은 하나님께서 그녀를 위해 특별한 무언가를 선택하셨음을 의미했다. 마리아가 그녀의 삶에서 감수하기 가장 어려운 것이 이 꼬리표였다.

그러나 하나님은 메시아의 어머니가 되는 소명을 마리아에게 부여하셨고, 그녀는 영광스러운 기쁨의 노래로 응답했다. 성경에서 많이 강조하는 구절 중 하나가 마리아의 노래다.[4] 이것은 라틴어 제목인 마그니피카트*Magnificat*로 알려지기도 한다. 톰 라이트*Tom Wright*가 묘사한 것처럼, 마리아의 노래는 "복음서 이전의 복음"이며 "춤과 손뼉 치기, 발 구르기가 한데 어우러진다."[5] 이 노래는 자신의 나쁜 명성을 메시아적 소명으로 변환시키신 하나님께 드리는 감사의 표현이다. 그러나 그녀의 과거는 이 불행한 꼬리표 그 이상이다.

2. 나는 가난하지만, 해방을 소망한다

요셉은 **차디크** 곧 **토라**를 온전히 지키는 사람이다. 그러나 마리아는 **아나빔***Anawim**(경건한 빈자)이라는, 요셉과는 다른 족속에서 불쑥 튀어나온 사람이다. 역사가들은 마리아의 친족, 곧 아나빔의 세 가지 특징에 대해 동의한다. 이 사람들은 가난 때문에 고난을 당했다. 하지만 그들은 예루살렘 성전에 모여 자신들의 소망을 표현했다. 그들은 그곳에서 하나님께 정의의 실현, 압제의 종식, 그리고 메시아의 도래에 대한 자신들의 열망을 표현했다. 이러한 아나빔의 특징은 마리아의 삶, 특히 마그니피카트를 통해 잘 표현된다.

예를 들어 마리아는 가난했다. 모세의 법을 따라 요셉과 마리아가 예수를 데리고 예루살렘 성전에 올라갔을 때, 그들은 성전에서 일하는 사람들에게 새 두 마리를 봉헌물로 바쳤다. 왜 새 두 마리인가? 이 질문은 실제로는 "왜 그들은 양을 드리지 않았는가?"다. 그 당시 이스라엘 주변 국가들은 존재하지 않는 신에게 아기를 제물로 드린 반면, 이스라엘 백성은 하나님께 양을 제물로 드렸다.[6] 그러나 마리아와 요셉이 드린 것은 새 두 마리였다. 그것은 토라가 양을 드릴 수 없을만큼 가난한 이들을 위해 규정한 제물이다.[7] 그들이 바친 예물은 가난한 가족의 것이었다.

마리아는 가난했을 수는 있다. 그러나 소망을 잃지는 않았다. 이것이 아나빔의 또 다른 특징이었다. 마리아의 노래에서, 그녀가 경험을 통해 체득한 불의로부터의 해방에 대한 염원을 표현하는 구절에 주목해보자.

> [하나님은] 마음의 생각이 교만한 자들을 흩으셨고
> 권세 있는 자를 그 위에서 내리치셨으며
> 비천한 자를 높이셨고
> 주리는 자를 좋은 것으로 배불리셨으며
> 부자는 빈 손으로 보내셨도다.[8]

마리아와 요셉은 성전에서 봉헌을 마치고서 예수를 데리고 집으로 돌아왔다. 그리고 그들은 어린 아기를 침대에 누이고 하나님의 백성에게 공의가 임하기를 소망하는 기도를 드렸다.

마리아의 노래는 사실상 사회 혁명을 선언한 것이다. 당시의 군주는 헤롯 대왕이었는데, 그는 권력을 남용하고 많은 사람을 죽인 독재자였다. 마리아는 헤롯 대왕이 자기가 행한 일에 보응을 받을 것이며 그의 권력은 바람에 날아 갈 것이라고 선언하고 있다. 또한 그녀는 하나님께서 그녀가 친히 낳은 아들을 왕으로 세우실 것이라고 선포한다.

그분은 헤롯과 달라서 자비와 공의로 다스리실 것이다.

마리아가 예수의 식탁에 올린 이야기는 이것이다. 그녀의 명예는 추락했고 또한 그녀의 삶은 가난했지만, 하나님은 그 과거를 용납하시고, 그것을 새롭게 창조하셔서 그녀에게 메시아가 곧 나타날 것이라는 복음을 선포하는 '소명'을 주셨다.

만일 영성 형성이 우리의 '모든 것'을 가지고 하나님을 사랑하는 법을 배우는 것이라면, 하나님을 사랑하는 방법 하나는 우리 과거의 '모든 것'을 하나님께 복종시키는 것이다. 우리는 자신의 과거를—비록 그것이 놀랄 만한 것이든 형편없는 것이든, 무모한 것이든 의로운 것이든—가볍게 여겨서는 안 된다. 우리가 할 수 있는 모든 것은 마리아처럼 우리의 현재의 모습과 과거의 모습 그대로를 주님께 온전히 드리는 것이다. 그분은 우리를, 즉 우리의 과거를 포함한 모든 것을 받아 주신다.

로베르타 본디Roberta Bondi는 『하나님에 대한 기억들』Memories of God에서 자신에게 일어난 영적 도약을 회고하면서 하나님을 사랑하는 법 배우기를 언급하며, 자기 정체성을 받아들이는 일이 얼마나 중요한지를 다음과 같이 잘 표현하고 있다. "생각해보면 나는 다른 누군가가 아니라 내 자신이라는 사실을 지금까지 단 한 번도 기뻐한 적이 없었다." 이런 일, 곧 우리가 누구인지를 발견하고, 우리의 모습 그대로 받아들이고, 눈을 활짝 열어 거울을 들여다보면서 우리 눈에 비취는 것을 오랫동안 충분히 좋아하는 일은 쉽지 않다. 로베르타는 자신이 누구인지를 받아들이는 법을 배웠다. 왜냐하면 "하나님만이 오직 우리 자신의 경험과 고난의 다양함과 깊이에 대해 긍휼을 품고 바라볼 수 있으며, 우리의 진정한 모습을 알고 있는 분이기 때문이다." 우리의 소명이 우리 각자에게 어떤 것을 의미하든지, 그것은 우리의 모든 과거를 깨끗이 쓸어 없앤다. 로베르타가 멋지게 표현한 것처럼 "심지어 예수님조차도 자신의 상처를 가지고 부활하셨다."⁹

나는 다음과 같은 것을 좋아한다. 우리는 과거의 상처들을 가진 채로 눈에 보이는 그대로 사명으로 부르심을 받고, 하나님이 하실 수 있는 것에 대한 증인으로 다시 태어난다. 마리아는 자신의 상처가 무엇인지를 잘 알았다. 하지만 그녀는 하나님께서 소명으로 그 상처를 치료하실 것도 알았다.

3. 나는 아이들을 양육할 소명이 있다

예수가 출생한 이후, 요셉과 마리아의 육체적 관계에 관한 다양한 전승이 교회 역사에 존재한다. 어떤 이는 두 사람이 부부관계를 전혀 가지지 않았다고 생각한다. 반면 다른 이들은 그들이 부부관계를 가졌다고 생각한다. 어떤 사람은 예수의 '형제들'은 예수의 사촌들일 거라고 생각하며, 다른 이들은 요셉이 마리아와 결혼하기 전에 낳은 자녀라고 생각하고, 또 다른 이들은 마리아가 실제로 그들을 낳았다고 생각한다. 여기서 중요한 것은 어느 견해를 택하든 간에 마리아가 그 자녀들에 대한 책임을 지고 있었다는 사실에 대해서는 의견이 일치한다는 것이다. 대부분의 성경학자가 생각하는 것처럼 요셉은 예수가 아주 어렸을 때 죽어서, 마리아의 책임은 더욱 무거웠을 것이다.

마리아는 이제 소명이 생겼다. 그녀는 여자아이들(최소한 2명)과 남자아이들(예수 말고도 4명)의 신앙이 성장하도록 보살펴야 한다. 그런데 여기서 사내아이들의 이름은 그 자체로서 하나의 이야기를 들려준다.

이스라엘의 오래된 기억 중 하나는, 그들의 족장 이스라엘(혹은 야곱)이 열두 아들을 데리고 들어갔던 애굽에서 한때 그들의 선조들이 종노릇했다는 사실이다. 마태에 의하면 요셉과 마리아는 비록 짧은 기간이지만 바로 그 애굽에서 살았던 적이 있다. 그곳에 있는 동안 그들은 과거에 일어났던 이스라엘의 포로생활에 깊이 몰입했고, 자신들이 가나안 땅으로 돌아올 날을 꿈꾸었을 것이다. 그래서 요셉과 마리아가 돌보는 아이들의 이름이 이스라엘 족장의 아들들, 곧 가나안 땅으로 이스라엘을 인도했던 지도자들의 이름과 같은 것은 우연이 아니다. 히브리어로 그 아이들의 이름은 야코프(야곱), 요세프(요셉), 예후다(유다), 그리고 시므온(시므온)이었다. 예수아(혹은 여호수아)인 예수와 그의 형제들은 이스라엘이 노예생활에서 해방된 이야기를 들려주는 이름을 가진 다섯 명의 유대 소년이 된다.

마리아는 이 아이들을 양육했고, 그들의 이름은 그녀에게 하나님 나라를 향한 아나빔의 소망을 일깨워주었다. 이런 행동은 하나님이 그녀에게 주신 소명의 일부였다. 또한 그녀의 아들 예수(예수아)가 메시아가 될 것이라는 비밀도 그 소명에 포함되었다.

4. 나는 아이들을 교육할 소명이 있다

그리고 그 비밀에는 마리아가 예수에게 얼마나 많은 교육을 시킬 것인지가 포함된다. 대부분의 성경 독자는 예수의 가르침을 읽으면서도 예수를 마리아와 연관시키는 일에는 실패한다. 내 생각에 이 실패는 누가복음 1:48의 (반놀림조의) 바른 번역을 이렇게 만들어 버린다. "이제 후로는 (개신교를 제외하고) 만세에 나를 복이 있다 일컬으리로다." 어떤 이들은 마리아를 다소 지나치게 숭배하는 반면, 개신교인들은 그녀를 지나치게 무시한다. 대부분의 개신교인들은 프레드리카 매튜스-그린Frederica Mathewes-Green만큼도 마리아를 존경하지 않는다. 그녀는 동방 정교회 신자가 되었을 때 마리아에 대한 기존의 생각을 바꾸어야 했다. 그녀는 이렇게 고백했다.

나는 그녀[마리아]의 모든 것을 좋아한다. 나는 그녀를 존경한다. 그녀는 그분의 어머니이시다.…나는 마치 우리가 아직도 '만나서 반갑습니다'라고 인사하는 단계에 있는 것처럼 딱딱한 거리감을 느낀다.[10]

우리는 마리아가 예수에게 끼친 영향력을 재고해야 하는 정당한 이유를 가지고 있다. 왜냐하면 복음서들은 그녀가 예수의 교육에 지대한 영향을 미쳤음을 분명히 보여주기 때문이다.

마그니피카트(마리아의 노래)에서 우리는 예수의 가르침과 사명에 나타나는 주요 주제 다섯 가지를 발견할 수 있다. 이 다섯 가지 주제 중 어느 것이 먼저인지를 알기는 어렵지 않다. 첫째, 마리아가 하나님의 거룩한 이름을 축복하고 하나님께 굶주림을 채우실 것을 요청한 것처럼, 예수도 하나님의 이름을 찬양하고 일용할 양식을 위해 기도하며 굶주린 자를 축복한다. 둘째, 마리아가 가난한 아나빔 출신인 것처럼,

예수도 가난한 자들을 축복하고 그들을 위하여 잔치를 베푼다. 마리아가 과부인 것처럼, 예수도 종종 과부들에게 자비를 보여주었다. 셋째, 마리아가 권력자들이 자신들의 불의한 권력을 박탈당하도록 기도한 것처럼, 예수도 불의한 권력과 싸웠다. 넷째, 마리아의 기도가 하나님의 자비와 긍휼을 강조하는 것처럼, 예수도 자비와 긍휼로 널리 알려졌다. 그리고 마지막으로, 마리아가 기도하던 이스라엘의 구속에 대한 관심은 예루살렘을 향한 예수의 간절한 기도 가운데서 찾아볼 수 있다. 이런 유사점들은 결코 우연이 아니다.[11]

우리는 마리아가 자신의 비전과 소명을 자기 아들에게 전해주었다고 결론 내려야 마땅하다. 우리의 소명들은 자신의 특별한 임무를 완수하기 위한 것이 아니라, 우리의 삶에 대한 하나님의 요구를 우리의 자녀와 다음 세대에게 전해주기 위한 것이다.

우리들 각자가 다음 세대에게 하나님의 주장을 전해줄 수 있는 비밀은 무엇인가? 그 답은 모세만큼이나 오래되었고, 그것은 분명히 요셉과 마리아가 받아들인 전통이다. 경건한 유대인의 근본적인 고백은 쉐마다. 그것이 유대교 신앙의 핵심이며 예수도 그것을 자신의 신앙고백으로 삼았으므로, 우리는 예수가 집안에서 쉐마를 먼저 들었다고 추론할 수 있다.

우리 자녀를 신앙으로 훈련시키는 원리인 쉐마의 비밀은 간단하다. 그것은 세대를 서로 연결시켜주는 것이다. 우리는 자녀를 위해 기도하고, 그들이 보는 앞에서 그리스도인이 되어야 하며, 우리 자녀를 우리의 신앙과 연결시킴으로써 그들을 우리의 삶 가운데로 끌어들이고, 우리 자신을 그들의 삶에 포함시켜야 한다. 거룩한 가정은 이 첫 번째 관계를 제공한다. 그리고 두 번째 관계는 예수가 자기 제자들에게 첫 번째 관계를 전해준 것처럼 형성된다. 우리는 우리가 살고 있는 이 세상과 계속해서 관계를 맺어야 한다. 소명에 대한 이야기가 한 세대에서 다음 세대로 전해지는 것은 세대 간의 관계를 통해서다. 하나님이 마리아의 과거를 받아들이시고 그것을 소명 이야기로 변화시켜주신 것처럼, 다른 많은 이들도 자신의 과거를 하나님께 드리고 하나님께서 그것을 소명으로 만드시는 것을 보았다.

새로운 소명을 가진 이야기 작가

도로시 세이어즈는 (주로 피터 윔지 경을 중심으로 하는) 탐정 이야기로 많은 사람들에게 알려져 있다. 또한 그녀는 후일 탐정 이야기 작가에서 소명 이야기 작가로 변신해 뛰어난 기독교 저술가로 성장한다.[12]

그녀의 과거는 잘 알려져 있지 않다. 그녀는 기독교 가정에서 자랐지만(그녀의 부친은 목사였다) 중년이 될 때까지 신앙의 길에 들어서지 않았다. 그 이전까지, 그녀는 한 유부남(그녀의 딸은 나중에 그를 매력적인 건달이라 불렀다!)과의 사이에서 아들 한 명을 낳았다. 도로시는 자신의 생활 방식을 고집했고, 어린아이를 돌보는 일은 그녀의 생활 방식과 공존할 수 없었다. 그래서 사촌인 아이비에게 아이를 데려가 양육해달라고 부탁했다. 비록 도로시가 자기 아들의 재정적인 필요를 모두 '채우기'는 했지만 (그것도 작가로서의 성공이 허용하는 한에서만 보살폈지만) 그녀가 아들과 함께 산 적은 한 번도 없었다.

도로시에게는 영적인 부르심에 '도움이 될 만한' 과거가 없었다. 그러나 하나님은 그분의 신비로운 은혜 가운데서 도로시의 과거를 말끔히 씻어내고 새로운 소명을 주셨다. 도로시가 매년 열리는 캔터베리 축제에 사용될 극본(「주의 전을 사모하는 열심」)을 청탁받았을 때 그녀의 삶은 새로운 소명으로 강력하게 전환되었다. 그녀의 열심은 탐정소설에서 예수 그리스도가 지은 집으로 옮겨졌다. 그녀의 과거가 그녀의 발목을 붙잡았는지는 알 수 없지만, 다음과 같은 그녀의 발언은 중요한 실마리를 제공해준다. "어떤 일이 일어났든지 과거는 돌이킬 수 없으며, 오직 구속을 받아 선해져야 한다." 그녀의 과거도 그랬다. 과거에 무슨 일이 일어났는지 그녀가 깨닫지 못한 날은 단 하루도 없었다. 또한 그녀의 펜이 '소명'에 붙잡히지 않았던 적도 단 하루도 없었다.

만일 도로시 세이어즈의 과거가 우리를 놀라게 한다면, 우리는 그저 조용히 뒤로 물러나 하나님께서 선택하신 일을 하시도록 그분에게 자리를 내어드려야 한다. 하나님은 이 쓰라린 경험을 갖고서, 나쁜 결정들을 복잡하게 뒤섞어서 그녀에게 하나의 소명을 주신다. 하나님은 같은 방법으로 예수의 어머니 마리아에게 한 소명을 주셨다.

마리아의 이웃이 그녀를 풍문대로만 생각했다면, 하나님이 그녀를 통해 말씀하신 그 울림은 너무 커서 사람들이 그녀를 두고 입에 올린 험담은 그녀에게 거의 남아 있지 않았다. 마리아가 사람들 틈에 앉아 예수의 말에 귀를 기울일 때면, 그녀는 애굽에서의 날과 나사렛에서의 날이 생생하게 떠올랐다. 그리고 약 삼십년 전에 천사 가브리엘이 그녀에게 약속한 것을 하나님께서 지금 이루고 계신다는 생각이 들었다. 전에 그녀가 노래하고 간절히 염원했던 것이 이제 수많은 이스라엘 백성에게 들려지고 전해지고 있다. 예수 앞에 길게 늘어선 믿음의 무리는, 그녀가 친히 낳은 '아들'을 단순히 그 시대의 또 하나의 선생이 아니라 이스라엘을 해방시키고 가난뱅이를 부자로 만들 사람으로 생각하고 있다. 마리아는 그 부유함을 자신의 상처 위에 매일 덧입혔다. 우리도 그녀를 자신의 소명 때문에 만세에 걸쳐 '복 받은' 여인이라고 부르자.

10장

베드로: 회심에 관한 이야기

복음서 읽기 • 눅 5:1-11

회심은 지혜와 같아서 평생에 걸쳐 일어난다. 어떤 이에게 회심은 출생증명서와 같은 것이고, 다른 이에게 그것은 운전면허증과 같다. 우선 가장 궁극적인 질문은 '내가 천국에 가려면 무엇을 해야 하는가?'이다. 둘째 질문은 '내가 어떻게 하나님을 사랑하는가?'이다. 첫 번째 질문의 관심사는 순간적이며, 두 번째 질문의 관심사는 일생이 걸린 것이다.

예수 신경은 출생증명서라기보다는 운전면허증에 가깝다. 이 둘의 차이점은 엄청나다. 출생증명서는 우리가 구체적인 날짜에 특정한 장소에서 태어났다는 것을 증명한다. 운전면허는 단순히 자동차를 몰아도 좋다는 허가다. 만일 회심이 출생증명서와 비슷한 것이라면, 우리는 유모차에 누운 채 이리저리 끌려 다니는 아기들을 생산하는 것이다. 하지만 회심이 운전면허와 같은 것이라면, 우리는 인생길을 주관할 수 있는 어른들을 만드는 것이다.

예수 신경은 삶 전체에 관한 것이다. 따라서 예수와 예수 신경을 향한 회심은 마음과 뜻과 생각과 힘 모두를 아우르는 통전적인 회심이다.

예수 당시에 통전적인 회심이 어떻게 존재했는지 보려면 우리는 1세기의 갈릴리로 가서 예수와 함께 식탁에 앉아야 한다. 그 식탁에는 예수의 가장 친한 친구이자 사도로서 예수에게 그의 사명을 대표하도록 임명을 받은 이가 있었다. 그 친구의 이름은 시므온 게바^{Shimeon Kepha}로 우리는 그를 '시몬 베드로'라고 부른다.[1] 우리가 베드로에게 다가가면 그의 회심 이야기를 듣게 된다. 그 이야기의 서두를 장식하기에 가장 좋은 곳은 베드로의 첫 출발이다. 이렇게 질문하면 된다. 베드로는 언제 회심했는가?

베드로는 언제 회심했는가?

당신은 다음 다섯 장면 중 베드로가 언제 회심했다고 생각하는가?[2]

그가 예수를 소개받은 날인가? 시몬 베드로의 형제 안드레는 과거 세례 요한의 제자였다. 유대교 절기를 따라 예루살렘에 있는 동안에 요한은 안드레에게 예수에 관해 이야기했고, 안드레는 그날 대부분의 시간을 예수와 함께 보냈다. 안드레는 자기 형제 시몬에게 예수가 그들이 오랫동안 기다리던 왕이자 이스라엘의 해방자 메시아일지도 모른다고 말했다. 그리고 그는 시몬을 예수에게 소개했다. 예수는 시몬을 보고서 그가 언젠가 '베드로'라고 불릴 것이라고 계시하셨다. 그는 이때 회심했는가?

혹은 베드로가 스스로를 죄인이라고 고백했을 때인가? 베드로는 밤새 고기를 잡으려고 시도했지만 한 마리도 잡지 못하고 바닷가에서 그물을 씻다가, 예수로부터 자신의 배를 물가로 옮겨 그의 가르침을 들으라는 명령을 받았다. 그때 예수는 베드로에게 다시 한 번 더 그물을 내리라고 명했다. 어부 베드로는 목수인 예수의 말에 순종했다. 그리고는 엄청나게 많은 물고기를 잡았다. 베드로는 그의 발 앞에 엎드려 이렇게 선언했다. "나는 죄인입니다!" 이때는 어떤가?

아니면 베드로가 예수의 질문을 받고 나서 예수가 메시아이심을 고백한 때인가? 예수가 베드로에게 물었다. "너희는 나를 누구라 하느냐?" 그러자 베드로가 즉시 대답했다. "주는 그리스도[혹은 메시아]시니이다." 이것은 어떤가?

혹은 예수의 죽음과 부활 이후에 회심한 것인가? 베드로는 예수가 심문받는 동안 너도 예수를 따르는 이들 가운데 하나가 아니냐고 세 번이나 추궁을 당했고 그때마다 그 말을 천연덕스럽게 부인했다. 부활 이후, 예수는 베드로를 만나서 그에게 예수 신경을 새롭게 하라고 명했다. 네가 나를 사랑하느냐, 네가 나를 사랑하느냐, 네가 나를 사랑하느냐? 베드로는 세 번 다 '예'라고 대답했다. 이 순간은 어떤가?

혹은 그의 회심은 그가 다른 사람들과 함께 오순절날 성령을 받았을 때 비로소 완성된 것인가? 예수의 죽음과 부활 이후 유대인들의 가장 큰 명절은 오순절(칠칠절)이었다. 예수의 제자들 몇 명이 오순절에 한 다락방에 모였다가 성령이 불같이 임함을 경험했는데 베드로도 그 자리에 있었다. 성령은 베드로에게 예수를 세상 모든 사람에게 전하라는 담대함을 심어주었다. 이것이 베드로의 회심인가?

이 밖에 두 가지 사건이 더 있다. 그것은 베드로가 환상 가운데 유대인과 이방인이 함께 있는 것을 본 교회의 비전과, 그가 교회들에 전한 서신서다. 그러나 회중석 뒷자리에 앉아서 다른 사람들을 감시하듯 쳐다보며 경건한 척하는 속물들은, 베드로가 베드로전서를 쓰기 전까지는 진정으로 회심하지 않았다고 생각할 것이다. 그리고 소크라테스보다 더 높은 이상을 가진 사람들은, 베드로가 (지금까지 그에게 두렵게만 여겨졌던) 이방인들을 포용하기 전까지는 그를 회심자로 부를 수 없다고 생각할 것이다. 그렇지만 진지한 그리스도인은 앞에서 언급한 처음 다섯 가지 사건들에 대해 저마다 타당한 의견을 제시할 수 있다.

진지하지 않은 그리스도인은 다음과 같은 말로 자기를 달랠 수 있다. 숫자를 중요시하는 무리는 첫 장면에서 베드로에게 나타난 첫 번째 신호를 좋아하고, 신앙고백을 중요하게 생각하는 신학자들은 '나는 죄인입니다'라는 말을 듣고 살짝 웃을 수 있다. 교조적인 그리스도인은 예수가 그리스도라는 베드로의 신앙고백에 그 자리에서 일어설 것이다. 은사파들은 분명히 베드로가 위로부터 성령의 불을 넘치도록 받았을 때 마침내 형제를 찾고, 사회활동이 왕성한 교회는 베드로가 이방인들을 다문화적으로 받아들였을 때 마지못해 만족한다. 이상주의자들은 어떤 사람의 삶의 종말을 기다린다. 이 모든 것은 농담이다. 아마도 말이다.

누구도 베드로가 회심했다는 것을 의심하지는 않지만 우리는 그 순간이 언제 일어났는지, 즉 그가 자신의 출생증명서를 언제 받았는지를 확실히 알지 못한다. 그리고 바로 여기에 회심의 신비가 있다. 회심은 하나의 사건 그 이상이다. 그것은 과정이다. 회심은 지혜와 마찬가지로 평생이 걸리는 일이다. 회심은 평생 동안 계속되는 영혼의 부드러운(혹은 시끄러운) 끄덕임이다. 그들에게 언제 회심했는가라는 질문은, 그들이 지금 회심하고 있다는 사실보다 훨씬 덜 중요하다.

어떤 그리스도인들은 사도 바울과 비슷하며, 그들은 자신이 회심한 날짜와 시간을 정확히 알고 있다. 그리고 '중요한 순간'의 이야기를 들려준다. 그들은 같은 날 받은 자신의 출생증명서와 운전면허증을 가지고 있다. 바울이 그랬던 것처럼 땅이 흔들리고, 햇빛이 환하게 비치고, 음성이 윙윙거리고, 눈이 떨리며, 그들은 살아남아 그 모든 일을 우리에게 이야기한다. 그러나 그런 경험을 한 사람은 거의 없다. 대부분의 그리스도인에게 회심은, 여름날 저녁에 잔디 너머로 드리운 그늘 밑에서 벌어진 탭댄스와 같다. 알아차리기 힘들지만 그림자가 춤을 추고 있고, 어느 순간이 되면 그림자가 잔디를 가득 메우는 것을 보게 된다. 이들에게 회심은, 어린 시절부터 어른이 되기까지 계속되는 영혼의 부드러운 끄덕임이다. 회심의 가장 신뢰할 만한 모델로 바울을 생각할 이유는 없다.

베드로의 이야기는 바울의 이야기가 아니며, 베드로는 다른 이들과 마찬가지로 예수, 요셉, 마리아와 즐거운 시간을 보내는 식탁으로 초대를 받았다. 여기 그의 이야기가 있다.

나는 예수를 이해하는 가운데 성장한다

베드로에 관한 성경 본문을 자세히 살펴보면 계속 진행되는 회심, 즉 예수가 누구인지에 대한 베드로의 이해가 성장하고 있음이 나타난다.

그러한 성장이 나타나는 본문 일곱 장은 다음과 같다.[3]

1. 베드로는 예수가 메시아일지도 모른다고 추측한다.
2. 베드로는 예수가 무척이나 우월하신 분임을 인식한다.
3. 베드로는 예수를 메시아로 고백한다(그러나 베드로는 메시아가 고 난당해야 한다는 것에 대해 그의 의견을 따르지 않는다).
4. 베드로는 메시아가 반드시 고난당해야 함을 납득한다.
5. 베드로는 예수가 주님이시라고 고백한다.
6. 베드로는 예수가 단지 유대교가 말하는 주님이 아니라 모든 사 람의 주님이심을 깨닫는다. 여기서 베드로는 예수 신경이 다른 모든 사람을 사랑하는 것과 관련된 것임을 안다.
7. 베드로는 예수의 삶을 그리스도인의 삶의 패러다임으로 받아들 인다.

예수가 메시아일지도 모른다는 추측에서 시작해 그를 자신의 삶의 모델로 받아들이는 것은 틀림없는 성장이다. 그러나 우리가 형식적인 면에 치우치지 않게 하기 위함인지 몰라도 베드로의 성장은 일관적이 지 않다. 베드로는 예수에 관해 새로운 것을 배울 때마다 자신의 마음 과 삶의 방향을 재설정한다. 하지만 그는 때때로 옆길로 새고 뒤로 넘 어지기도 한다.

예수가 누구인지에 대한 우리의 인식은 그래프에 직선으로 그릴 수 없다. 예수의 호칭, 정의, 그리고 인식이 중요한 문제가 아니다. 문 제는 예수에 대한 응답이다. 만일 우리가 회심하기 위해서는 예수 그리스도에 대한 온전한 이해, 다시 말해 그의 본성, 인격, 그리고 성부와 성령과의 관계, 선재와 귀환 같은 후대의 신학적 정교함 등이 필요하다면, 우리 가운데 누구도 회심하지 못할 것이다. 그 이유는 단 하나다. 그 누구도 예수 그리스도의 위격을 완전하게 이해하지 못하기 때문이다! 우리가 이해해야 하는 것은, 예수에 대한 우리의 지식이 성장하는 것처럼 그에게 사랑으로 응답해야 한다는 사실이다.

베드로의 회심은 그가 예수를 이해하며 점진적으로 성장했음을 의미한다. 또한 베드로가 예수 그리스도에 대한 믿음을 사람들에게 전하는 담대함도 성장했다.

나는 한걸음씩 사람들 앞에 나아간다

베드로의 회심은 사적인 것에서 공적인 것으로 성장했다(때로는 어린이의 발걸음으로). 베드로의 삶을 다루는 본문의 첫 네 장을 보면 베드로와 예수, 다른 사람의 만남은 대체로 개인적인 것이다. 그러나 5장부터 7장까지의 베드로의 삶을 살펴보면 베드로는 공적인 곳으로 나아갔다. 실제로 그는 (하나의 표현을 빌자면) 로마로 갔다!

사람들 앞에서 복음을 증거하는 공적인 삶의 단계에서 베드로는 소아시아 그리스도인들에게 로마의 권력자들을 존중하고, 온전히 거룩한 삶을 살며, 자신의 믿음을 공적으로 변호할 준비를 하라고 권면했다.[4] 베드로는 하나님을 사랑하는 것이 예수를 따르는 것이라고 말한다. 심지어 그것은 십자가에 달리기까지 따르는 것이라고 말한다. 고대 교회의 전승에 베드로가 로마에서 십자가 처형을 당했다고 기록되어 있을 정도로 베드로의 '공적인 고백'에서 십자가는 매우 실제적이었다. 그리고 그는 배 반대편에 그물을 내리라고 말했던 메시아에 비해 자신은 턱없이 부족한 사람이므로, 자신의 십자가 처형을 거꾸로 집행해달라고 요청했다.

베드로는 아마 십자가에 거꾸로 못 박혔을 것이다. 분명한 것은 그가 우리에게 회심이 어떻게 예수 그리스도에 관한 이해를 성장시키고, 회심이 어떻게 개인적인 용기를 공적인 용기로 변화시키는지에 대한 놀라운 모범을 보였다는 것이다. 베드로는 사도로서의 삶을 시작할 무렵, 동료 갈릴리 사람들과 유대 사람들을 회심시키겠다고 생각했다. 그리고 삶을 마칠 무렵에는, 어떻게 로마 제국을 향해 나아갈지를 중심으로 생각했다.

보다 최근에 나타난 점진적 회심의 본보기는 프랭크 로바크에게서 찾아볼 수 있다.

사람들 앞에 나아가는 선교사

20세기 세계사 연감 가운데서 대부분의 사람들이 생각하는 가장 유명한 선교사는 알베르트 슈바이처Albert Schweitzer다. 그러나 많은 사람이, 이 세상에 가장 완전한 영향력을 끼친 선교사는 그보다 훨씬 덜 유명한 프랭크 로바크(1884-1970)라고 생각한다.[5]

펜실베이니아 주 농업 공동체에서 태어나 장로교 신자인 부친과 침례교 신자인 모친 사이에서 평온하게 성장한 프랭크는 다른 종파인 감리교에서 신앙을 발견했다. 그러나 로바크가 필리핀에서 회중교회

선교사로 섬기며 모로스^{Moros} 족을 위해 사역하는 동안에, 그는 라나오의 자기 집 뒤에 자리한 시그널 힐에서 기도하면서 한 가지 체험을 했다. 그는 전혀 복음을 받아들일 마음이 없는 사람들 때문에 철저한 실패를 경험했고, 아버지 하나님께 부르짖었다. "이렇게 미움으로 가득한 사람들, 살인자, 도둑, 더러운 나무열매나 씹는 부랑자, 우리의 대적들을 위해 제가 무엇을 할 수 있습니까?"[6] 그때 하나님이 그에게 이렇게 대답하셨다.

> 내 입술은 움직이기 시작했고 그것은 하나님께서 말씀하시는 것처럼 보였다. 내 입에서는 이런 말이 흘러나왔다. "내 아들아, 네가 실패한 것은 네가 이 모로스 족을 진정으로 사랑하지 않았기 때문이다. 너는 네가 백인이기 때문에 그들보다 우월하다고 생각하고 있다. 만일 네가 미국인이라는 사실을 잊고서 오직 내가 그들을 어떻게 사랑하는지만 생각한다면, 그들이 네게 응답할 것이다."[7]

로바크의 삶은 자신이 사랑하도록 부르심을 받은 '다른 사람들'을 이해하면서 점진적으로 그러나 극적으로 변화되었고, 그의 사역은 개인적인 사명에서 공적인 사명으로 성장했다. 예수 신경은 로바크의 삶의 중심을 이루었다. 후일 그는 이렇게 고백했다. "나는 하나님을 통해서 사람들을 보고, 그들을 향한 그분의 사랑으로 채색된 내 안경으로 하나님을 활용하기로 다짐했다."

로바크의 『현대 신비주의자로부터 온 편지』^{Letters by a Modern Mystic}라는 소책자는 100만 권 가까이 판매되었다. 그의 명성은 부분적으로 그가 행한 '호흡 기도'와 신학교에서 로렌스 형제에게 배운, 하나님의 계속적인 임재 가운데 살겠다는 결심에서 온 것이다. 그는 "바이올린이 대가가 연주하는 활에 응답하듯이 하나님께 응답하라"는 사명을 갖고 시그널 힐에서 내려왔고, 그런 "하나님과의 일체감이야말로 사람이 얻을 수 있는 가장 정상적인 상태"라고 믿었다. 그는 하나님과의 일체감을 발견하고서는, 1930년 4월에 "하나님은 너무도 가까이 계시며 또한 너무도 놀라울 정도로 사랑이 충만하셔서, 나는 익숙하지 않은 기쁨으로 꽉 찬 만족감에 온통 녹아든 듯한 느낌을 받았다"고 고백한다. 그가 개인적·인격적 회심에 관해 남긴 가장 강력한 진술은 이것이다. "이제 나는 하나님의 임재를 너무나도 사랑한 나머지, 반시간 정도라도 그분이 내 생각 밖으로 나갈 때면—그분은 하루에도 몇 번씩 그렇게 하시지만—나는 마치 그분을 떠나버린 것처럼, 그리고 내 삶 가운데 매우 귀중한 무언가를 잃어버린 것처럼 느낀다."[8]

"그러나 로바크의 기도 생활은 단순히 빛이 환하게 들어온 것 이상의 결과를 가져왔다. 또한 그것은 힘찬 행동을 가져왔다."[9] 로바크는 균형 있게 하나님과 이웃을 사랑하는 삶을 살았다. 그는 다음과 같이 말한다. "우리가 변화 산에서 순결해질 때까지 그리스도와 함께 하나님의 임재라는 아름다움에서 사는 것이 우리의 의무인 것처럼, 우리가 앞을 보지 못해 더듬고, 기어다니고, 신음하는 그들[불쌍한 사람들]이 있는 곳으로 내려가서 새로운 삶으로 그들을 고양시키는 것도 우리의 의무다."[10]

베드로처럼 사적인 영역에서 공적인 영역으로 나아가기 위해 로바크는 무엇을 했는가? 프랭크 로바크는 기도 부문에서 전설적인 인물

일 뿐 아니라 "누구나 모든 사람을 가르친다"는 계획을 지닌 문자 교육 분야의 선구자다. 그는 이렇게 기도한다. "읽기를 배운 모든 사람은, 한 사람이라도 더 읽을 수 있도록 다른 사람을 가르치게 하소서." 그는 평생에 걸쳐 100여 개국 이상에서 문자를 가르치는 교육 프로그램을 멈추지 않고 실행했으며, 놀랍게도 600만 명 이상의 사람이 글을 읽을 수 있도록 교육시키는 일을 책임졌다!

로바크에게 읽기는 단순한 하나의 사회적 행동이 아니다. 그에게 문자를 가르치는 것은 복음과 사회변혁을 준비하는 것이다. 선교사 그룹을 위해 "그는 학생들에게 일인칭 화법으로 예수 이야기를 들려주는 교수법을 개발했다."[11]

로바크는 베드로와 마찬가지로 사적인 영역에서 공적인 영역으로 나아갔고, 그 과정에서 베드로처럼 하나님을 사랑하고 다른 모든 사람을 사랑하는 법을 배웠다. 우리가 주님의 제안을 따라 잘 알지 못하는 물속에 우리의 그물을 던질 때 로바크와 베드로에게 일어난 일은 우리에게도 일어날 것이다.

11장

요한: 사랑에 관한 이야기

복음서 읽기 • 막 10:35-45; 눅 9:49-56; 요 13장

좋은 자서전은 진실을 이야기한다. 이스라엘의 유명한 왕 사울은 전설적인 야구 영웅 피트 로즈의 성경판이다. 그는 훌륭한 재능에 힘입어 눈부신 성공과 약간의 소란스러운 실패를 맛보았다. 그의 마지막은 비극적이었다. 사무엘에 의해 이스라엘의 첫 번째 왕으로 선택받은 그는, 앞으로 천년 동안 전개될 이스라엘의 이야기책에서 가장 확실한 영웅이었다. 그렇지만 사울은 그 예상을 깼다.[1] 성경은 사람들에 관해서 항상 진실을 말한다. 아담과 하와, 아브라함, 그리고 이스라엘의 왕들을 생각해보라.

이 스펙트럼의 반대편 끝에는 그리스도인 전기집, 때로는 '성인열전'이라고 부르는 것이 있다. 이 전기집은 종종 그 사람의 삶을 모범으로 만들기 위하여 그의 모든 죄를 흔적도 없이 말끔히 지워서 하나의 소설로 변질시키기도 한다. 그러나 성경은 사람들에 관해 오직 진실만을 들려준다.

지도자에 관한 추한 진실을 이야기하는 것은 백성의 죄를 부추길 수도 있기에, 필봉이 무뎌진 전기 작가들은 지도자의 추한 진실을 감추는 경향이 있다. 그러나 진실을 감추는 일은, 정작 본인은 완벽한 삶을 살 수 없다는 결론을 내리는 일부 그리스도인들을 자포자기하게 만들기도 한다. 이에 대한 해결책은 없을까? 진실을 말하는 것이다.

그리스도인 리더이자 구약 학자인 존 골딩게이^{John Goldingay}는 신앙에 대해 묵상하는 『워크 온』^{Walk On}에서 진실을 말하는 모습을 분명하게 보여준다. 존의 아내 앤^{Ann}은 다발경화증이라는 질병으로 고통받고 있고, 그는 이런 치명적인 질병에 걸린 아내와 살면서 자신의 신앙이 천국과 지옥을 오가는 경험을 했다고 기록했다. 존은 '우정'이라는 제목을 가진 장에서 이렇게 말한다.

나는 몇몇 여성들로부터 나와 사랑에 빠지게 되었다는 이야기를 들었다. 사실 그때 나는 그 여인들에게 그런 감정을 전혀 느끼지 못했다. 또한 나는 어떤 여인과 성적으로 복잡한 관계를 가졌다. 하나님, 그리고 병에 걸린 아내로 인해 많은 것을 상실한 중에도 꿋꿋하게 살고 있는 괜찮은 남자로 나를 생각하고 있는 이들에게 몹쓸 짓을 한 경험도 있다. [존은 자기와 아내의 관계에서 결혼할 용기를 얻었다는 어떤 학생의 편지를 인용한 다음 이런 진실을 덧붙인다.] 나는 그 학생의 편지가 아주 명백히 옳은 것으로 인정되기를 바란다.²

내가 존의 이야기를 다시 언급한 것은 그를 비난하거나 혹은 '우리 모두는 결국 죄인입니다'라는 지극히 당연한 말에 호소함으로써 그의 행동을 합리화하려는 것은 아니다. 이 이야기는 사실이다. 그것은 존의 삶의 일부다. 존은 온전한 정신으로 성경을 읽었기에, 성경 저자가 다른 사람의 삶을 이야기하는 방식으로 자신의 이야기를 들려준 것이다.

예수의 식탁 주위에서는 그의 제자들이 자신의 삶에 대한 진솔한 이야기를 들려주고 있다. 우리는 이미 요셉, 마리아, 그리고 베드로의 이야기를 들었다. 또 한 사람, 성경이 그 진실한 이야기를 들려주고 있는 이는 사도 요한이다. 요한의 이야기는 성경에 나오는 그 누구의 이야기보다 많이 가려져 있다.

당신은 요한의 이야기를 아는가?

성경 독자들은 사도 요한의 전체적인 모습을 한번에 볼 수가 없다. 오히려 대부분의 독자들은 요한이 노년에 보여준 위대한 모습에만 초점을 맞춘다.

사도 요한을 생각할 때 가장 먼저 떠오르는 낱말이 하나 있는데 그것은 사랑이다. 그러나 요한이 직접 들려주는 '사랑 이야기'는 아름답기만 한 것은 아니다. 요한에게 사랑은 쉽게 다가오는 것이 아니었다. 복음서에 나오는 요한에 대한 구절들을 모두 찾아보면 이 사실을 알 수 있다. 요한은 몇몇 극적인 순간을 예수와 함께했다. 하지만 그가 나중에 유명한 사랑의 사도가 될 것이라고 생각하게 만들 만한 행동을 이전에는 전혀 하지 않았다. 성경 저자들이 요한의 삶에 관한 진실을 들려주었기 때문이다.

우리가 요한에게 그의 삶을 이야기해달라고 부탁하면, 그는 사랑하는 것을 배우던 자신의 이야기를 들려줄 것이다. 그리고 아마 그는 이런 내용으로 시작할 것이다.

1. 나는 사랑에 대해 배운다

요한의 가족 관계를 통해 우리는 요한의 정보를 얻을 수 있다. 많은 학자가 요한이 예수의 사촌이었다고 생각한다.[3] 요한의 아버지 세베대는 갈릴리의 어부였고, 요한과 그의 형제 야고보를 어부로 고용했다. 그리고 야고보도 예수의 제자였다.

예수가 야고보와 요한에게 "나를 따르라"라고 말했을 때 세 사람이 탄 배는 큰 충격에 휩싸였다.[4] 예수를 따르는 것은 그와 함께 여행을 다니고, 그에게서 배우고, 그가 살았던 것처럼 사는 것을 의미한다. 요한은 앞으로 그리스도인들과 우리에게, 자신이 예수에게 배운 것들을 설명하는 복음서 한 편과 중요한 서신서를 쓸 것이다. 요한의 글에는 사랑이라는 주제가 일관되게 넘쳐흐른다. 요한은 예수가 자기 제자들에게 '새로운' 계명을 주었다는 말을 우리에게 이야기하면서 그 모든 것을 요약해주는데, 그것은 '서로 사랑하라'였다. 왜 이것이 '새로운' 것인가? 예수가 예수 신경을 가르쳤을 때 유대교의 쉐마에 '이웃을 사랑하라'는 구절을 더했기 때문이다. 요한은 더 나아가 자신이 남긴 또 다른 문장에서 예수 신경의 두 부분을 서로 연결시킨다. "누구든지 하나님을 사랑하는 자는 또한 반드시 자기 형제를 사랑해야 한다."[5] 요한이 예수에게서 배운 것은 '하나님을 사랑하고, 이웃을 사랑하라'였다. 이것을 요약했을 때, 그는 자신이 사랑에 관해 배웠다고 말한다.

그러나 사랑을 배웠다고 반드시 사랑하는 삶을 사는 것은 아니다. 이것은 아는 것이 항상 행동으로 이어지지는 않는 것과 같은 이치다.

2. 내 사랑은 시험을 받고, 나는 잘하지 못했다

작가 브라이언 도일[Brian Doyle]은 아버지와 아들의 사랑이라는 감동적이면서도 잔잔한 이야기를 통해 자기 부모에 대한 사랑이 어떻게 한껏 고양되었다가 깊은 나락으로 떨어지곤 했는지를 들려준다.

> 대부분의 어린이처럼 나는 사춘기 전까지, 즉 우리 부모님이 내게 만들어놓은 경계선으로 인해 그분들에 대한 증오를 시작하기 전까지는 부모님을 아무 조건 없이 사랑했다. 그리고 열아홉 살이 되어 그 세월을 딛고 철이 들었을 때, 그분들이 나를 위해 수많은 방식으로 자신들의 삶을 희생했음을 깊이 이해하면서, 다시 아무 조건 없이 부모님을 사랑하기 시작했다.[6]

도일의 책 나머지 부분은 사랑 이야기이지만, 만일 그 5년이 언급되지 않았다면 그것은 불완전한 이야기다. 브라이언 도일이 부모에게 사랑을 '배운' 것처럼 사도 요한은 예수에게서 사랑을 배웠다. 그러나 도일이 항상 그 사랑을 실천하지는 않았던 것처럼 요한도 항상 그 사랑을 실천하지는 않았다. 우화 작가 이솝은, 가장 중요한 것은 "행동이지 말이 아니다"[7]라고 말했다.

요한은 자신의 행동이 자신의 말과 일치하는지에 대한 시험을 앞

두고 있었다.

복음서 저자들은 우리에게 진실된 이야기를 들려준다. 예수의 이 젊은 사도가 사랑을 배워야만 했다고 말이다. 요한이 사랑에 관해 실제로 시험을 받았을 때 그는 그 시험에 실패했으며, 그것도 세 번이나 실패했다. 우리는 베드로가 주님을 세 번 부인했다고 그를 비난한다. 따라서 세 번 실패한 요한의 모습도 잊으면 안된다. 그러면 그가 실패한 사랑 세 가지는 무엇인가?

첫째, 요한과 야고보는 예수에게 다가가 은혜에 기대어 이렇게 말했다. "무엇이든지 우리가 구하는 바를 우리에게 하여주시기를 원하옵나이다." 예수가 그들의 아주 좁은 속을 받아주면서 그 소원을 말해보라고 하자 그들은 이렇게 말했다. "주의 영광 중에서 우리를 하나는 주의 우편에, 하나는 좌편에 앉게 하여주옵소서."[8] 우리는 다른 제자들이 이 두 형제의 속물스러운 뻔뻔함에 크게 반발했음을 알고도 전혀 놀라지 않는다. 만일 사랑이 섬김이라면(이것은 예수가 그 형제들에게 계속해서 설명하던 내용이다) 요한은 사랑에 실패했다.

둘째, 요한의 이웃 사랑은 다른 사람이 예수의 이름으로 귀신을 내쫓는 것을 보았을 때 시험을 받았다. 요한은 그 사람이 기적을 행하는 것을 멈추게 할 목적으로 그것을 예수에게 '고자질'했다. 그에 대해 예수는 시대를 뛰어넘는 귀한 대답을 들려주었다. "우리를 반대하지 않는 자는 우리를 위하는 자니라."[9] 누구든지 예수 신경을 따르는 이는 귀신의 세력을 무너뜨리는 사람을 비난해서는 안 된다. 그런데 요한은 그렇게 했다.

셋째, 요한은 어떤 사마리아인들이 "예수께서 예루살렘을 향하여 가시기 때문에" 그분께 호의를 베풀기를 거절했다는 말을 들었다. 그에 대한 요한의 반응은 이러했다. "주여, 우리가 불을 명하여 하늘로부터 내려 저들을 멸하라 하기를 원하시나이까."[10] 이럴 수가! 요한은 그 사람들에게 지옥불이 떨어지기를 기도한 것이다. 요한은 사랑의 사도이기 전에는 천둥번개파 갱단의 일원이었다.[11] 예수는 제자들이 예의바르게 대응하지 않는 이들을 만날 때마다 소돔과 고모라를 생각하지 못하고 '번갯불로 잿더미를 만들 것을' 명하면 안 된다고 설명해주었다. 요한이 사마리아인을 사랑하라는 시험을 받았을 때, 그는 실패했다.

오직 사랑에 대한 글을 쓰면서 마지막 생애를 보낸 요한은, 자신이 사랑을 온전하게 실천하는지를 시험받았을 때 분명 실패했다. 요한은 사랑에 관해서 많이 배웠지만, 청년 시절의 그는 퉁명스럽고 심술궂었다. 그러나 그에게 분명 도움이 되는 것이 있었다. 그가 수많은 시간을 예수와 함께 보낸 것이 바로 그것이다. 우리는 그를 예수와 함께 연결시킬 필요가 있다. 이솝이 말한 것처럼 "백 마디 말보다 실천이 귀중하다."[12] 요한은 예수 안에서 실천과 가르침 모두를 배웠다. 예수는 계속해서 요한을 사랑하셨다.

3. 나는 어쨌든 사랑받았다

사랑을 함양하는 데 있어 사랑받는 것보다 더 중요한 것은 없다. 사랑이 얼마나 중요한지 이미 배웠을 수도 있지만, 사랑을 경험하는 것이 곧 사랑을 아는 것이다. 바로 이런 이유로 루이스 스미디스는 하나님과 이웃을 향해 느리면서도 고통스럽게 성장하던 자신의 사랑을 훌륭하게 기록한 회고록에서, 자신의 어머니에게 기대하던 그 사랑을 다음과 같이 묘사한다.

나는 하늘 아버지께 구하라고 가르침을 받은 모든 위로를 내 육신의 어머니에게서 찾았다. 하지만 내가 성장하는 동안 어머니는 너무 많은 일을 매우 힘들게 하셨다. 내가 어머니 안에서 하나님의 위로를 발견할 수 있도록 어머니는 나와 친밀함을 나눌 만한 시간도 기력도 없으셨다. 나는 한 번도 만난 적이 없는 돌아가신 아버지를 의식해본 적은 없지만, 어머니는 너무나 자주 그를 그리워했다.

그러나 루이스가 사랑 가운데서 성장하는 일은 그의 어머니가 86세 때 두 번째로 엉치뼈가 부러졌을 때 전격적으로 일어났다. 루이스는 (하나님의 섭리에 따른 사고로) 어머니와 함께 매일 오후 시간을 보냈다. 어느 오후에 루이스는 자신의 고통스러운 마음을 어머니에게 열어 보였다. 그런데 어머니가 자신의 모든 죄를 용서하신 주님께 감사를 표현한 이후 루이스는 또 다른 심각한 문제에 빠지고 말았다.

어머니는 왜 재혼을 하지 않으셨을까? [루이스가 어머니에게 물었다] "어머니는 살아오면서 다른 남자와 재혼하고 싶지 않으셨어요? 어머니를 보살펴주고, 하루 일과를 마치고 집에 돌아와 함께 이야기를 나누고, 잠자리를 같이할 그런 남자와 말이에요?"
"아, 당연히 그랬지. 나는 너무도 지치고 외로워서 가끔씩은 남편이 있었으면 하고 생각했단다. 그렇지만 다른 남자가 우리 집에 들어오면 내가 했던 것처럼 우리 아이들을 보살피지 않을까 봐 걱정이 됐단다."

[루이스는 계속 말한다] 나는 그 순간 내 육신의 어머니의 사랑 가운데 숨겨져 있던 하늘 아버지의 사랑을 발견했다.[13]

루이스 스미디스의 고통스러운 여정은 하나님께서 자기를 사랑하신다는 인격적인 지식으로 그를 인도했다. 그 사랑은 그의 부모의 사랑에서는 뚜렷하게 나타나지 않았다. 하지만 오랜 세월이 흐른 뒤 어느 날, 그는 하나님의 사랑이 자기 육신의 어머니 안에 항상 존재하고 있었음을 본 것이다. 사랑을 받는 것이 사랑을 아는 것이다.

요한은 사랑이 배우는 것 이상임을 배웠다. 그는 예수에게서 예수 신경을 배웠고 그가 사랑의 삶을 사는 것을 보았지만, 그 자신이 다른 사람을 사랑하는 일에는 갈등을 빚고 있었다. 그러나 결국 그를 둘러싼 것은 예수의 사랑이었다.

요한은 사랑을 받는다는 것이 무엇인지를 알았다. 그는 마침내 '선생님이 총애하는 학생'이 되었다. 예수는 그를 깊이 사랑하였기에 모든 일마다 그를 포함시켰다. 예수의 삶 가운데 일어난 몇몇 사건들은 그가 요한을 어떻게 특별대우했는지를 잘 보여준다.[14] 예수는 회당장의 집에 그의 딸을 치료하러 갔을 때 요한을 데려갔다. 예수가 높은 산 위에서 변화되었을 때 요한은 그 일이 일어나는 것을 직접 목격했다. 그리고 예수는 겟세마네 동산에서 기도할 때 요한에게 곁에 있어달라고 요청했다. 요한은 이 모든 순간을 통해서 예수의 특별한 사랑의 관심을 경험했다.

요한은 그가 기록한 복음서에서 자신을 '예수께서 사랑하시는 그 제자'로 지칭하고 있다.[15] 아마도 요한이 자기를 '예수께서 사랑하시는 그 제자'로 부른 것과 관련해 가장 흥미진진한 장면은, 그가 예수와 함께 식사하면서 자기가 "예수의 품에 의지하여 누웠다"라고 묘사한 내용일 것이다. 문자적으로 말한다면 본문은 요한이 '예수의 가슴에 기대어 앉아 있다'는 의미다. 그리고 이 말은 요한이 예수와 관련해 "본래 하나님을 본 사람이 없으되 독생하신 하나님이 **아버지 옆에 계신다**"라는 말과 매우 가깝다. 문자적으로 이 본문은 '아버지의 품 안에 있는' 것을 말한다. 곧 요한의 말을 하나로 엮으면, 그가 예수에게 경험한 사랑은 성자가 성부에게 경험한 것과 동일한 종류의 사랑이다![16]

비록 시험을 받았을 때 침몰했지만, 그는 예수에게 사랑을 받는 것이 무엇을 의미하는지 알았다. 요한이 예수의 품에서 경험한 사랑은 마침내 천둥번개파 일원의 이야기를 사랑의 사도의 이야기로 변화시켜주었다.

4. 마지막으로, 나는 이웃 사랑하기를 배운다

우리는 요한의 후기 글들을 통해 이 우뢰의 아들이 사랑의 사도가 되었다는 사실을 잘 알고 있다. 다음 몇 가지 사실은 요한의 삶에서 일어난 변화를 잘 보여준다.

첫째, 요한은 자기가 가장 중요한 사도라는 생각을 포기했다. 실제로 요한의 자발적인 낮춤과 다른 사람에 대한 섬김은 너무도 심오한 것이어서, 그는 자기가 쓴 복음서에서 **자기 정체조차 밝히지 않는다**. 단지 요한은 자기에게 하나의 이름, 곧 '예수께서 사랑하시는 그 제자'라는 말만 부여한다. 최우수 선수MVP 후보가 평범하게 사랑받는 사람이 된 것이다.

둘째, 요한은 우리를 위하여 사랑의 신학을 기록하였다. 한때는 사마리아를 잿더미로 만들려고 했고, 예수의 제자에게만 귀신을 쫓아내는 은사가 있어야 한다고 생각했던 젊은 사도가 이제 완전히 변했다. 요한이 나중에 그 각각의 시험에 어떻게 응답할지를 알기 위해서는 엄청난 상상력이 필요하지 않다.

셋째, 우리는 몇 가지 낱말을 세어보아야 한다. 요한의 서신들은 신약성경의 2%에 불과하지만, 그 안에 나오는 '사랑'이라는 낱말의 분량은 신약 전체의 20%나 된다. 그 말은 단순히 습관적으로 사용된 말이 아니라 그 중심을 이루고 있다. 요한은 예수가 처음부터 자기 제자들이 하나님과 이웃을 사랑하기 원했음을 배웠다. 예수가 예수 신경에 쉐마를 채택했다면, 요한은 아주 부드럽게 예수 신경을 채택했다. 요한은 다음과 같이 말한다. "그의 계명은 이것이니 곧 그 아들 예수 그리스도의 이름을 믿고 그가 우리에게 주신 계명대로 서로 사랑할 것이니라."[17] 다시 말해서 하나님을 사랑하고, 예수를 믿고, 이웃을 사랑하라.

이것이 요한의 이야기다. 폭력적인 우뢰의 아들이 부드러운 사랑의 사도가 된 것이다. 이 이야기는 요한의 삶에서 실제로 일어난 것이며 진실을 말함으로써, 우리는 그의 삶 가운데서 하나님의 충만한 은혜의 사역을 본다. 우리 역시 우리의 삶에 관한 진실을 말해야 한다.

우리가 자신의 삶에 대한 진실한 이야기를 하면 우리 삶과 다른 사람의 삶에서 잠자고 있는 영역들을 일깨울 수 있다. 그리고 그것들이 깨어날 때 우리 삶에는 충만함과 시간의 지속성, 부요함이 제공된다.

예수의 공동체에는 많은 이야기가 있는데 사도 요한의 이야기보다 더 모범이 되는 것은 없다. 이제 나이 든 요한이 말하고 싶은 것은 오직 사랑에 관한 것이다. 그의 학생들은 그가 얼마나 사랑이 많은지를 알고서 깜짝 놀랐다. 그는 자신이 '원래 그랬던 것은 아님'을 그들에게 일깨워준 첫 번째 사람이었을 것이다.

12장

여인들: 긍휼에 관한 이야기

복음서 읽기 • 눅 7:11-17, 36-50; 8:1-3

긍휼은 모든 사람이 듣고 싶어 하는 이야기다. 우리는 예수 공동체에 있는 식탁에 모여 앉아 다른 사람의 이야기를 우리 자신의 이야기로 받아들이는 법을 배운다. 혹시 그 이야기가 눈살을 찌푸리게 하더라도 말이다. 예수는 긍휼이라는 기본 행동을 통해, 제자들이 자신들과 비슷한 사람들의 이야기만 끌어안는 것을 허락하지 않는다. 우리는 예수의 식탁에 둘러앉은 모든 이를 사랑해야 한다.

예수와 함께하는 식탁에는 별의별 사람들이 다 모여 있다. 창녀와 도둑처럼 어떤 이는 악한 일을 저질렀고 따라서 그들에게는 용서와 구원이 필요하다. 장애인과 빈곤층같이 어떤 이들은 비극적인 운명의 희생자로 전락하여 치료와 도움을 필요로 한다. 플래너리 오코너^{Flannery} ^{O'Connor}의 표현을 빌리자면, 예수는 특이하게도 "그들이 식탁에 둘러앉기를 간절히 바라며 어려운 일을 시작하려는 것처럼" 보인다.[1]

우리는 때때로 불쌍한 사람들이 마치 세상의 낙오자나, 그들이 자신의 운명에 걸맞은 일을 한 것처럼 그들을 대한다. 어느 때는 다른 이들에 대한 우리의 사회적 거부감은 도덕적 판단의 결과물이 된다. 그런 것은 흔히 심각한 결핍상태에 처한 사람들을 어떻게 대하면 좋을지를 모르는 마음의 동요에서 생겨난다. 우리는 하나님이 모든 사람을 사랑한다는 것을 알면서도 정작 자신이 다른 이들을 어떻게 대할지는 알지 못한다. '우리'와 '그들' 사이의 거리는 가진 자와 가지지 못한 자 사이의 적대감을 낳는다. 그래서 헨리 나우웬이 말한 것처럼 "적대감을 환대로" 바꾸기 위한 모든 노력은 결코 쉬운 일이 아니다.[2]

그러나 예수는 눈을 크게 뜨고 마음을 활짝 열고 손을 뻗고 다리를 움직여 사회의 가장자리에 있는 사람들에게 환대를 베풀었다. 그는 위험지대로 들어가고 가장자리로 걸어가 불쌍한 사람들을 붙잡고는 그들이 그 지역을 벗어나도록 호위하고, 자기 식탁에 자리를 베풀어 그들이 들을 수 있는 가장 깊은 말들을 들려준다. "이 식탁에 온 것을 환영합니다!" 그는 그들에게 '이방인도 들어와서 적이 아니라 친구가 될 수 있는 자유로운 공간'을 제공한다.

복음서 저자들은 예수가 보여준 이런 종류의 행동을 가리키는 말로 '긍휼'이라는 용어를 사용한다. 예수 신경은 하나님을 사랑하고 이웃을 사랑하는 것이다. 예수는 이 두 가지를 모두 보여주었고, 때로는 사랑이 많은 어려움을 겪고 있는 사람에게 베푼 자비 가운데서 그 모습을 드러내기도 한다.

누가복음 7-8장 사이에는 어떤 여성들에 관한 이야기가 있다. 그 여성들은 예수 공동체의 일원이다. 우리는 그녀들이 전하는 이웃을 향한 예수의 긍휼 넘치는 사랑 이야기를 듣고 받아들인다. 복음서들은 긍휼에 관한 이야기라는 장르를 가지고 있다. 이 이야기는 세 개의 장으로 구성되어 있다.

1. 내 슬픔을 예수가 보았다

예수와 제자들이 성공하지 못한 보잘것없는 이들이 사는 나인 성에 들어갔을 때 어느 장례 행렬을 만났다.[3] 사람들은 한 여자의 죽은 아들을 관에 넣어 묘지로 가고 있었다. 유대교 관습에서 장례 행렬은 여자가 맨 앞에서 이끈다. 이것은 이스라엘 백성에게 하와가 먼저 범죄했음을 상기시키고 '누구도 피할 수 없는 죽음'의 서두를 여자가 장식하는 것이다. 예수가 만났던 장례 행렬 맨 앞에도 여자가 있었고 더욱이 그녀는 과부였다.

예수의 어머니 역시 과부였기 때문에 그는 과부가 된다는 것이 어떤 것인지를 누구보다 잘 알았다. 비록 유대교에 과부를 보호하기 위한 율법이 있었지만, 과부(히브리어 알마나*almanah**)는 곧바로 가난뱅이와 동의어가 된다. 불의한 재판장에게 찾아가 그가 공의를 베풀 때까지 간청한 과부의 비유는 당시에 그와 같은 무력하고 가난한 과부가 얼마나 흔했는지를 잘 보여준다.[4] 나인 성의 과부는 오래전에 남편이 죽고, 이제는 '외아들'마저 잃고 말았다. 그리고 그녀는 그로 인해 자기 수입원도 잃었을 것이다. 예수가 보았을 때 그녀는 슬피 울고 있었다.

때때로 예수가 목격한 슬픔은 나병으로 인한 고통, 영적·신체적 영양실조, 간질로 인한 무기력, 앞을 보지 못하는 비참함 등이었다.[5] 그것이 육체적 문제든 영적 문제든 간에 예수의 '긍휼 레이더'는 높이 세워져 있기 때문에 그는 그 슬픔을 바라본다. 예수는 걸어 다니는 응급실이며, 실제로도 그렇게 보인다. 다른 것도 이와 마찬가지다.

불쌍한 사람들을 찾아 그들에게 긍휼을 베푼 즈바라쉬의 랍비 울프Rebbe Wolfe of Zbaraj에 관한 유명한 이야기가 있다. 어느 날,

그는 할례식에 참석했다. 잠시 밖으로 나온 그는 마부가 추위에 떨고 있는 모습을 보았다.

그가 말했다. "안에는 따뜻합니다. 들어가서 몸 좀 녹이세요. 따뜻한 음료도 마시고 먹을 것을 좀 드세요."

"말은 누가 보죠?" 마부가 말했다.

"내가 볼게요." 랍비가 대답했다.

마부는 랍비가 하라는 대로 했다. 몇 시간 뒤에 사람들은 랍비 울프가 눈 속에서 몸이 반쯤 언 채로 닭싸움을 하듯 양쪽 발을 번갈아가며 껑충껑충 뛰다가, 왜 손님들이 자기를 보며 그런 소란을 일으키고 있는지를 깨닫고 어쩔 줄을 몰라 하는 모습을 보았다.[6]

랍비 울프는 예수처럼 유명한 인물로 많은 사람에게 존경을 받았다. 그리고 그 역시 예수와 마찬가지로 어려움에 처한 사람을 보면 반드시 돌아보았다.

긍휼과 자비를 찾은 여성들의 이야기는 그들의 슬픔을 목격한 예수와 함께 시작한다. 그들의 이야기는 곧바로 예수의 정서적 공감을 불러일으킨다.

2. 나는 예수의 정을 목격하며, 그의 공감을 안다.

누가는 예수가 과부를 보고서 그를 '불쌍히 여겼다' 혹은 '측은히 여겼다'고 말한다. 그가 다음에 한 말은 아마 자기 어머니에게 수없이 한 말이었을 것이다. '울지 마십시오.' 우리는 여기서 정에 약한 예수의 모습을 본다. 어떤 사람에게 불쌍한 마음이 가득하다는 것을 어떻게 아는가? '그를 불쌍히 여겼다'는 말은 '눈에 눈물이 가득 고였다'는 말과 거의 같은 의미다. 예수는 그 여인에게 정서적인 공감대를 보였는데, 그 감정은 자기 어머니와 하나님께로부터 물려받은 것이다.

사랑과 긍휼은 흔히 말하는 것처럼 가정에서 시작한다. 예수는 과부가 된다는 것이 어떤 것인지를 집에서부터 알았다. 마리아가 과부였기 때문이다. 이스라엘의 성경에 깊이 천착한 마리아는 토라에서 도움을 발견했다. 예수 역시 시편을 반복해서 들었기에 자기 아바가 불쌍한 이들을 도와주실 것을 알았다. 왜냐하면 그분은 **아버지가 없는 자녀들의 아바**이시기 때문이다.[7] 예수의 가정에서의 경험과 그의 신학은 그에게 과부에 대한 정서적인 반응과 공감을 촉발시켰다.

예수의 공감대는 어려움에 처한 다른 많은 이들에게까지 그 범위가 확장된다. 바리새인 시몬의 집에서 예수는 한 창녀(조나^{zonah})를 만났는데, 그녀는 예수에 대한 감사와 경배를 아낌없이 드러냈다.[8] 그녀는 예수의 발에 눈물을 흘리고, 자기 머리카락으로 그것을 씻어내고, 감사의 표시로 그 발에 향유를 부었다. 당국이 부정한 이들을 어떻게 대할지를 알리는 '쓸데없는 규율과 지시'$^{Bulls\ and\ Cycles}$에 사로잡힌 시몬은 예수의 행동이 못마땅했다. 하지만 예수는 그 창녀를 아바가 목적을 가지고 지으신 존재로 보았다. 토마스 켈리[Thomas Kelly]의 말로 하면, 예수는 모든 인류가 "짙은 그림자에 물들었지만" "갈릴리 사람의 영광에 마음이 이끌렸"음을 볼 수 있었다. 윌리엄 그리핀[William Griffin]의 말을 살짝 빌리자면, 이것은 "벌레 같은 사람부터 철면피 같은 사람에 이르기까지" 모든 사람을 포함한다. 그리고 낸시 메어스[Nancy Mairs]의 시구를 인용하자면, "심지어 만물 가운데 가장 내키지 않는 존재"까지도 말이다. 그것이 바로 예수가 조나(창녀)를 보는 시각이었다.[9]

그러나 시몬은 그렇지가 않았다. 그는 이미 예수를 정중하게 맞이하는 데 실패했다. 예수는 그에게 어떤 도덕적인 교훈을 가르칠 필요가 있어서 이 일을 수면 위로 부상시켰다. 또한 시몬은 이 여인에게 긍휼을 베푸는 일에도 실패했다. 그는 그녀의 신분에만 촉각을 곤두세웠지만, 예수는 그녀의 사랑에 경탄을 금치 못했다. 시몬은 창녀 라합이 야웨 공동체에 들어갔다는 사실을 망각했다. 하지만 예수는 자신의 공동체에 이 창녀가 들어갈 것이라고 용기를 북돋아 주셨다. 시몬에게 이 여인은 '무죄가 확인될 때까지 유죄'였지만, 예수에게 그녀는 죄인이지만 이제 용서받았다.

그녀는 용서받았다. 예수가 그녀의 슬픔을 보고, 그녀에게 공감하고, 그녀에게 다가갔기 때문이다. 이제 우리가 긍휼 이야기의 세 번째 절로 들어갈 때, 우리는 잠시 멈춰서 공감이 가끔씩 불러일으키는 어색함을 상기할 필요가 있다. 우리는 도움이 필요한 누군가를 보고 그 사람에게 공감할 수도 있지만, 긍휼은 거기서 한 가지를 더 요구한다.

3. 나는 예수의 행동으로 회복되었다

우리 모두는 때때로 딜레마에 봉착하게 된다. 우리는 슬퍼하고 있는 사람을 목격하고서 그의 슬픔을 깊이 공감한다. 그렇지만 우리에게 시간이 있는가? 우리는 그 사람을 위해 불편을 무릅쓰려고 하는가? 그러면 우리에게 어떤 희생이 따르는가? 다시 한 번, 긍휼이 넘치는 경건한 랍비 아바 타흐나Abba Tachnah의 이야기가 그 방법을 보여준다.

> 안식일 직전 해질 무렵, 그가 어깨 위에 짐을 메고[안식일이 시작되면 이것은 그가 율법을 어기는 노동이 된다] 자기가 사는 성으로 들어갈 때[집에 도착하기에 시간이 빠듯한 시점에], 그는 종기가 심하게 나서 (사람들에게 도움도 받지 못하고) 샛길에 쓰러진 채 고통당하고 있는 한 남자를 만났다. 그 남자는 랍비에게 말했다. "선생님, 긍휼을 베풀어 주십시오. 나를 성 안으로 데려가 주세요." 아바 타흐나는 자기 짐을 길 위에 내려놓고[도둑맞을 것을 감수하고]는 그 남자를 성 안으로 데리고 갔다.…마을 사람들은 그처럼 경건한 사람이 안식일이 막 시작되려고 하는데 짐을 나르는 것을 보고 모두 깜짝 놀랐다. 이에 거룩하신 분께서는 그의 아픔을 함께 느끼시고는 태양을 조금 더 비추셔서, 아바 타흐나가 자기 짐을 지고 집에 도착할 때까지 안식일의 시작이 늦어지게 하셨다.[10]

슬픔을 목격하고서 공감을 표현할 때 그 다음 단계가 시작된다. 즉 다른 사람을 사랑하는 사람은 그 사람의 부족함을 채워주기 위해 행동한다. 슬픔이 어느 정도인지를 주목하고 그것을 감정적으로 함께 공감하는 것만으로는 충분하지가 않다. 프레드리카 매튜스-그린 Frederica Mathewes-Green의 말로 하면, 행동이 없는 긍휼은 "집에 절반쯤 왔는데 연료가 떨어진 것과 같다."[11] 예수 신경이 말하는 사랑은 긍휼을 행동으로 옮길 것을 촉구한다.

이 여인들을 향한 예수의 긍휼이 그 문제를 해결하는 행동으로 어떻게 변했는지를 주목하라. 그는 그 과부의 아들을 다시 살렸고, 창녀를 용서하고 그녀에게 새로운 사명을 주었으며, 막달라 마리아를 사로잡은 귀신을 쫓아냈고, 요안나, 수산나 그리고 다른 이들을 고치셨다.[12] 그 밖에도 예수의 긍휼은 다른 행동을 불러일으켰다. 그는 나병 환자를 깨끗하게 만들었고, 많은 무리를 먹였고, 간질 환자를 치료했으며, 제자들을 보내어 복음을 전파하고 치료하게 하였고, 보지 못하는 사람에게 빛을 주었다.[13] 예수의 긍휼은 추상적인 헌신이 아니었다. 그것은 실제적이고 개인적이며 구체적이다. 긍휼은 마음에서 나와서 손과 발로 움직이는 것이다.

예수는 사람들을 현혹시켜 자기를 우러러 보게 만들려고 긍휼을 베풀지 않았다. 그는 사랑으로 행동했고, 슬퍼하는 사람의 삶을 변화시키기 위해 행동했다. 그 과부는 자기 아들을 다시 돌려받았고 또한 수입도 다시 얻었다. 창녀의 삶은 부정함에서 정결함으로 변화되었다. 누가복음 8장에 나오는 여인들―막달라 마리아, 요안나, 수산나, 그리고 다른 여인들―은 예수가 행한 일들에 대해 이야기할 수 있는 자신들만의 특별한 이야기를 갖고 있다. 한 사람은 영적으로 깨끗해진 이야기를 들려주고, 다른 이는 육체의 치유에 관한 이야기를, 그리고 다른 이들은 (내 추측으로는) 예수를 포함해 물질이 필요한 사람에게 로마 제국의 화폐를 나누어주는 것을 배운 이야기를 들려준다. 예수 당시의 부유한 사람들은―그리고 이 여인들은 틀림없이 부자였다―세금을 내지 않았다. 그 대신 착한 마음을 가진 사람들은 자기 재산을 구제하는 곳에 기부했을 것이다. 이 여인들은 자선의 대상으로 예수를 선택했다. 그녀들은 예수를 후원하면서 그의 삶 전체를 따랐다. 예수의 죽음과 부활의 증인이 된 사람도 바로 이 여인들이었다.[14] 우리는 이 여인들의 이야기를 어느 정도 알고 있으며, 또한 그녀들이 어떤 사람이 되었는지를 잘 안다.

한편 우리는 그 과부와 창녀가 후일 어떤 사람이 되었는지는 알지 못하지만, 그들의 삶 역시 변화되어 예수의 식탁에서 일관된 긍휼의 이야기가 되었을 거라고 추측할 수 있다.

긍휼의 순환

이 여인들은 우리에게 이야기만 들려줄 수 있는 것이 아니라 하나의 도전을 제기한다. 만일 우리가 예수 신경을 따라 살아야 한다면 우리도 슬픔을 목격하고, 공감하고, 긍휼을 베풂으로써 다른 사람들을 사랑해야 할 것이다. 긍휼은 말로만 들려줄 이야기가 아니라 계속 반복되어야 하는 행동이다.

알바니아 스코피예 출신의 아그네스 곤자 보야지우Agnes Gonxha Bojaxhiu는 열두 살 때 하나님께서 그녀를 선교사가 되라고 부르셨다고 확신했다(그녀가 자기 이름을 바꾸기로 한 것은 잘한 일이다. 그녀의 본래 이름은 너무 어렵다). 아그네스는 그로부터 24년 뒤인 1946년 더 큰 부르심을 체험한다. 그것은 수도원에서의 안락한 생활을 버리고 인도 캘커타에서 '가장 가난한 사람들'을 섬기라는 것이었다. 이렇게 해서 테레사 수녀가 태어났다.

테레사 수녀의 신앙은 마태복음 25:31-46에서 비롯되었다. 여기서 예수는 양과 염소의 비유를 들려주면서 자신의 임재에 관한 심오한 깨달음을 계시해준다. 그는 "너희가 여기 내 형제 중에 지극히 작은 자 하나에게 한 것이 곧 내게 한 것이니라"라고 말한다. 다시 말해서 그는 자신을 가난하고 불쌍한 사람과 동일시한 것이다. 테레사 수녀는 그 본문을 통해 자신이 가난한 사람들 가운데 있는 예수를 섬겨야 한다는 사실을 깨달았다. 그녀의 전기 작가 가운데 한 사람은 긍휼에 초점을 맞춘 그녀의 단호한 마음을 이렇게 설명했다.

정치 구조를 개혁하거나 정의를 추구하라는 부르심은, 비록 타당한 것으로 여겨지기는 하지만, 그녀의 것은 아니었다. 그녀의 소명은 밥 한 그릇을 얻는 일로 자신의 모든 존재가 움츠러든 사람들을 일일이 도와주는 것이었다.…깨달음을 향한 그런 추구는 노동으로 이어졌다. 왜냐하면 "사랑은 행동을 통해 가장 잘 나타나기" 때문이다. 또한 가난을 이해하기 위해서는 반드시 그것을 '접해야' 하며, 그리스도의 몸과 접촉해야만 하기 때문이다.[15]

캘커타의 빈민들 가운데서도 최빈민을 향한 테레사 수녀의 사랑에 관한 이야기는 너무도 유명한 이야기가 되었다. 스키피의 클라라^{Clare of}

Sciffi(성 프란체스코의 동료)와 그녀가 섬긴 빈자 클라라 수녀회 Poor Clares 의 수녀들처럼, 테레사 수녀는 철저한 헌신으로 자신의 사명을 추구했고 또한 많은 사람들이 그 사명에 매료되게 했다. '매료되었다'는 말은 잘못된 말일 수 있다. 그녀의 훈련은 너무도 철저해서 그녀와 함께한 4천 명 이상의 사랑의 선교회 Missionaries of Charity 소속 수녀들은 거의 아무것도 소유하지 않은 채 살아가고 있기 때문이다(정확히 말해서 의복 두 벌, 신발 한 켤레, 바구니, 금속 접시, 기본적인 조리 도구, 낡은 침구류 소지만 허용된다). 비록 논란의 여지가 있기는 하지만, 예수께서 가난한 사람들 가운데 계시다는 그녀의 인식은 그녀의 비전을 지속시켜주었다. "그리스도는 가난한 이들의 상한 몸 가운데서 사랑을 구하며 부르짖고 있으며 동시에 자신을 생활필수품으로 주고 계신다."

테레사 수녀는 슬픔을 목격하고, 공감하고, 하나님의 사랑을 보여주기 위해 행동했다. 그녀는 캘커타의 빈민가에서 살면서 가는 곳마다 항상 슬픈 일들을 목격했다. 한 영국인 자원봉사자는 그녀의 긍휼을 알기 쉽게 이렇게 말한 적이 있다. "누구든 그녀와 이야기를 하다 보면 그는 세상에서 가장 소중한 사람이 됩니다."[16] 테레사 수녀에게 사랑은 행동으로 보일 때에만 쓸모가 있는 것이다. 그녀의 유명한 말에는 이런 것들이 있다. "평범한 일들을 특별한 사랑으로 행하라. 병든 사람과 노숙자와 외롭고 환영받지 못한 자를 보살피는 일, 그들을 씻겨주고 깨끗하게 해주는 일들 말이다." 그리고 "당신은 자신이 비용을 지불해야 할 무언가를 주어야 한다."

그녀의 신조는—그녀의 쉐마라 부르자—간단하다.

침묵의 열매는 기도다.

기도의 열매는 믿음이다.

믿음의 열매는 사랑이다.

사랑의 열매는 섬김이다.

섬김의 열매는 평화다.

무수히 많은 사람이 테레사 수녀 안에서, 오래전에 과부에게, 창녀에게, 그리고 몇몇 부자 여인들에게 나타났던 예수 그리스도의 긍휼을 만난다. 그들은 모두 들려줄 이야기가 있다. 그중 어떤 이야기는 매우 길고, 사람들을 깜짝 놀라게 할 만한 것도 적지 않다.

3부

예수 신경의 공동체

영성이 형성된 사람은

천국의 관점에 따라 실천한다.

✳✳✳

예수 신경

"'이스라엘아 들으라. 주 곧 우리 하나님은 유일한 주시라.
네 마음을 다하고 목숨을 다하고 뜻을 다하고 힘을 다하여
주 너의 하나님을 사랑하라' 하신 것이요,
둘째는 이것이니 '네 이웃을 네 자신과 같이 사랑하라' 하신 것이라.
이보다 더 큰 계명이 없느니라."

✳✳✳

영성이 형성된 사람은 예수를 따르고 이웃을 사랑함으로써 하나님을 사랑한다. 또한 영성이 형성된 사람은 예수를 사랑하는 사람의 이야기들을 포용한다. 예수의 사명은 하나님 나라―예수 신경이 삶을 변화시키는 사회, 즉 공동체―를 세우는 것이기 때문에, 영성이 형성된 사람은 예수 신경의 사회에서 천국의 가치를 따라 살아간다.

바다를 항해하는 사람은 북극성이, 등산객은 나침반이, 그리고 여행객은 지도와 목적지가 필요하듯이, 예수를 따르는 자들은 예수 신경이 자신의 삶 가운데 어떻게 나타나는지를 분명히 볼 수 있는 뚜렷한 비전을 필요로 한다.

예수는 그것을 주었다. 그가 영적 방향을 분류하는 범주는 '하나님 나라'다. 예수는 예수 신경이 삶을 변화시키는 공동체를 가리키는 말로 이 용어를 사용한다. 하나님 나라에 헌신하는 사람들은 하나의 공동체를 형성하며, 지금 우리는 그것을 교회라 부른다. 천국의 가치관은 변혁, 겨자씨, 공의, 회복, 기쁨, 그리고 영원에 대한 관점이다.

만일 우리가 예수에 대해 가졌던 이미지를 다시 그리기 위해 예수가 무엇을 가장 중요하게 여겼는지 알고자 진짜 예수를 찾아본다면, 이 '하나님 나라'라는 용어를 가까운 친구로 사귀어야 할 것이다.

예수는 말했다. "내가 하나님의 나라 복음을 전하여야 하리니."

13장

변화의 공동체

복음서 읽기 • 마 6:10; 11:28-30; 눅 17:20-21; 막 3:31-35

우리의 궁극적 목표가 우리의 모든 발걸음 하나하나를 결정한다. 사람은 목표 없이 살면 길을 잃기 쉽다.

고등학교 졸업반 때 출전한 어느 육상대회에서 나는 끝에서 두 번째 팀의 크로스컨트리 주자였다. 여기서 감추고 싶지 않은 것은 내가 아주 뛰어난 선수가 아니었다는 것이다. 우리 고등학교 팀 이름은 프리포트 프레첼Freeport Pretzels이었다. 농담이 아니다. 그리고 그 대회에 참가한 다른 한 팀의 이름은 이랩E-Rab, East, Red and Black이었다. '프레첼'은 누구나 선호하는 별명은 아니지만 이랩보다는 나았다. 어쨌든 다시 크로스컨트리 경기로 돌아가자.

그 대회의 출전 팀 가운데 최고였던 락포드 길포드 바이킹을 만나기 전에, 내 아버지와 코치는 졸업반 두 명을 사무실로 불러 놓고 우리 프레첼은 대회에서 한 번도 영패^{零敗}를 당한 적이 없다고 말했다. 이 말인즉슨, 다른 팀에 있는 여섯 명의 최고 주자들이 우리 팀 주자 모두를 이긴 적은 없다는 것이었다. 우리 팀에 내려진 지시는 간단했다. 그 여섯 명의 주자 가운데 단 한 명만 이기면 됐다. 우리는 그것을 하나의 도전으로 간주했다.

어리석게도, 나는 경기장에 도착해서 그 코스의 반환점이 어딘지를 미리 알아둘 필요가 없다고 생각했다. 설마하니 내가 선두가 될 리가 있겠나 싶었고, 항상 누군가가 내 앞에 있을 것이라고 생각한 것이다.

경기는 평소와 다름없이 시작되었다. 나는 네 번째 위치에서 다른 선수들과 함께 뛰고 있었는데(달린다는 표현이 더 좋겠다) 바로 옆에는 바이킹 팀 선수 두 명이 있었다. 나는 3위와 제법 거리가 있었고, 실제로는 한참 떨어져 있었다. 도중에 분기점이 나왔지만 나는 코스를 제대로 알지 못했다. 그때 거기서 바이킹 팀 주자 한 명이 자기 오른편, 곧 내 왼편을 가리켰다. 그는 친절하게도 우리 모두를 도와주었다. 내가 왼쪽으로 방향을 틀고 20m 정도 달렸을 때 나는 그곳을 달리는 사람이 나 혼자뿐이며 그제서야 바이킹 팀 선수에게 속았다는 것을 알았다(그 팀은 그런 속임수로 유명했다). 나는 다시 전력질주하여 원점으로 돌아가서 그 친구를 따라잡는 동안 잔소리를 늘어놓았고 겨우 내 자리를 회복했다. 그리고…(온갖 불리함을 무릅쓰고) 아마 이 이야기의 결과는 여러분도 충분히 추측할 수 있을 것이다.

만일 당신에게 목표가 있다면, 그리고 어디로 가고 있는지를 알고 있다면 당신은 길을 잃지 않을 것이다.

천국 사명

예수 역시 자신이 어디로 가고 있는지를 알았다. 그는 그것을 '하늘나라'kingdom of heaven(말쿠트 하샤마임*malkut hashamayim*)로 불렀다. 예수가 사용한 이 표현은 제자들에게 목표를 제시해주었으며, 제자들은 그 비전을 마음과 목숨과 뜻과 힘을 다해 실천하면서 삶을 변화시켰다.

그러나 예수가 말한 '나라'는 무엇을 의미하는가? 그리스도인들에게 "예수가 말한 그 나라는 무엇을 의미하는가?"라고 물어보면 이런 비슷한 대답을 들을 것이다. "하늘나라, 영생, 죽은 뒤의 삶." 혹은 이런 대답도 들을 것이다. "땅 위의 하늘, 천년왕국, 완벽한 세상, 낙원"(비학문적인 내 질문지에 대한 이러한 응답 비율은 대략 50:50이다).

'하나님 나라'는 예수가 자신의 사명을 나타내기 위해 가장 즐겨 사용한 표현이다. 마태복음은 예수의 사역 전체를 이렇게 요약한다.

예수께서 온 갈릴리에 두루 다니사 그들의 회당에서 가르치시며, 천국 복음을 전파하시며, 백성 중의 모든 병과 모든 약한 것을 고치시니.[1]

천국에 대한 예수의 비전 이면에는 예수 신경이 놓여 있으며, 그 옆에 예수 신경을 기도 형식으로 표현한 주기도문이 자리하고 있다. 우리는 주기도문 가운데서 예수의 비전을 다시금 되새긴다. "나라가 임하시오며, 뜻이 하늘에서 이루어진 것 같이 땅에서도 이루어지이다."

만일 '하나님 나라'가 예수에게 그렇게 중요한 것이라면, 그것이 의미하는 것은 무엇인가? 나는 여기서 그것을 다음과 같이 매우 간략하게 정의한다. 첫째, 하나님 나라는 예수 신경이 삶을 변화시키는 사회다. 둘째, 그 사회를 형성하는 내용은 예수 신경이다. 셋째, 하나님 나라의 영향력이 삶을 변화시키는 것이다.

예수에게 하나님 나라는 하나의 사회 society와 관련된 것임을 이해하는 것이 중요하다. 예수는 특정한 개인들이 하나님과 일대일의 관계를 발전시키거나, 자신을 둘러싼 실수하는 무리만이 진리를 이해할 수 있는 자들임을 알고 사역을 하기 위해 지상에 오신 게 아니다. 그렇다. 그는 개인들을 불러모아 커다란 무리 안에 집어넣어 그들이 세상의 중심이 되고, 그리고 그들이 예수 신경을 실천하며 살라고 요구하기 위해 온 것이다. 만일 그들이 예수 신경을 실천하는 삶을 산다면 그들은 개인적으로 변화되고, 자기를 둘러싼 사회도 변화시킬 것이다.

그 나라는 현재의 삶을 변화시키는 사회일 것이며, 그것이 예수의 특별한 일이다. 예수 시대에는 천국을 갈망하거나, 천국에 대해 깊이 묵상하거나, 혹은 천국을 위한 계획을 세우는 사람을 발견하는 것이 그리 어려운 일이 아니었다. 그러나 오랫동안 기다려왔던 그 나라가 이미 임하였다고 믿는 사람을 발견하는 것은 불가능했다. 예수가 내놓은 모든 혁신적인 주장 가운데 가장 대단한 것은 이것이다. "하나님 나라는 볼 수 있게 임하지 않는다.…왜냐하면 하나님 나라는 [지금 바로 이곳에] 너희 가운데 있기 때문이다"(저자 번역).[2] 예수 어록은 수많은 혁신적인 말들로 가득 차 있지만, 그중 이것이 단연코 최고다. 예수는 하나님 나라가 이미 임했다고 믿었다. 이것은 한 가지만을 의미한다. 그는 제자들이 매일의 삶 가운데서, 지금 이 순간, 천국에서 살기를 기대했다. 따라서 영성이 형성된 예수의 제자들은 지금 이 순간 천국의 가치를 실천한다.

이제 우리는 가장 중요한 결론에 도달하였다. 예수의 주장은 삶을 변화시키는 천국이 이미 시작되었다는 것이다.

천국은 여기에: 변화를 시작하자!

지금이 시작하기에 가장 좋은 순간이다. 만일 하나님이 훨씬 더 오랫동안 기다리신다면 하나의 성전도 남아 있지 않을 것이다. 예수에 따르면 이스라엘은 변혁이 필요했다. 성전의 관리들은 부패했고, 그 교사들 특히 바리새인들은 지나치게 엉뚱한 것에 관심을 갖고 있었다. 로마는 예루살렘과 약속의 땅을 손아귀에 넣었다. 오랫동안 기다려온 천국이 임하기 위해서는 변혁이 일어나야 했다.

예수는 바로 이들, 곧 이스라엘의 처지를 있는 그대로 본 사람들에게, 지금 당장 하나님 나라에 들어갈 수 있는 기회를 제공하였다. 그곳에 들어가라, 그러면 변화가 시작될 것이다. 그곳에 들어가라, 그러면 새로운 사회가 만들어질 것이다. 그곳에 들어가라, 삶이 변화될 것이다.

새로운 사회는 예수에게 나아감으로써 시작되며, 예수를 따름으로써 지속되고, 예수의 새로운 사회의 중심에 있는 예수 신경을 지키는 다른 사람들과 교제함으로써 유지된다.

천국 변화는 예수에게 나아감으로써 시작된다

예수가 말했다.

누구든지 사람 앞에서 나를 시인하면 나도 하늘에 계신 내 아버지 앞에서 그를 시인할 것이요. 누구든지 사람 앞에서 나를 부인하면 나도 하늘에 계신 내 아버지 앞에서 그를 부인하리라.[3]

만일 예수가 자신에 대한 신앙을 고백하는 것이 그 사람이 천국에 들어가는 방법이라고 생각했다면, 그가 나사렛 회당에 서서 이사야서 말씀을 읽은 뒤 이사야의 천국 예언이 자기를 가리켜 말한 것이라고 선언한 것은 조금도 이상한 일이 아니다. 그리고 그 회당에 있던 몇 사람이 예수를 당장 죽이려고 했던 것도 전혀 놀라운 일이 아니다.[4] 결론은 이렇다. 예수는 자기에게 나아옴으로써 천국이 시작된다고 말한 것이다.

목회자들과 신학자들이 기독교 신앙의 '인격적' 혹은 '관계적' 특성을 이야기하는 것은 옳은 일이다. 예수의 나라는 차가운 날을 가진 논리적인 명제들의 엄밀한 체계로 격하시키거나 사회적 덕목들의 집합으로 깎아내릴 수 없는 것이다. 천국 변화는 천국이 예수와의 인격적인 관계와 관계된 것임을, 천국은 예수에게 나아감으로써 시작한다는 것을 인식함으로써 시작한다.

많은 사람이 프로 골프 선수 페인 스튜어트Payne Stewart와 네 명의 친구가 비행기를 타고 공포에 질린 채 플로리다에서 사우스다코타까지 2,250km를 날아간 사실을 기억하고 있다. 그들이 탄 비행기는 이륙 직후에 한 가지 문제가 발생하여 탑승자들에게 충분한 산소를 공급하지 못했으며 결국은 탑승자 전원이 사망했다. 그렇지만 자동조정으로 설정된 비행기는 미국 중앙부를 관통하여 날아갔다. 비행기 안에 있는 사람들에게 무언가 심각한 문제가 발생했다는 것을 알게 된 군부대는 비행기를 조사한 다음 전원이 사망했다고 결론을 내렸다. 비행기는 사우스다코타의 들판에 수직으로 추락했다. 카리스마가 넘치고, 노는 것을 좋아하며, 골프용 반바지를 입고서 유에스[US] 오픈을 두 차례나 우승했던 페인은 그 참사가 일어나기 얼마 전 예수에게 나아갔고 그의 삶은 변화되고 있었다. 그의 장례식장에서 나온 간증들은 동료 프로 선수들에게 강력한 영향을 주었지만, 페인 스튜어트가 어떻게 그리스도인이 되었는지를 아는 사람은 거의 없었다.[5]

그 일은 1965년 여섯 명의 프로 골퍼가 골프 투어 중에 정기적인 신앙 교제가 필요하다는 분명한 확신을 가지고 자신들의 믿음을 가족, 친구, 동료 골퍼들에게 전하는 일에 서로 후원하기를 원함으로써 시작되었다. 그 골퍼들은 잘 알려진 사람들은 아니지만, 케미트 잘리, 베이브 히스키와 그의 투어에 참가하지 않은 형제 짐, 조엘 골드스트랜드, 폴 본더슨, 그리고 데이브 레이건이었다.

그로부터 약 40년이 지난 지금, 투어에 참가하는 그리스도인 골퍼들은 여전히 다른 선수들과 자신의 신앙을 나누고 있으며, 예수에게 나아가는 사람들의 숫자는 꾸준히 증가하여 그 명단이 점점 길어지고 있다. 페인 스튜어트는 하나님 나라를 친구들에게 전하기로 결단한 몇몇 골퍼들로 인해 예수에게 나아감으로써 인생이 변화된 프로 골프 선수들 중 하나의 예에 불과하다.

예수 신경은 한 사람의 인격 전체—마음, 목숨, 뜻, 힘—를 요구하기에 천국에 들어가는 것은 그 첫 번째 단계에 불과하다. 전인격은 하룻밤 사이에 변화되지 않는다. 변화는 예수를 따르는 것을 생활 방식으로 만듦으로써 지속된다.

천국 변화는 예수를 따름으로써 지속된다

예수 당시에 존경받는 유대인의 생활방식은 토라를 중심으로 이루어졌다. 우리는 그것을 '토라 스타일'이라고 부를 수 있다. 예수는 그 토라 스타일이 천국 업그레이드를 통하여 '예수 스타일'로 변환되어야 한다고 가르치면서,[6] 그것을 가리켜 자신의 '멍에'라고 부른 적이 있다.

> 수고하고 무거운 짐 진 자들아 다 내게로 오라. 내가 너희를 쉬게 하리라. 나는 마음이 온유하고 겸손하니 나의 멍에를 메고 내게 배우라. 그리하면 너희 마음이 쉼을 얻으리니 이는 내 멍에는 쉽고 내 짐은 가벼움이라.[7]

예수 당시에 율법을 준수하는 이들은 토라 스타일을 '토라의 멍에'라고 불렀다. 어떤 이는 토라의 멍에를 기쁨의 원천으로 간주했다. 그러나 평균적인 이스라엘 백성은 토라의 멍에를 기쁨과는 전혀 거리가 먼 것으로 보았다. 오히려 그들은 율법을 무거운 짐으로 여겼다. 사도 베드로는 약 20년 후에 한 공식 회의에서 이 점에 관해 불만을 토로했다.[8]

예수는 영성 형성이 토라를 얼마나 지키느냐에 의하여 측정되던 세계에서 그 대안을 제시했다. '예수 스타일'은 '쉽고' '가볍고' '쉼'을 가져다준다. 왜냐하면 예수 자신이 '온유하고 마음이 겸손하기' 때문이다. 예수의 말은 그의 제자들에게 기쁜 소식으로, 그들이 한동안 들

어본 말 중 가장 좋은 소식으로 갑작스럽게 다가왔다. 체스터턴^{G. K.}
Chesterton은 많은 사람이 어떻게 느끼는지 핵심을 파악했다. 이것은 "너
무나 좋아서, 사실이라는 점만 빼고는 전혀 사실일 수 없는 어떤 것"이
다.[9] 만일 '예수 스타일'이 쉽고 가볍고 쉼을 가져다주는 데 비해서 '토
라 스타일'은 그렇지 않다면, 예수는 토라를 무효로 만드는 것인가? 절
대 그렇지 않다. 율법은 취소된 것이 아니다. 오히려 온전해졌다. 한 가
지 비유가 내가 하는 말의 의미를 분명히 밝혀줄 것이다.

우리 아버지는 내가 대략 열 살 정도 되었을 때 로얄이라는 회사에
서 만든 타자기를 사오셨다. 그 타자기는 25kg쯤 나가며 시끄러운 소
리를 냈는데 놀라우리만치 튼튼했다. 하지만 그 타자기는 그날 이후
쓰는 이가 없이 방치되었다. 내 마음속 깊은 곳에서는 그것이 어떤 쓰
레기더미 바닥에서 쉬고 있다가 괴팍한 늙은이가 자기를 찾아내어 집
으로 가져가 먼지를 닦아내고 새로운 리본을 교환한 다음, 탁자 위에
서 다시 자기 일을 할 수 있기를 기다리며 쉬고 있다는 생각이 들었다.

우리는 이제 컴퓨터로 타자를 친다. 수동 타자기와 최신 장비를 갖
춘 컴퓨터의 관계가 토라 스타일과 예수 스타일의 관계와 같다. 바꾸
어 말하면, 토라가 되고자 했던 모든 것이 예수가 가르치는 바로 그것
이다.

토라가 모세와의 언약 아래 있는 이스라엘을 위한 생활방식인 것
처럼, 인격적으로 예수를 따르는 것, 즉 그를 따름으로써 하나님을 사
랑하는 것은 천국을 위한 생활방식이다. 예수가 천국에서 선언하는 변
화는 사람이 예수를 따를 때 깊어진다. '예수 스타일'의 중심 요소는 예
수 신경이다.

천국 변화는 개인적인 행동이 아니다. 천국은 예수 신경이 삶을 변화시키는 사회다. 모든 사회는 교제로 인하여 유지된다. 예수의 사회도 마찬가지다.

천국 변화는 교제를 통하여 유지된다

예수 신경은 하나님을 사랑하고 이웃을 사랑하는 사람들이 모인 사회를 만든다. 예수 신경의 사람들은 홀로 외롭게 무화과나무 그늘 아래로 물러나 앉지 않는다. 그들은 식탁에 둘러앉는다. 그들은 함께 모여 예수의 교제가 어떤 것인지를 서로에게서 배운다. 이 교제를 두 낱말로 표현하면 '가족'과 '뒤집기'다.

한번은 마리아와 그녀가 낳은 다른 자녀들이 예수가 가르치고 있던 집으로 찾아왔다. 그들은 예수를 보러왔다. 그리고 사람을 안으로 들여보내 그의 가르침을 방해했다. 집 안에 있던 어떤 사람이 예수에게 식구들이 찾아왔다고 알렸다. 그러자 예수는 깜짝 놀랄 만한 질문을 던진다. "누가 내 어머니이며 또 내 동생들이냐?" 그리고 자기 주위에 둥그렇게 모여 앉은 이들을 보며 말했다. "내 어머니와 내 동생들을 보라!"[10] 예수가 예수 신경을 중심으로 만든 새로운 사회는 가족과 같은 것이다. 그들은 자신의 삶을 서로 나누며, 서로를 보살피며, 예수를 중심으로 이 모든 일을 행한다.

그들은 한 가족으로서, 예수에게 이 새로운 변화에 대해 배운다.[11] 경계선을 허무는 식탁 교제에 관해, 서로를 용서하는 법에 관해, 서로의 재정적 책임을 져주는 것에 관해, 그리고 하나님의 가족 안에서의 평등에 관해 말이다. 그들이 가장 많이 배우는 것은 천국 고유의 뒤집는 성격 upside-down nature 이다.[12] 그의 가족은 권력을 쥐고 휘두르는 대신 서로를 섬긴다. 그리고 그의 제자들은 자기중심적인 삶을 사는 대신 서로를 사랑한다.[13] 바꾸어 말하면, 그들은 하나의 공동체로서 예수 신경을 실천한다. 그리고 그들이 실천할 때 삶은 변화된다.

예수는 어쩌면 천국 가족 가운데서 행한 작은 가르침이 끝난 뒤, 집에 가서는 한바탕 싫은 소리를 들었을 수도 있다. 그러나 그가 전하고자 하는 핵심은 분명하다. 그는 예수 신경으로 인하여 하나가 된 가족 간의 교제를 만들어가고 있다. 천국은 예수 신경이 삶을 변화시키는 사회다.

14장

겨자씨 공동체

복음서 읽기 • 마 13:31-32

예수에게는 역설이 하나 있다. 모순은 사람을 놀라게 한다. 예수는 역설이 천국을 가장 잘 설명해준다고 생각했다.

여기에 그런 역설들 중 하나가 있다. 13장의 서두에서 말한 것처럼, 어떤 이들은 하나님 나라를 낙원으로 생각하는 경향이 있다. 그들은 이렇게 말한다. "하나님의 나라가 도래하면 모든 것이 바로잡힐 것이다. 죄는 지옥으로 쫓겨나고 불의한 것들은 새롭게 만들어지며 폭력은 자취를 감추고 사랑과 평화가 사회를 이끌어갈 것이다. 그리고 우리는 그 모든 것의 한가운데 있을 것이다!"

그러나 예수는 '천국'을 낙원으로 규정하는 대신에 하나의 역설을 통해 정의를 내린다. 만일 천국이 무엇과 같은지 알고자 한다면 겨자씨를 보라는 것이다. 이 말은 모든 사람을 놀라게 했다. 그 말이 모든 사람으로 하여금 '천국'을 새로운 방식으로 생각하도록 요청하기 때문이다. 우리는 예수가 겨자씨를 통해 의미한 것이 무엇인지를 알아보기 전에, 그들이 기존에 생각하던 것들이 무엇인지부터 먼저 살펴보아야 한다. 그리고 그들이 생각하고 있던 것이 우리가 생각하고 있는 것과 동일하다는 사실을 솔직하게 인정해야 한다.

겨자씨와 굳은 땅

예수의 말을 듣던 청중들은 성경에 나오는 천국에 대한 위대한 꿈을 잘 알고 있었다.[1] 천국은 야웨 한 분만이 왕이 되시는 날에 이루어질 것이다. 모든 사람이 마음으로부터 토라를 순종할 것이다. 이방인들이 예루살렘을 정복하기 위해 에워싸는 대신 그곳을 경배하기 위해 순례를 올 것이다. 피조물들은 스스로 기쁨에 동참할 것이다. 야생동물들이 가정용 애완동물들과 함께 장난칠 것이다. 그 말을 들은 청중들이 생각하던 것을 단 하나의 낱말로 요약하면 '낙원'이다.

예수는 낙원 대신에 하나의 모순을 제시한다. 그는 이렇게 말한다. 천국은 그런 것이 아니다.

> 천국은 마치 사람이 자기 밭에 갖다 심은 겨자씨 한 알 같으니, 이는 모든 씨보다 작은 것이로되, 자란 후에는 풀보다 커서 나무가 되매 공중의 새들이 와서 그 가지에 깃들이느니라.[2]

겨자씨는 예수와 동시대 사람들에게 모든 씨 중에서 가장 작은 것으로 여겨졌다. 예수는 천국이 호화스러운 낙원과 같은 곳이 아니라 작은 씨와 같은 것이라고 말했다. 천국은 거대한 세콰이어나무나 장대한 떡갈나무 같은 것이 아니라 겨자나무와 같다. 예수는 (우리 기준으로 보면) 마케팅 전략이나 포장 방법 등에 대해 전혀 알지 못했다. 왜냐하면 그는 천국을 겨자씨라고 불리는 작은 영적 역설 안에 넣어 판매하고 있기 때문이다.

왜 겨자씨가 하나님 나라와의 비교를 불러일으키는가? 예수에게 천국은 하나님과 이웃을 사랑하는 일상적인 삶과 다르지 않다. 천국은 참새처럼 흔한 것이고, 뒷마당에 자란 관목들처럼 땅에 속한 것이고, 아침 식사 후의 커피처럼 일상적인 것이고, 나이를 먹어가는 것처럼 자연스러운 것이다. 그는 일상적인 행동을 사랑이라는 특별한 행동으로 만들어 승화시킨다. 예수는 하나님 나라를 위엄 가운데서 찾지 않고 일상적인 것에서 찾는다. 하나님 나라는 예수 신경을 따라 살아가는 평범한 사람들 가운데 나타난 하나님의 변화시키는 임재다.

낙원을 바라는 우리의 성향은, 예수가 말한 역설을 통해 바라보는 것을 어렵게 만든다. 토마스 아 켐피스가 말한 것처럼 "엄청난 것은 예수에게 중요하지 않다."[3] 예수가 말한 천국에서 우리는 준 스프릭^{June Sprigg}이 뉴햄프셔에서 셰이커 교도들과 함께 보낸 여름날을 묘사하면서 나이 든 셰이커 친구 릴리언^{Lillian}에 대해 말한 것들을 보아야 한다. "그녀는…실재하는 물품, 평범한 양철로 만든 컵 안에 들어 있는 생명의 물이었다."[4] 생수가 가득 담긴 평범한 양철 컵, 또는 싹이 나서 숲 혹은 천국을 이룰 겨자씨. 맘에 드는 것을 고르라. 왜냐하면 그것이 어느 것이든 예수가 본 새로운 사회를 바라볼 수 있는 창으로 우리를 인도하기 때문이다.

예수 신경은 예수의 사회를 형성하며, 그리고 그것이 이루어지면 예수의 사회는 겨자씨로 가득한 바구니의 모습이 된다. 그 바구니는 삶을 변화시키는 특별함을 증언하는, 거룩한 사랑의 평범한 행동으로 가득한 커다란 바구니다.

예수가 말한 겨자씨 역설은 여러 가지 면에서 놀랍다. 첫 번째 놀라움은, 예수는 자신의 나라의 임재가 그 나라와 가장 어울리지 않는 사람들의 삶 가운데서 역사하고 있음을 발견한다는 것이다.

겨자씨는 가장 어울리지 않는 가운데서 싹을 틔운다

예수는 곧잘 한참 부족한 사람들을 선택하여 자기를 따르게 하고, 이어서 그들을 천국의 모습이 어떠한지를 보여주는 본보기로 세운다. 예수는 바리새파 지도자들이나 돈 많은 사두개파 혹은 권력을 쥔 헤롯당에서 전향한 몇몇 사람들을 불러모으는 대신, 네 명의 배운 것 없는 어부, 세리, 평판이 좋지 않은 여인을 선택한다.[5] 그들의 목록은 얼마든지 계속 이어질 수 있지만 여기서는 핵심만 지적하겠다. 천국은 로마 제국의 거인들과 전사들 혹은 유대교의 엘리트들과 그 측근들로 구성되지 않고 평범하고 미천한 민중들과 부랑자들로 이루어진다. 1980년 동계 올림픽 당시 미국 아이스하키 팀의 감독이었으며 영화 〈미라클〉*Miracle*로 각광을 받은 허브 브룩스Herb Brooks가 다음과 같이 말한 것처럼 말이다. "나는 최고의 선수들을 선택하지 않는다. 나는 필요한 선수들을 선택한다." 예수 역시 마찬가지다. 그는 적합한 사람들을 찾았으며, 그들은 모두 겨자씨다.

우리의 본성은 완벽하고 강력하고 순결한 것을 찾아 낙원을 준비하는 것이다. 그러나 예수의 나라는 거대한 야자나무가 아니라 아주 작은 겨자씨와 관계가 있다. 그 나라는 삶을 변화시키는 거룩한 사랑으로 하나님을 사랑하고 이웃을 사랑하는 평범한 행동과 관련된 것이다.

그 나라는 겨자씨처럼 평범한 것이며, 겨자씨가 조용히 자라는 것처럼 은밀히 퍼져나간다.

겨자씨는 사람에게서 사람으로 퍼져나간다

예수가 말한 겨자씨 비유는 우리에게, 겨자씨가 처음 땅에 심겨졌을 때는 비록 작지만 나중에는 커다란 관목이 된다고 말한다. 겨자씨는 성장한다. 예수의 나라도 마찬가지다. 그 나라는 씨앗처럼 한 번에 하나씩, 이 사람에게서 저 사람에게로 퍼져나간다. 내 말을 오해하지 마라. 예수도 가끔씩 많은 군중에게 말하며, 많은 응답을 얻으며, 어떤 때는 성전 뜰에서 권력자들과 심도 있는 토론을 벌이기도 했다.[6] 그러나 대부분의 경우 예수는 한 사람, 한 사람을 만난다. 그는 산들바람이 부는 아침에는 제자들과 함께 있고, 무더운 오후에는 자기를 따르는 이들과 걷고, 서늘한 저녁에는 온갖 사람들과 더불어 식탁에 둘러앉았다. 예수 주변의 그 어떤 것도 디베랴에 있는 실내 경기장, 예루살렘에 있는 산헤드린의 청중들, 혹은 성전 뜰에서 매일 열리는 예배의 강대상에 오르는 것이 필요하다고 속삭이지 않았다. 겨자씨가 천국이라는 예수의 역설은 그에게 필요한 것이 사람과 기회임을 의미한다.

그의 사역은 거대하고 아름다운 사역이 아니라 이 사람에게서 저 사람에게로, 이 호주머니에서 저 호주머니로, 마음에서 마음으로 전달되는 작은 겨자씨 사역이다. 예수는 개인의 사역을 강제하는 인적 체제를 만들어내지 않았는데, 이는 그의 사역이 거룩한 관계의 중심에 있는 사람을 발전시키기 때문이다. 그에게 있어서 커다란 사건은 작은 사람을 의미할 뿐이다.

다시 말하지만, 예수가 동시대 사람들에게 놀랍게 비쳐진 것은 그가 '작은 사람'에게 초점을 맞추었기 때문이다. 그들을 놀라게 한 또 다른 하나는, 그 나라를 확장해나가는 그의 방법이 평화적이라는 것이다.

겨자씨는 평화롭게 성장한다

예수의 세계에서 그 나라는 단 두 가지 방식으로 세워진다. 하나님의 때를 인내와 평화 가운데 기다리든가, 아니면 폭력으로 하나님의 통치를 강제하는 것이다. 예수는 동시대 사람들로부터 천국의 두 가지 상징을 제안받았다. 하나는 칼이고 다른 하나는 겨자씨. 그는 주머니에서 겨자씨를 꺼내고 칼은 다른 사람에게 주었다. 그는 평화를 선택하고 폭력은 반대했다.

예수 당시에 칼은 나중에 젤롯 당원*으로 알려진 사람들이 사용하던 것이었다. 그들은 하나님 나라를 세우기 위해 때로는 폭력을 사용해야 한다고 믿었다. 예수는 예수 신경에 의해 특징지어진 대로 자신이 추구하는 사회는 폭력과 함께할 수 없다는 것을 알았다.

알곡과 가라지 비유는 그가 평화를 선택했음을 설명해준다.[7] 예수는 또 하나의 역설로 우리를 놀라게 한다. 천국은 밭에 씨를 뿌리는 농부와 같다. 밤사이에 그의 대적들이 밭에 가라지를 심었다. 농부의 종들이 밭에서 가라지가 곡식과 함께 자라는 것을 보고는 주인에게 가라지를 뿌리째 뽑아버릴 것을(폭력적인 이미지로, 젤롯 당원들을 암시한다) 제안했다. 그러나 예수는 천국은 이러한 것이라고 알려준다. 곧 추수하는 날까지 가라지가 곡식과 함께 평화롭게 공존하는 것이다. 추수 때에 하나님께서 가라지를 뽑으실 것이다.

겨자씨, 곡식, 가라지는 역설적으로 예수의 나라를 구성하는 재료들을 드러내 보인다. 그곳은 예수 신경이 삶을 변화시키는 공동체다. 예수에 따르면 그 삶은 폭력이 아니라, 인내와 평화 가운데 하나님의 사역을 기다리는 것을 특징으로 삼는다. 가라지와 곡식이 공존할 때, 때로는 가라지가 곡식이 되기도 한다. 다음 이야기가 보여주듯 말이다.

오늘날의 겨자씨

1993년 5월 13일자 「시카고 트리뷴」의 시카고 지역란에는 카브리니 그린 구역의 거주자인 13세 소년 브라이언 딕슨^{Brian Dixon}의 죽음에 관한 기사가 실렸다. 그 기사는 이 가난하고 거칠고 반항적인 소년이 갱들의 전형적인 희생자에 지나지 않는다는 내용을 독자들에게 전해주었다. 그러나 그가 속한 리틀리그의 감독 밥 무지코프스키^{Bob Muzikowski}는 그보다 더 많은 것을 알았다. 밥의 말을 들어보자.

나는 그 신문 기사에 나온 소년이 누구인지를 제대로 알아보지 못했다. 그 설명은 도무지 맞지 않았기 때문이다. 나는 한 번도 브라이언을 '거칠다'고 생각한 적이 없다. 그리고 그는 분명히 자기가 속해 있는 리틀리그 감독의 말에 반항하지도 않았다.

반대로 그는 우리가 제공하는 시간과 관심을 사고싶어 애쓰는 것이 눈에 보일 정도로 확연했다. 우리는 그 아이가 자동차 안에서 나와 함께 혹은 빌과 함께 일대일 시간을 갖기 위해서 일부러 가장 늦게까지 남아 있으려고 머리를 쓰는 것을 보면서 웃지 않을 수 없었다. 그리고 그는 집에 도착할 때면 안녕이라고 말하고는, 우리를 안으로 들어오도록 초대하는 모습이 역력한 채로, 우리에게 이제 무엇을 할 거냐고 물었다.[8]

밥은 브라이언에 대해서 기자보다 더 잘 알고 있었다. 그것은 그가 브라이언의 삶에 개인적으로 연결되어 있었기 때문이다. 그는 브라이언이 속한 팀을 맡아 리틀리그 유니폼을 입혀 화이트삭스 팀의 야구 경기에 데리고 갔다. 브라이언의 팀을 데리고 미시건 호수에 가서 수영을 하기도 했다. 그는 브라이언의 팀과 함께 아이오와를 돌아다니며 야영도 하고 캠프파이어도 하고 그 주위에 둘러앉아 이야기도 했다. 밥은 어느 날 아침 브라이언이 자기 바로 옆에 바짝 달라 붙어서 자고 있는 것을 발견했다. 그리고 브라이언의 장례식에서 가족이 추도사를 하도록 부탁한 것도 밥이었다. 그 장례식은 밥과 그가 속한 작은 겨자씨 자원봉사 그룹이 기금을 모아 마련한 것이다.

밥은 겨자씨였고, 지금도 그러하다. 뉴저지와 뉴욕 시에서 도덕적인 삶과는 전혀 거리가 먼 삶을 살다가 새롭게 회심한 밥과 그의 그리스도인 아내 티나는 시카고의 해리슨 지역으로 이사했다. 그곳은 범죄율이 높기로 유명한 곳으로, 밥은 그곳에서 겨자씨가 성장하기를 기다리고 있던 훼손된 야구장을 발견했다. 그리고 그는 알 카터^Al Carter와 다른 사람들과 함께 카브리니 그린이라는 아주 험악한 이웃이 있는 그 낡은 곳을 아이들을 위한, 훌륭한 조명 시설을 갖춘 야구경기장으로 만들었다.

겨자씨라는 이름을 가진 그 지역 알코올 중독자 치료 위원회의 회원인 밥은 자신의 마음을 다른 사람들에게 나눠주었다. 그 이유는 밥이 겨자씨 같은 예수 신경을 다음과 같은 말로 표현한 것과 같다. "나는 하나님과 아이들과 야구를 사랑합니다. 나는 좋은 이웃이 되고 싶습니다. 그리고 단지 바로 그 다음에 할 수 있는 올바른 일을 하려고 노력할 뿐입니다." 그는 '한 번에 한 명씩 아이들을 돕는 일'에 헌신했다. 왜냐하면 '관계가 삶을 변화시킨다'고 배웠기 때문이다. 어울리지 않는 가정이 어울리지 않는 사람들과 인간 대 인간의 겨자씨 사역을 행하고 있는 것이다.

브라이언 딕슨이나 밥 무지코프스키는 유명한 사람이 아니다. 그렇지만 많은 미국인이 대도시 빈민가에서 사역하는 밥의 겨자씨 선교회에 관한 헐리우드 영화를 보았다. 〈하드볼〉*Hardball*이라는 영화는 대니얼 코일*Daniel Coyle*이 들려주는 것처럼 밥의 대도시 빈민 사역 이야기에 기반을 두고 있다. 그러나 그 영화는 사실을 왜곡하고 믿음을 떨어뜨리는 이야기로, 준성인등급인 R등급을 받고 돈을 벌 수 있었다. 이에 밥은 아이들과 자원봉사자들을 존중하는 마음으로 『안전한 가정』*Safe at Home: The True and Inspiring Story of Chicago's Field of Dreams*이라는 감동적인 책에서 '진짜 이야기'를 들려준다. 그것은 겨자씨에 관한 이야기다. 그 책은 하나님 사랑과 이웃 사랑이 한 사람의 삶을 만들어주었을 때 변화된 사회를 그리고 있다.

우리는 예수의 겨자씨 비유를 통해 밥 무지코프스키에 합류하고, 우리의 주머니에 겨자씨를 가득 채우고서 기회가 주어질 때마다 그것을 심도록 도전을 받는다. 예수는 겨자씨에 대해 말만 한 것이 아니라 그 자신이 하나의 겨자씨였다.

개인 안의 겨자씨

예수는 수준 높은 유대 지역이나 대도시 예루살렘이 아니라 갈릴리의 보잘것없는 동네 나사렛 출신이었다. 앞에서 살펴본 것처럼 예수의 부친은 명예가 실추된 **차디크**(의인)였고, 그의 모친은 많은 이들에게 **나아프**(간통한 여인)라고 손가락질을 받은 비천한 **아나빔**(경건한 빈자) 신분이었다. 예수의 사촌인 세례 요한은 성령에 붙들려 열광적인 삶을 사는 가운데, 광야에 거하면서 곤충을 잡아먹었고, 온 나라에 회개를 촉구했다. 요한은 옥에 갇힌 뒤에 참수되었다.

예수는 학교 교육을 받지 못했다. 더 심한 것은, 그가 동시대의 많은 사람들로부터 **맘제르**(사생아) 취급을 받았다는 것이다. 유대교 엘리트들은 그를 무시했고, 온갖 빈정거리는 말과 비방하는 말로 그에게 이름표를 붙여줌으로써 그의 명성에 손상을 입혔다. 그래서 예수 근처에 가는 것은 그 자체가 위험을 무릅쓴 행동이 되었다.

더욱이 예수는 바람의 방향을 알기 위해 손가락에 물을 묻히기도 하고, 시류에 휩쓸려 떠내려가기보다는 그와 반대 방향으로 나아갔다. 그래서 그는 자기 나라를 고집하기 위해 갈릴리의 한적한 곳을 찾기보다는 예루살렘을 향해 출발했다. 또한 그는 자신의 운명이 요한의 운명처럼 될 것을 알았다. 그럼에도 그는 출발했다.

예수의 겨자씨 모델의 또 하나의 차원을 제공해준 것은 바로 이

'그럼에도'였다. 하나의 씨가 죽으면 그 이후에 (신비스럽게) 자라서 커다란 식물이 되는 것처럼, 예수는 자기도 반드시 죽어야 한다는 것을 알았다. 그러나 그의 몸은 죽을지라도 또한 부활 가운데 싹이 터서 곧 온 세상에 미치도록 자랄 것이다(겨자씨처럼).

천국보다 더 겨자씨를 닮은 것은 없으며, 그 천국은 예수 자신이다. 그는 인간 안에 있는 겨자씨다. 우리는 그 나라를 낙원으로 생각할 수 있지만, 예수는 겨자씨가 낙원이라고 말한다.

예수에게는 역설적인 것들이 많이 있으며, 그 역설은 힘 있게 역사했다.

15장

공의의 공동체

복음서 읽기 • 눅 4:16-30; 6:20-26

예수 신경으로 사는 사람은 공의를 사랑한다. 우리 그리스도인들은 하나님 나라에 들어가는 덕분에 다른 질서, 곧 하나님의 질서를 따르는 삶을 산다는 놀라운 주장을 펼친다. 그리고 하나님의 질서에서 살아가는 사람은 자기 일상의 삶과 자기가 살고 있는 사회에 변화를 만들어내야 한다. 무엇보다 예수가 설명하는 하나님 나라는 하나의 사회이지 인맥으로 형성된 집단이 아니다.

영성 형성은 단순히 묵상과 명상 혹은 그룹 성경 공부와 교회 모임만으로 이루어지는 것이 아니다. 영성 형성은 **예수 신경과 함께 시작하는 것이기 때문에** 하나님과 이웃을 사랑하는 것이 포함된다. 우리는 이것 혹은 저것 가운데 하나를 선택해서는 안 된다. 우리는 두 가지 모두가 필요하다. 왜냐하면 이웃을 사랑하는 것은 사회에서 불의가 일으키는 가시들을 말끔히 쓸어내는 것을 포함하기 때문이다. 사랑은 그런 것들이 제거되기를 원한다.

천국에서의 삶이 사회에 영향력을 끼친다는 것은 일부 그리스도인들에게 항상 반가운 생각은 아니다. 어떤 사람은 사회 정의를 위해 일하는 것을 두려워한다. 사람들이 '하나님을 사랑'하는 것을 잊어버릴 정도로 '이웃을 사랑'하기 때문이다. 다른 사람들은 자기 이웃에게 도움의 손길을 충분히 내밀지 않는 방식의 '하나님 사랑'을 우려한다. 이런 일들을 놓고 다양한 논쟁이 진행되고 있지만, 여기서 그런 다툼들을 설명하지는 않겠다. 그 대신 그리스도인들이 정의가 실현되는 사회를 건설하기 위해 '이웃 사랑'에 참여할 수 있는 방법에 관한 이야기를 하겠다.

1960년대에 내가 출석하던 교회의 한 남자 성도는 자신이 뭔가 다르게 일할 수 있다고 생각하고 시장 선거에 출마하기로 결심했다. 교회 안에 어떤 이들은 그리스도인이 정치 영역에서 봉사하는 것은 거룩한 소명이라고 생각했다. 다른 이들은 그가 세속적인 일에 시간을 낭비할 것이라고 생각했다. 1980년대에 복음주의 그리스도인들은 본격적으로 정치 운동의 가능성에 눈을 뜨지만, 그 당시는 60년대였고, 사회 정의에 대한 관심은 우리 교회에서 이제 막 태동하는 중이었다.

우리 교회 성도였던 그 사람은 결국 시장에 당선되었다. 시장의 임기가 시작되고 첫 월급날이 되었다. 그의 사무실 밖에는 쓰레기를 치우는 청소부들이 줄 서서 그가 일과를 마치고 사무실을 나서기를 기다리고 있었다. 그들은 수년 동안 매주 금요일 오후가 되면 자신들의 수표를 써서 전임 시장에게 주었으며 그러면 시장은 그 즉시 액면가의 일부를 현금으로 지급해주었다고 신임 시장인 그에게 말했다. 그리고 나머지 금액은 전임 시장이 챙겼다. 새로운 시장이 청소부들에게 그런

시기는 이제 끝났다고 말했을 때, 그들은 마치 병 고침을 받은 나병 환자들처럼 기뻐하면서 집으로 돌아갔다. 예수가 선포한 사회의 특징인 정의가 이 노동자들에게 찾아온 것이다.

비록 미국이라는 나라의 체제가 개인의 자유와 시민의 권리를 강조하고 또 세계 어느 나라보다 고귀한 사회적 이상을 실현하고 있다고 스스로 믿고 있지만, 우리는 여전히 불의 때문에 아픔을 당하는 사회에 살고 있다. 우리 사회는 아직도 평화로운 정의에 성취하지 못하고 있다. 그렇기 때문에 우리 그리스도인들의 의무는 정의를 추구하는 것이다. 특히 예수 신경을 실천하는 삶을 살기로 노력하는 우리로서는 말이다. 우리는 짐 월리스Jim Wallis가 반복하여 잘 설명하는 것처럼 "믿음은 일한다"는 것을 배우고 있는 중이다.[1]

예수가 꿈꾸는 천국의 꿈을 정의가 실현되는 곳으로 바꾸기 위해서는 이 간단한 질문에 대답할 필요가 있다. 천국에서의 정의란 무엇인가?

정의: 그것은 무엇인가?

정의justice는 우리 사회의 어휘집에서 페이지가 접힌 채 색이 바래 버린 항목이다. 어떤 이가 흉악한 범죄의 희생자가 될 때, 우리는 누군가가 감동적이고 단호한 용어로 이렇게 말하는 것을 가끔씩 듣는다. "나는 정의를 원한다." 이 말은 많은 경우에 사형 선고를 의미한다. 시민의 자유를 대변하는 사람이 '정의'에 대해 이야기할 때, 그는 로빈 후드식으로 구조적인 착취를 분쇄하고 돈과 권력을 재분배하는 것을 생각하는 경향이 있다. 그리고 자신이 이 '정의'의 수혜자가 되려고 생각한다.

정의라는 용어가 이런 식으로 너무 많이 사용되기 때문에 부정적이고 혐오스러운 의미를 갖게 되었다. 이제 정의는 고소, 재분배, 처벌에 지나지 않는 것처럼 보인다. 그러나 예수의 나라에서 정의는 재분배보다 더 심오한 것이다. 성경 어디를 보더라도 천국의 정의는 인간을 하나님과 이웃에게 **회복시키는** 것과 관련되어 있음을 보여준다.

성경에서 정의(히브리어로 체타카^{tsedaqa} 혹은 미슈파트^{mishpat})는 '어떤 것을 바르게 만드는 것'을 말한다. 그리고 어떤 것이 '바르게' 되기 위해서는 반드시 기준이 있어야 한다. 유대 세계에서 그 기준은 하나님의 뜻 곧 토라다. 그래서 이스라엘에게 정의는 성경을 따라서 '일을 바르게 만드는 것'이다. 미국 사회에서 어떤 것을 '바르게' 만드는 것은 그것이 미합중국의 헌법이나 법원에서 내려진 판결과 일치하느냐와 관계한다. 예수는 유대 세계에서 활동했다. 그에게 일을 '바르게' 만드는 것은 무엇인가? 그의 기준은 무엇인가? 이 지점이 그리스도인이 생각하는 회복적 의미의 정의가, 기준이 되는 사회적 이해들과 의견이 갈라지는 곳이다.

예수에게 정의의 기준은 예수 신경이다. '옳은' 것은 하나님을 사랑하고(예수를 따름으로써) 이웃을 사랑하라는 한 쌍의 권고에 의해 결정된다. 예수에게 정의란, 사람과 사회를 하나님 사랑과 이웃 사랑으로 회복시키는 일과 관련된다. 이 회복적 정의의 비전은 사랑으로 만들어진 몽둥이를 가진 모든 보복적 의미의 정의를 처벌한다. 예수의 제자들은 "의[혹은 정의]에 주리고 목마르다."^{2} 그러나 이 정의는 헌법이 아니라 예수 신경에 의해 정의된다. 예수에 의하면, 우리가 사는 세상에서 어떤 것을 바르게 하는 것은 이웃을 사랑하고 또 그런 사랑을 표현하는 제도를 위해 일하는 것이다.

취임하는 날부터 심판의 날까지의 정의

예수의 '취임' 연설을 살펴보면, 우리는 정의가 예수에게 중심적인 문제라는 사실을 발견할 수 있다. 우리는 예수가 나사렛의 회당에 돌아와서 행한 그의 첫 번째 공적인 설교부터 시작할 수 있다.[3]

예수는 자기 고향 나사렛의 회당에 들어가 성경을 읽으려고 일어섰다. 이날 예수는 권력자들을 괴롭히기 위해 인기 없는 자기 의견을 가지고 대중 앞에 나섰다. 그가 그들에게 전한 말은 다음과 같은 것이다.

주의 성령이 내게 임하셨으니,
이는 가난한 자에게 복음을 전하게 하시려고 내게 기름을 부으시고
나를 보내사 포로 된 자에게 자유를,
눈먼 자에게 다시 보게 함을 전파하며
눌린 자를 자유롭게 하고
주의 은혜의 해를 전파하게 하려 하심이라.

예수는 자신의 두 번째 취임 연설에서도 계속해서 고집스러울 정도로 정의에 초점을 맞추고 있다.

너희 가난한 자는 복이 있나니 하나님의 나라가 너희 것임이요,

지금 주린 자는 복이 있나니 너희가 배부름을 얻을 것임이요,

지금 우는 자는 복이 있나니 너희가 웃을 것임이요,

인자로 말미암아 사람들이 너희를 미워하며 멀리하고 욕하고 너희 이름을 악하다 하여 버릴 때에는 너희에게 복이 있도다. 그날에 기뻐하고 뛰놀라. 하늘에서 너희 상이 큼이라.[4]

예수가 이 이상한 초콜릿 상자를 가지고 약속한 것은 정의, 곧 하나님과 이웃에 대한 사랑으로 말미암아 촉발된 정의다. 본문을 보자. 그는 가난한 자에게 '좋은 소식'을, 갇힌 자에게는 '자유'를, 앞을 보지 못하는 자에게는 '시력'을, 압제받는 자에게는 '놓임'을 약속한다. 그는 가난한 자에게 '하나님 나라'를, 배고픈 자에게 '만족'을, 애통하는 자에게 '웃음'을, 핍박받은 자에게 '기쁨'과 '기뻐 뛰어노는 것'과 '큰 상급'을 약속한다. 예수는 이 취임 연설문에서 인간을 회복시켜 정의가 똑바로 서게 하는 데 관심이 있다.

그러나 그는 그 일을 자신의 취임문에서만 언급하지 않았다. 예수는 자신의 생애 마지막 무렵에 들려준 양과 염소의 비유에서 심판 날의 뚜렷한 모습을 제공한다.[5] 하루가 저물어갈 때 목자가 자기 양들을 염소와 분리하듯이—그것들을 각자의 울타리로 몰아 (덜 튼튼한) 염소가 더 따뜻한 곳에서 보호받을 수 있도록—인자도 사람들을 의롭게 행한 자와 그렇지 않은 자들로 분류할 것이다. 마치 양과 염소가 높이 치솟은 꼬리(염소)로 구별될 수 있듯이, 사람들도 그들이 다른 이들을 어떻게 대했는지에 따라 구분될 수 있다.

내가 주릴 때에 너희가 먹을 것을 주었고 목마를 때에 마시게 하였고 나그네 되었을 때에 영접하였고 헐벗었을 때에 옷을 입혔고 병들었을 때에 돌보았고 옥에 갇혔을 때에 와서 보았느니라. 이에 의인들이 대답하여 이르되 주여 우리가 어느 때에 주께서 주리신 것을 보고 음식을 대접하였으며 목마르신 것을 보고 마시게 하였나이까? 어느 때에 나그네 되신 것을 보고 영접하였으며 헐벗으신 것을 보고 옷 입혔나이까? 어느 때에 병드신 것이나 옥에 갇히신 것을 보고 가서 뵈었나이까? 하리니 임금이 대답하여 이르시되 내가 진실로 너희에게 이르노니 너희가 여기 내 형제 중에 지극히 작은 자 하나에게 한 것이 곧 내게 한 것이니라.

예수의 제자들을 구별되게 만드는 것은 굶주리고, 목마르고, 소외당하고, 헐벗고, 아프고, 투옥된 이들을 위해 정의의 가치를 실천한, 예수 신경으로 고취된 사랑이다. 예수 신경의 정의는 취임 날부터 심판 날까지 예수가 일관되게 가르치는 것이다.

자리에 앉아 당신의 나라는 어떠한지 깊이 생각해보라. 그리고 예수가 이해한 정의가 우리가 사는 곳에서 어떻게 작동하는지 혹은 작동하지 않고 있는지를 생각해보라. 우리가 보기에 예수 신경이 미치지 못하는 곳은 어디인가? 나는 미국 시민이므로 내 가치관은 미국이란 나라에 의해 형성되었지만, 유사한 질문이 세계의 여러 부분에서 적용될 수 있다. 그러므로 우리는 이렇게 물어볼 수 있다. 모든 사람, 특별히 노인, 이민자, 어린이, 가난한 자가 동등한 대우를 받는가? 은근히 (혹은 노골적으로) 인종차별이 일어나고 있는 곳은 어디인가? 우리는 미국 내에서 인종들 간에 점점 증가하고 있는 증오의 악순환이 지닌 잠재적 위험을 인지하고 있는가?[6] 기성 교회가 선포하는 복음은, 널리 읽힌 책인 『믿음에 따라 나뉘다』*Divided by Faith*에서 주장하고 있는 것처럼, 혹여 교묘한 인종차별의 형태가 아닌가?[7] 모든 사람에게 적절한 의료적 돌봄, 주택, 음식 등이 제공되는가? 노동자들이 정당한 임금을 받고 공평한 대우를 받고 있는가? 정부는 노동자들이 다른 사람들과 동일한 수당을 받을 수 있도록 도와주고 있는가? 그리고 국가 간의 긴장이 찾아 올 때는 어디서부터 시작해야 하는가?

예수 신경은 우리에게 하나님을 사랑하고 이웃을 사랑하라고 명령하며, 이웃을 사랑한다는 것은 인간이 하나님과 인간들 서로에게 회복되는 일을 추구함을 의미한다. 우리는 모두 그런 일에 부족하다. 그러므로 이렇게 물어야 한다. 우리는 무엇을 할 수 있는가? 인간을 서로에게 회복시키기 위해 우리는 무엇을 할 수 있는가? 정의가 실현되게 하려면 우리는 무엇을 할 수 있는가? 우리는 볼 수 있고, 알 수 있고, 행동할 수 있다. 나는 보다 더 큰 의미의 정의를 이루기 위해 (겨자씨처럼) 자신이 할 수 있는 일을 행동으로 옮기고 있는 한 사람의 멋진 사례를 제시하는 것으로 만족하고자 한다. 그는 텍사스 주의 법률체계 안에서 그 일을 행하고 있다.

사형수 옥사 옆에서

텍사스 주 헌츠빌 시는 텍사스 주의 사형수 옥사를 둘러싸고 있다. 텍사스 주는 미국에서 사형집행이 가장 많이 이루어지는 주가 되었다.

버지니아 스템 오웬스Virginia Stem Owens는 남편 데이비드와 함께 헌츠빌에 산다. 이들은 텍사스 주의 사법제도에 관한 이야기를 글로 썼다.[8] 두 사람은 사람을 회복시키는 일을 하는 사람에 대해 이야기한다. 그는 길 위의 작은 틈새에서 일하고 있다.

댄 도플러Dan Doefler는 예수처럼 사람들 틈으로 들어가 그들과 매우 가깝게 사는 사람이다. 그는 이렇게 질문한다. 지금 우리는 어떻게 범죄가, 그 범죄에서 살아남은 사람들에게 영향을 끼치는지를 생각해야 할 때가 아닌가? 우리는 그들을 도울 수 있는가? 도플러는 한 인터뷰에서 이렇게 말하면서 정곡을 찌른다.

> 나는 우리가 정의라는 분야 전체를 파악하는 일에서 엉뚱한 막대기 끝을 붙잡고 있다고 생각한다. 지금까지 우리는 누가 그 일을 했는지, 그리고 어떻게 하면 그들을 처벌할 수 있는지를 물어왔다. 그러나 더 큰 의미가 있는 것은 누가 상처를 받았으며 어떻게 하면 그들을 회복시킬 수 있는지를 묻는 것이다.…그렇지만 희생자들의 정서적 욕구가 가장 중요한 것임에도 그것은 완전히 무시되고 있는 실정이다.

살아남은 희생자들을 위한 몇 가지 과정들이 진행되고 있다. 예를 들어, 최근 법정의 판결 과정에는 판사가 피해자들의 피해 진술을 허용하는 법률이 마련됐다. 많은 사람에게, 희생자가 법정에서 목소리를 낼 때 정의감이 회복된다. 또 다른 단계들에서도 이러한 과정이 진행되고 있다.

루터교 목사 도플러는 인간성 회복을 도모할 수 있는 희생자-가해자 중재 프로그램을 개발했다. 이 프로그램에 참여하는 범죄자들은 감형이나 판결 변경 등의 이익을 얻지 못하며, 이는 다른 의도를 가지고 그 프로그램에 참가하는 것을 차단하기 위한 것이다. 도플러의 주된 관심사는 살아남은 희생자와 범인 사이에 인격적 건강과 영적 회복이 최대한 이루어지는 것이다. 도플러는 길고 조심스러운 성찰, 준비, 그리고 의사소통 과정을 거친 뒤에—그리고 그 과정이 양측 모두에서 성공을 거둔 이후에만—범인과 희생자 양측을 서로 만날 수 있는 방으로 인도한다. 도플러는 가해자의 65-70%가 진심으로 이 과정에 참여하길 원하고 있음을 목격했다. 가해자들은 이것을 고백의 기회로 삼는다. 그러나 그 프로그램은 희생자를 위해 만들어진 것이며, 살아남은 희생자 대부분은 범인을 직접 만나 어떤 형태로든 의사소통을 할 수 있는 기회를 얻기 원한다.

도플러는 8년간 중재를 신청한 600명 이상의 사람을 만났다. 그 과정에서 그는 많은 것을 배웠다. 범인과 희생자 모두 그 과정을 통해 삶을 있는 그대로 직면해야 한다는 것을 깨달았다. 왜냐하면 죽은 사람은 다시 살아날 수 없기 때문이다. 그들은 모두, 사형수가 된 범인은 사형 집행이 취소되기 힘들다는 것을 알고 있다.

희생자를 돕겠다는 도플러의 비전은 사회 발전에 참된 기여와 함께 정의를 구현하고, 인간이 참된 인간으로서 서로에게 솔직해질 수 있는 방법을 발견하는 것이다. 많은 희생자들이 그 프로그램에 참여함으로써 깊이 회복되었다고 고백했다.

그는 강간당한 뒤에 살해당한 한 여성의 어머니를 예로 들면서, 회복이 얼마나 가치가 있는 것인지를 잘 보여준다. 그리스도인인 그 어머니는 자기 딸에게 몹쓸 짓을 한 그 남자를 자신이 용서했다고 생각했었다. 도플러의 중재 프로그램을 통해서 그 남자를 만나기 전까지는 말이다. 그 자리에서 그녀는 자신에게 새로이 헤쳐나가야 할 훨씬 더 깊은 수준의 용서가 아직도 남아 있음을 깨달았다. 그 과정은 그녀의 치유에 큰 도움이 되었고 가해자에게도 깊은 변화를 가져왔다. 다음은 버지니아 스템 오웬스가 이 사건에 대해 마지막으로 발언한 내용이다.

그녀의 딸을 강간하고 살해한 남자는 마침내 사형실에서 숨을 거두었다. 그에게 마지막으로 남길 말이 없냐고 물었더니, 그는 고린도전서 13장을 암송했다. 그리고 마지막 먹고 싶은 음식으로 성찬식 빵을 요청했다.

우리 모두가 사법제도 안에서 일하도록 부르심을 받은 것은 아니지만, 우리는 자신이 속한 사회에서 정의를 회복하도록 능력을 부여받았다. 그것은 한 번에 한 사람씩, 한 번에 한 가지씩의 변화다. 가능한 모든 곳에서 말이다.

16장

회복의 공동체

복음서 읽기 • 마 23:8-12; 막 5:24-34; 눅 5:12-16

기적은 그 자체로 생명력을 갖고 있다. 특히 예수가 행한 기적은 더욱 그렇다. 수많은 그리스도인이 자신들이 그 증거라고 생각한다. 곧 예수가 하나님이고, 예수가 하나님의 아들이며, 예수가 옳다는 증거가 자신이라고 생각하는 것이다. 그리고 나도 그들이 '최소한' 이러한 믿음의 증거라고 생각한다.

그들은 생각하는 수많은 그리스도인을 위한 증거다. 영국 언론인 프랭크 모리슨Frank Morison은 예수의 부활이 신화임을 입증하기 위한 연구에 매달렸다. 그러나 그는 복음서들을 샅샅이 뒤진 결과 그에게 변화가 나타났다고 말한다.

내 생각에 혁명적인 변화가 일어났다.⋯느리지만 아주 분명하게, 인류 역사에서 그 잊을 수 없는 몇 주간의 드라마는 겉으로 보이는 것보다 더 기이하고 심오한 것이라는 확신이 점점 자라갔다.

그는 예수가 실제로 죽고 부활했다는 고난주간을 설명하는 복음서를 확신하게 되었다.

그 모든 사건은 현실에서 일어난 일을 있는 그대로, 꾸미지 않고, 심지어 어수룩하게 기록한 것처럼 읽힌다. 그렇지만 그 다음날 일어난 사건으로 페이지를 넘기면 곧바로 하나의 상황, 정확히 말해서 역사와 현대 사조의 결론에 익숙한 학생이라면 누구나 도저히 믿을 수 없는 상황에 도달하게 된다.[1]

그 사건은 어떠한가? 모리슨은 증거가 분명하다고 생각한다. 무덤은 비어 있었다. 그는 누구든지 기억하기 쉽게 이렇게 물어본다. 누가 그 돌을 옮겼을까? 모리슨은 하나님이 돌을 옮기셨다고 결론을 내린다. 그것은 기적이었으며, 그는 그 기적을 참이라고 믿었기 때문에 자신의 아내를 예수에게로 인도했다.

사도신경에서 가장 논란이 많은 부분인 "사흘 만에 다시 살아나시며"에는 어쩌면 깊고 심오한 역사적 근거가 있을 수 있으며, 나는 당연히 그렇다고 생각한다.

예수가 죽은 자 가운데서 부활했다는 기적적인 **사실**은 모리슨에게 믿을 만한 확신을 주었다. 그 기적은 그를 믿음으로 인도했다.

바로 이곳이 명징한 생각을 하는 그리스도인들이 기적 그 자체를 생명력이 있는 것으로 간주하고서 기적이 발생했던 원래의 맥락에서 기적을 뚝 떼어놓는 지점이다. 단지 하나의 기적이 일으킨 영향으로 믿음이 생겨났기 때문에, 기적이 믿음에 영향을 주기 위해 일어났다고 말할 수는 없다. 우리가 큰 기적(부활과 같은)을 생각하든 혹은 작은 기적(문둥병자를 고친 일 같은)을 생각하든, 하나님은 과시나 설득을 목적으로 기적을 일으키신 것이 아니다. 쉽게 말해서, 기적은 하나님이나 예수 그리스도에 관한 진실을 보여주기 위해 일어난 것이 아니다. (다음 장에서 살펴보듯이) 물론 그 기적들은 예수에 관한 많은 것들을 드러낼 수 있다. 하지만 기적의 본래 의도는 종종 그것과는 다른 것이다.

이 사실을 강조해야만 한다. 기적은 하나님과 그의 아들에 관한 일들을 드러낸다. 이것은 논란의 여지가 없다. 그런데 이 말은 기적이, 어떤 것이 논란의 여지가 있음을 보여주기 위해 항상 계획되었다는 말이기도 하다. 나는 예수가 기적을 행했다고 생각하는 사람, 기적이 우리에게 예수에 관해 그리고 진리에 관해 무언가를 말해준다고 생각하는 사람이다. 그러나 기적이 무언가를 보여주는 것 이상의 의도를 가지고 있다고 생각하는 사람이기도 하다.

예수의 치유 기적이 가지는 일반적인 의도가 무엇인지를 알아보는 것은 너무도 쉬운 일이다. 복음서에 기록된 예수의 많은 기적들을 조금만 훑어봐도 그것이 일반적으로 어떤 일을 했는지 알 수 있다. 그 기적들은 사람들을 회복시켰다. 기적은 예수의 사랑에서 우러나와 시행되었고, 사람들을 하나님과 이웃에게로 회복시키기 위해 베풀어졌다. 기적은 예수 신경이 회복제가 될 때 일어나는 것이다.

많은 그리스도인이 기적에 대해 혼란스러워하는 주된 이유는, 기적이 사회에 미치는 의미를 간과하는 데 있다. 그렇지만 예수 당시의 유대인들은 이 점에 대해 혼란스러워하지 않았다.

모세, 욥, 그리고 예수

예수 당시의 유대인들은 하나님 앞에 선 사람의 모습과 그 사람의 건강 사이에 밀접한 관계가 있다는 것을 알았다. 그들은 모세가 말한 것들을 모두 알고 있었다. 그들은 신명기 28장을 들었고 읽었다. 이 장에는 이스라엘이 순종할 때 일어난 일(좋은 일이 일어났다) 또는 이스라엘이 불순종할 때 일어난 일(나쁜 일이 일어났다)이 상세히 기록되어 있다. 이스라엘이 쉐마와 토라의 테두리 밖에서 살 때는 질병과 고통을 겪고 포로가 되어 잡혀갔다. 그렇지만 더 중요한 것은 모세는 사회적 지위에 대해서는 결정적 발언을 하지 않는다는 사실이다. 반면 욥기는 질병이 하나님께로부터 오는 시험이지, 하나님께로부터 오는 벌이 아니라고 말해준다.

우리는 예수 당시의 유대 세계에 살았던 사람들이 중병에 걸리면 자신들의 병의 원인을 다음의 두 가지 방식 중 하나로 이해했다고 요약할 수 있다. 곧 그들은 자신들이 죄를 저질러 병에 걸렸거나, 하나님께서 그들을 시험하고 계시는 것으로 생각했다. 그들은 자신을 죄인 혹은 성자로 분류할 수 있었다.

이런 식의 분류에 대한 좋은 예가 요한복음 9장에 나타난다. 예수의 제자들이 나면서부터 앞을 보지 못하는 한 사람을 만나고 나서는 이렇게 질문했다. "랍비여, 이 사람이 맹인으로 난 것이 누구의 죄로 인함이니이까, 자기니이까, 그의 부모니이까?" 예수가 대답했다. "이 사람이나 그 부모의 죄로 인한 것이 아니라 그에게서 하나님이 하시는 일을 나타내고자 하심이라."[2] 제자들은 죄인과 성인을 나누는, 너무도 뻔한 '누구의 잘못인가' 게임을 했다. 하지만 예수는 모든 것을 알았고 그 일과 관련해 무언가를 할 수 있는 능력을 가지고 있었다. 예수는 그를 다시 사회로 복귀시키기 위해, 그 남자에게 시력을 회복시키는 기적을 행하였다. 그리고 그 기적을 통해 하나님의 영광이 나타났다. 예수가 이런 행동을 했기에 그 사람은 사회의 건강한 그룹에 속함으로 새롭게 분류될 수 있었다.

분류병

예수 당시의 유대교 사회는 오늘날 박애주의자들이 볼 때 대표적인 분파주의 사회였다.[3] 제사장들 사이에도 계급이 있어서 대제사장high priest, 제사장들의 우두머리 혹은 수석 제사장chief priest, 일반 제사장, 레위인으로 분류되었다. 다른 유대인들에게도 분파가 있었다. 율법 준수파, 비준수파, 차디크, 에센파, 바리새파, 사두개파, 젤롯파, 암 하아레츠, 개종자, 경건한 이방인God-fearer* 등이 그것이다. 여성은 남성과 구분되었고, 어른은 아이와, 노인은 젊은이와, 병든 사람은 건강한 사람과 구분되었다. 성전과 약속의 땅은 구분되었고, 성전에도 여러 개의 구역이 있어서 이방인을 위한 곳, 유대인 여자들을 위한 곳, 유대인 남자들을 위한 곳, 제사장을 위한 곳, 그리고 대제사장만 들어가는 곳이 있었다. 인간은 정결한 사람과 부정한 사람으로, 곧 성전에 합당한 사람과 그렇지 않은 사람으로 분류되었다. 동물들 역시 정결한 동물과 그렇지 않은 동물로 분류되었다.

오늘날 우리가 보기에도 이런 분류들은 그 자체로 병이다. 우리는 재미 삼아 그 병을 분류병classificationitis이라 부를 수 있다. 그 증세는 모든 것에 서열을 매기는 것이다. 그런데 예수 시대 사람들은 이것을 토라의 규정, 즉 하나님에 대한 사랑의 표현 형태로 인식했다. 예수는 그 분류가 지나치다고 생각하고 제동을 건 것이다. 그는 이런 분류의 벽들이 무너져야 한다고 생각했고, 그 벽을 무너뜨리기 위해 사람들을 치유했다.

벽이 무너지다

예수는 사람들이 구태의연한 분류에 빠지지 않고 사회 안으로 회복해 들어오도록 그들을 치료했다. 그는 사람들 사이의 벽을 무너뜨리기 위해 그들을 치료한 것이다. 이제부터 예수 신경이 무너뜨린 두 개의 벽을 살펴보자.

벽 1: 식탁에 참여한 여성들(막 5:24-34)

한 여인이 12년 동안 하혈을 했으며, 그녀는 병을 고치기 위해 의사들에게 재산을 몽땅 털어주었지만 오히려 병은 더욱 악화되었다. 그녀는 치료자 예수에 대한 소문을 듣고, 그에게 몰래 다가가서 그의 옷자락에 손을 댔으며, 예수에게서 치료의 능력이 흘러나와 그녀는 치료를 받고 무거운 짐에서 벗어났다. 우리는 이 이야기에서 기적이 무엇 때문에 필요한 것인지를 볼 수 있다. 그리고 이 이야기는 그 여성의 사회적인 위치에서 시작한다.

우리가 보기에는 지극히 개인적인 문제인 것(월경)이 예수의 세계에서는 공적인 현실이다. 그리고 이것은 분류로 이어진다. 월경 중인 여성은 니다*niddah*로 분류된다. 정상적인 주기를 벗어나 하혈을 하는 여성은 자바*zavah**로 분류되었다.[4] 이 이야기에 나오는 이 여성은 자바다. 그녀가 속했던 사회에서 대부분의 사람은 그녀의 상태를 하나님의 징계로 보았을 것이다. 그녀는 아마 결혼도 쉽지 않았을 것이고, 혹시 결혼을 했더라도 얼마 못 가서 남편에게 이혼당했을 것이다. 그녀의 사회적 위치가 그녀를 규정했다. 예수는 사람이 사회적 위치에 의해서 규정된다는 의미가 어떤 것인지를 잘 알았다. 그의 모친 역시 가난했고, 일단의 사람들에 의해 간음한 여인으로 간주되었으며, 예수 자신은 사생아*mamzer*로 간주되었다. 이 여인 역시 자바로 규정되었다.

예수가 그 옆을 지나갈 때까지는 말이다. 절망에 빠져 있던 여인은 고침을 받을 것이라는 희망을 품고 예수에게로 나아갔다. 만일 그녀가 고침을 받는다면 그녀는 다시 공동체와 결혼 생활, 일상의 삶으로 회복될 수 있다. 그녀의 가장 커다란 관심사는 회복이었다. 우리가 알고 있는 것처럼, 예수는 삶을 변화시키는 사회를 만들려는 의도를 갖고 있기 때문에 그녀를 회복시키기 원했다.

이 여인은 예수의 옷자락 '끄트머리'를 만졌으며 그 순간 예수의 치유하는 능력이 이 여인에게로 흘러갔다. 하혈은 즉시 멎었고, 여인의 부정함도 마침내 끝을 맺었다. 여인은 회복된 것이다.

벽이 하나 무너졌다.

남자와 여자 사이에 놓인 오늘날의 벽

사람들 사이를 가르는 분리의 장벽은 수세기가 지난 오늘날도 사라지지 않았다. 아니, 우리가 사는 곳에도 남성과 여성 사이에 엄격한 벽을 보존하고 있는 사람들이 아직도 남아 있다. 메릴 조앤 거버Merrill Joan Gerber는 (율법 준수에 그렇게 투철하지는 않은) 유대인 여성이다. 그녀는 유명한 작품 『신곡』의 작가 단테 알리기에리Dante Alighieri의 고향인 이탈리아의 피렌체에서 몇 달을 보냈다. 그리고 로쉬 하쇼나에게 초대받아 피렌체 도심을 통과하여 회당으로 갔다. 그녀가 마침내 유대인 회당 sinagoga israelitica 위에 놓인 장엄한 녹색 돔을 발견했을 때 안전 요원이 다가와 신분증과 사진기를 내려놓으라고 말했다. 그녀는 신분증은 건네주었지만 사진기는 건네주지 않았다. "난 그녀를 밀치고 사진기와 모든 것을 몸에 지닌 채 예배하는 집에 들어갔어요. 나는 그곳에 있을 만한 충분한 자격이 있다고 생각했거든요."[5]

그러나 스스로 그 회당에 들어갈 수 있는 자격이 있다고 생각했던 메릴은 곧 거절이란 얼굴에 직면했다. 그 성전은 메히차mechitza*(성전 안에 세워둔 칸막이)가 있는 대신에 위층(여성을 위한 곳)과 아래층(남성을 위한 곳)이 분리되어 있었다. '경건의 춤'dance of piety은 아래층에서 행해졌고, 여성들에게는 전혀 보이지 않았다. 그녀는 "이 소중한 날에 남성들은 아래층에서 하나님께 기도하도록 초대받은 반면, 그동안 여성들은 이층에서 잡담이나 하고 상대방이 지닌 보석이나 부러워하도록 분리시켜놓은 문빗장 너머를 뚫어지게 바라보았다."

나는 금지된 사진을 찍은 그녀의 반항적 행동을 보며 즐겼음을 인정한다. 그러나 우리들 대부분은 그녀가 "이런저런 이유 때문에, 내 눈에서는 눈물이 흘렀고 무척이나 당황스러웠어요. 내가 환영받을 것이라고 생각했던 장소에서 너무도 소외되었다는 느낌을 받았어요"라고 말할 때 그 말에 공감한다. 그녀가 유대인 회당에서 겪은 일은—만일 당신이 내가 지금 회당이나 교회 안에서 사람들을 배척하는 것을 비판한다고 의심한다면 핵심을 찌른 것이다—분류를 통한 배제라는 수세대에 걸친 관행이 계속된 것이다. 그것은 아무런 해도 없지 않느냐고? 천만의 말씀이다.

종교 기관이 배척하고 분류하는 것은 우리가 하나님을 인식하는 데 영향을 준다. 우리는 이런 식으로 연결되어 있다. 사람들이 이렇게 배제되는 여성을 보면 그들은 여성이 열등하다는 것 말고는 다른 결론을 내리기가 쉽지 않다. 그 모든 것이 공적으로 인정된 '경건의 춤'에 감싸인다면, 사람들은 하나님이 아마도 모든 것을 사랑하시지만, 그분은 자신의 거룩한 마음에 남성들만을 위한 특별한 자리를 가지고 계신다고 확신하게 된다.

그러나 그 벽은 자바를 치료하는 예수와 함께 무너진다. 그리고 여기 두 번째 벽이 있다.

벽 2: 식탁에 나아온 나병 환자(눅 5:12-16)[6]

한 메초라*metsora**(나병 환자)가 예수에게 와서 무릎을 꿇고서는 깨끗하게 해달라고, 즉 사회에 복귀할 수 있게 해달라고 요청했다. 부정하다고 분류된 그 나병 환자와 깨끗한 모든 사람 사이에는, 비유적이든 아니든 하나의 벽이 존재한다. 여기서 나병 환자라는 분류는 의학적인 진단에 따른 것이라기보다는 정결 상태를 가리키는 것임을 주목할 필요가 있다. 나병 환자는 많은 경우에 부랑자이며 사회에서 격리되어 있다.

예수는 성령의 능력을 통해 그 나병 환자를 고쳤으며 따라서 그에 대한 재분류가 가능하게 했다. 그리고 그는 메초라에게, 성전에 가서 회복되었다는 예물을 '제사장들에게 증거로' 드리라고 명했다. 다시 말해, 예수는 자신이 그에게 행한 것을 그들에게 보여주고, 유대교의 성결제도의 중심인 그곳에서 예수의 증인이 되라고 말한다. "성전 제사장들에게 내가 너를 깨끗하게 했다고 말하라."

우리는 이 무너져내리는 두 개의 벽 가운데서 기적을 행하는 예수를 보며, 그가 기적을 행한 진짜 이유를 본다. 그는 사회의 변두리에 있는 자들을 사회의 중심으로 회복시키며, 그들을 재분류하여 정결하다고 선언한다. 하나님 나라는 예수 신경이 삶을 변화시키는 사회이며, 삶을 변화시키는 한 가지 방법은 기적을 행함으로써 인간을 하나님과 이웃에게로 회복시키는 것이다.

그 사회는 예수를 통해 임한다.

예수, 정결함을 전염시키는 이

유대교에 있는 모든 사람은 부정이 전염된다는 사실을 잘 알고 있다. 부정은 그것과 접촉하는 모든 것에 퍼진다. 바로 이것이 인간이 정결함과 부정으로 분류되고 격리되는 이유다. 이와 반대로 정결은 전염이 되지 않는다. 예수가 오기 전까지는 말이다.

예수는 **정결을 전염시킨** 첫 번째 사람이다. 예수는 우리를 위해 살았고, 우리를 위해 부정하게 되었다. 그는 우리를 만짐으로써 우리에게 자신의 정결을 '전염'시켰다. 우리는 앞에서 예수가 두 번의 부정한 접촉을 흡수한 일을 보았다. 자바와 메초라에게서 말이다. 그러나 예수의 가장 독특한 점은, 그가 부정한 접촉을 흡수하고 그것을 변화시켜 부정한 사람에게 자신의 정결함을 '전염'시켜준다는 것이다. 예수는 정결의 흐름을 돌려줌으로써 그 사람을 공동체 안으로 회복시키고 그 사람이 자신의 식탁에 앉도록 안내한다.

예수의 식탁은 그 시대의 어떤 사람들에게는 갖가지 음식을 한데 넣고 비벼 먹는 커다란 양푼처럼 보였음에 틀림없다. 이 식탁에는 평범한 유대인들이 야생동물 같은 나병 환자, 여성, 이방인, 창녀, 세리, 또한 율법 준수자들, 그리고 별다른 기록이 없는 죄인들과 함께 있었다. 이들 모두는 예수가 요리하는 천국 요리 냄비 안에 뒤섞여서 진국이 우러나올 때까지 보글보글 끓고 있다.

예수는 그 모든 것 가운데 있었고, 자신의 신경을 받아들이려고 애쓰는 보통 사람들이 모인 공동체에 대해 감사하고 있다. 예수는 이런 사회야말로 아바가 원하시는 사회라고 말한다. 그분은 모든 사람을 사랑하시고, 또 모든 사람이 치유와 회복과 낙인의 제거가 이루어지는 새로운 공동체를 발견할 수 있는 식탁에 오는 것을 환영하신다. 그리고 오늘날 예수 신경을 받아들인 사람은 누구든지, 사람을 하나님과 다른 사람에게 회복시키는 사역에 헌신할 것이다.

17장

기쁨의 공동체

복음서 읽기 • 요 2:1-11

더 많은 것을 바라는 것은 좋은 일이다. 자신이 어떤 것(돈, 자동차, 옷, 성공, 시간, 자녀, 기쁨, 사랑)을 더 많이 갖고 싶어 한다는 사실을 인정하지 않을 사람은 별로 없다. 우리는 대부분 이러한 '더 많이'와 함께하면 삶도 더 좋아질 거라고 생각한다. 언젠가는 말이다. 간절히 바라는 것은 그 자체로 해볼 만한 가치가 있는 것이다. 당신은 왜 간절히 바라는가?

2013년에 프린스턴 신학교 총장에 취임한 크레이그 반스^{Craig Barnes}는 그의 저서 『간절히 바라기』^{Yearning}에서 이렇게 주장한다. "영혼의 깊은 갈망은 우리 인간을 구성하는 일부분이다." 반스는 이런 말로 나를 사로잡았다. "우리가 꿈에 그리던 삶에 도달할 수 없다는 고백은 참된 영성을 향해 내딛는 첫 번째 발걸음이다." 그리고 이런 말도 있다. "피조세계에서 인간을 구별 짓는 것은 도덕적 우월성이 아니라 결핍의 표시 속에서도 우리를 지탱해주고 영원히 의미를 가지는 갈망이다.…

이러한 하나님을 닮은 표시는 두 가지 기능을 한다. 첫째로 그것은 삶의 의미를 향한 우리의 굶주림의 원천이며, 둘째로 영원한 것이 아니면 그 어떤 의미도 만족하기를 거부하는 것이다."[1]

우리의 열망은 어떤 영원한 것을 향한 우리의 굶주림을 가리킨다.

우리 모두는 '어떤 위대한 날'을 기대한다. 우리가 목마르게 간절히 바라는 것이 무엇인지를 찾기 위해 우리 마음속을 충분히 깊이 파고든다면, 우리는 자신이 그토록 갈망하는 것이 하나님을 아는 것으로부터 오는 영원한 기쁨이라는 사실을 발견할 것이다. 이 갈망은 "우리의 유한한 인간성은 하나님이 필요하다는 증거라는 낯선 메시지를 들려주면서 우리를 세상으로 되돌려보낸다." 바꿔 말하면, 우리의 영혼은 우리를 영원히 그리고 무한하게 만족시켜줄 기쁨의 음료에 목말라 하고 있다. 천국은 예수 신경이 삶을 변화시키는 사회다. 그 변화의 한 가지 특징은, 사람들이 예수 안에서 갈망함을 발견한다는 것이다. 이 기쁨은 일시적인 변덕이 아니다. 그것은 우리가 갈망하는 것이 하나님과 이웃을 사랑하는 것이라는 사실을 아는 데서 오는 내적 만족이다.

여기에 좋은 소식이 있다. 예수는 그토록 갈망하던 기쁨이 이미 이곳에 존재하고, 그는 우리가 그것을 흡족하게 마실 수 있도록 기쁨을 제공하며, 그리고 그가 주는 기쁨은 우리의 갈증을 영원히 해소시켜 줄 것이라고 주장한다. 예수는 그 기쁨을 계시하기 위해 하늘의 기쁨을 땅에 아주 조금 떨어뜨리는 기적을 행했다. 그것은 틀에 박힌 단조로운 일상이라는 현실을 갑자기 생명이 넘치는 기쁨으로 변화시켰다.

요한복음은 그 기적을 '표적'이라고 부른다.

표적은 기적인 동시에 순간적으로 번쩍이는 계시다. 그러나 이 섬광은 그 표적을 믿음의 눈으로 바라보는 사람만 볼 수 있다. 이 사람에게 예수의 기적은 하나님께서 행하시는 것을 볼 수 있는 창문이다.

삶의 어떤 순간에 아하! 하는 깨달음이 찾아오는 것처럼 이 계시의 섬광은 아무런 전조 없이 일어난다. 예수는 그런 섬광을, 아무도 그것을 기대하지 않았던 한 결혼식장에서 보여주었다.

표적으로서의 결혼식 포도주

나는 결혼식에 갈 때면 아주 까다로운 사람이 된다. 가급적이면 결혼식장에 가지 않기를 바라지만, 그 문제로 아내와 논쟁해보았자 이기는 경우가 별로 없기 때문에 마지못해 따라가는 편이다. 하지만 세 가지 예외적인 결혼식이 있었다. 우리 딸 로라Laura가 결혼할 때는 결혼식이 너무 좋았고, 우리 아들 루카스Lukas의 결혼식도 잔뜩 기대하고 있다.

그리고 갈릴리 가나에서 열린 결혼식에 참석했다면 얼마나 좋았을까 하는 바람이 있다.[2] 오늘날 유대인들이 마젤 토브*Mazel Tov*(행운을 빈다는 뜻)라고 말하듯이, 그 마을 전체와 나사렛과 같은 이웃 마을 사람들은 안식일에 입는 옷을 입고 이 젊은 청년과 여인을 축하하기 위해 모였다. 그런데 예식이 시작된 지 얼마 지나지 않아서 포도주가 동이 나버렸다. 포도주가 떨어진 것은 초라한 일이라기보다는 분위기를 깨는 일이다. 결혼식장에서의 포도주란 가족이 함께 보내는 크리스마스에 선물로 둘러싸인 트리, 운동 경기에서 열렬히 응원하는 팬, 연구에서의 발견과 같은 것이다. 포도주가 없으면 결혼식은 밋밋해지고 즐거움이 사라진다. 기쁨이 없는 결혼식은 결혼식이 아니다.

마리아는 좋은 뜻을 가지고, 예수가 부족한 포도주와 관련해 무언가를 할 수 있을 거라 생각하여 그에게 도와달라고 부탁했다. 그러나 예수는 다음과 같은 말로 마리아의 제안에 제동을 걸었다. "여자여, 나와 무슨 상관이 있나이까? 내 때가 아직 이르지 아니하였나이다." 마리아는 예수가 사람들 앞으로 나서서 자기 능력을 보여야 한다고 생각했다. 그러나 예수는 그렇게 생각하지 않았다. 그는 간접적으로 자신의 생각을 암시했다. 메시아는 길들여진 사자가 아니다. 그는 자기가 선택한 때에, 자기가 선택한 곳에서 포효하고 배회한다. 그리고 그가 자기의 능력을 보이는 것을 선택하겠지만, 마리아가 무대에서 사라질 때까지 그런 일은 일어나지 않는다.

물로 포도주를 만든 기적 그 자체는 마리아가 자기 아들의 때에 놀랍게 순종하면서 촉발되었다. 그녀는 하인들에게 이렇게 말했다. "너희에게 무슨 말씀을 하시든지 그대로 하라." 요한복음은 계속해서 말한다. 근처에 "두세 통 드는" 돌 항아리 여섯 개가 있었다. 예수는 하인들에게 그 항아리들을 물로 가득 채우게 하고는 그 물을 포도주로 바꾸었다. 결혼식의 즐거움이 하객들에게 다시 돌아온 것처럼, 믿음의 눈으로 보는 사람에게는 간절히 바라던 천국의 기쁨이 지금 임하고 있다. 이것이 요한이 결혼식에서 일어난 기적을 '표적'이라고 부른 의미다. 믿음의 눈은 기적을 통해 그 기적이 계시하고 있는 것을 본다. 곧 즐거움으로 가득한 성자의 영광을 말이다.

표적으로서의 기적

사도 요한은 또한 결혼식장에 있던 항아리가 '정결 예식'을 위한 것이라고 말한다. 요한이 군이 이 말을 기록한 것은 자기가 본 모든 것을 다 기록하는 기자의 철저한 기록정신에서 나온 것이 아니다. 그렇다. 요한은 핵심 하나를 지적하고자 했다. 이 돌 항아리에 담긴 물은 위생을 위한 것이 아니었다. 그 물은 거룩한 것이었다. 이 물은 사람과 사물을 정결하게 하는 데 사용되었다. 사람과 사물이 하나님 앞에서 완전한 질서로 서게 하기 위해 그들을 깨끗하게 하고, 하나님의 임재에 들어가도록 그들을 적합하게 만들었다. 율법을 지키는 유대인들은 이 물에 손을 씻고, 정결한 상태에서 음식을 먹었다.

기쁨의 표적

예수는 정결 예식의 물을 기쁨 곧 영원한 기쁨의 포도주로 바꾸었다. 성탄절에 가족들이 선물이라는 물질의 유익을 넘어 그 안에 표현된 사랑을 보는 것처럼, 믿음의 눈은 포도주를 뛰어넘어 그 안에 내재된 신비를 본다. 예수가 행한 표적에서, 의식을 위한 정결 예식은 새로운 공동체에서 열리는 혼인잔치의 즐거움에 묻혀버리고 있다. 정결은 물에서 오는 것이 아니라 예수의 결혼식 포도주를 마심으로써 온다.

　예수는 단지 물을 포도주로 바꾸었을 뿐만 아니라 그 양을 더욱 풍성하게 했다. 만일 하객들이 결혼식을 위해 준비한 음료를 모두 마셨다면, 약 400L 정도 되는 물을 포도주로 만든 기적은 넘치고도 남는 것이다. 풍성한 사랑이 가족과 함께 보내는 성탄절의 모습인 것처럼, 풍성한 기쁨은 천국의 특징이다. 성탄절은 단지 우리에게 필요한 어떤 것일 뿐이라고 말하는 사람은 잔치의 참된 의미를 놓치고 있는 것이다. 예수 신경이 실천되는 공동체인 하나님 나라는 우리에게 정말로 필요한 모든 기쁨이 넘쳐나는 곳이다.

예수의 표적

요한은 우리에게 이 표적이 '그의 영광'을 드러내고 있다고 말한다. 그 자신이 하나님의 영광의 현현인 예수는 이 기적을 통하여 자신의 영광—자기의 정체와 이곳에서 자기가 하려는 것—을 드러낸다. 물이 포도주로 변하고, 믿음의 눈이 정결 의식에 사용되는 항아리 속을 자세히 들여다 보았을 때, 믿음의 눈은 거룩한 물이 아니라 거룩한 포도주를 보았다. 믿음의 눈은 포도주만 본 것이 아니라 포도주 표면에 비치는 자신의 이미지와 함께 예수의 형상도 보았다. 이 포도주에서 예수는 자신의 진정한 모습을 보여주었다. 그는 천국의 기쁨을 제공해줄 뿐 아니라 그 기쁨 자체가 되는 분이다.

온 인류가 갈망하는 것은 결국 결혼식 포도주와 같은 종류의 풍성함, 곧 예수 그리스도다. 이것은 우리의 갈망이 (예수 안에서) 하나님의 사랑을 아는 것에서 나오는 기쁨을 진정으로 아는 것을 의미한다. 예수 신경은, 인간이 궁극적으로 갈망하는 것은 하나님과 이웃을 향한 사랑임을 드러낸다. 그 사랑을 아는 것은 예수만이 제공하는 결혼식 포도주의 즐거움을 아는 것이다.

표적 중의 표적 음식 나누어 먹기

어린 시절 부모님 손을 잡고 교회에 다닐 때, 내가 가장 좋아했던 수요일 밤 기도회는 각자 음식을 마련해와 함께 먹는 포틀럭potluck 행사로 시작되었다. (그리고 인생을 한참 산 뒤에야 기도회가 진정한 즐거움의 근원임을 깨달았다.) 우리 교회의 수요일 밤 잔치는 기쁨luck의 도가니pot였다. 왜냐하면 불편하기만 한 나무 의자에 앉아 꾸벅꾸벅 졸면서 지루한 설교를 듣는 것과 달리, 친구들과 식탁에 둘러앉아 마음껏 먹으면서 이야기를 할 수 있었기 때문이었다. 거기에는 스튜, 치킨, 햄, 찜 요리, 감자, 근처 농장에서 가져온 신선한 야채와 같은 훌륭한 음식도 있었다. 그리고 집에서 만든 파이와 케이크도 항상 있었다. 이따금씩 어떤 사람이 아이스크림 제조기를 가져와 짭짤한 맛이 나는 아이스크림을 직접 만들어 먹기도 했다.

내 기억에서 가장 생생한 일은 아무리 많은 사람이 와도 음식이 넉넉히 남았다는 사실이다. 교회 다니는 사람에게는 이런 특징이 있는데, 포틀럭으로 모이면 채식주의자들도 다른 종류의 음식을 맛보고, 칼로리를 잘 따지는 사람들도 기준 이상을 먹고, 음식은 넘치게 남는다는 것이다. 왜 그런가? 그리스도인들이 함께 모여서 자기가 생각하는 하나님 나라가 궁극적으로 어떤 모습인지를 어떤 식으로든 보여주기 때문이다. 그래서 하나님의 새로운 공동체의 사랑과 기쁨을 몸으로 실천하는 것이다. 예수가 결혼식장에서 한걸음 뒤로 물러서 있을 수 없었듯이, 포틀럭에 모인 사람들도 몸을 사릴 수 없다. 예수는 아주 오래전에 자신이 넘치도록 공급할 수 있음을 친히 보여주었다.

넘치도록 풍성하다는 것이 예수가 가나의 혼인잔치에서 제공한 바로 그 모습이다. 그리고 그는 그 풍성함을 통하여 어렴풋하게나마 자신이 누구인지를 보여주었다. 예수는 자신이야말로 하나님의 사랑을 아는 것으로부터 오는 기쁨을 풍성하게 제공해준 자임을 드러냈다.

기쁨에 놀라다

루이스C. S. Lewis 역시 결혼식 포도주의 즐거움을 발견했다. 루이스는 어린 시절부터 이야기와 신화들을 읽고 쓰면서 가끔씩 경험한 기쁨의 맛을 간절히 원했다고 말한다. 그러나 그 이야기와 신화들은 일시적인 기쁨을 제공할 뿐이라고 고백했다. 그는 더 많은 기쁨이 다른 것에 있다고 생각하고 그것을 좇았다. 그러나 그가 좇던 것이 실은 그를 좇고 있었으며, 그는 옥스퍼드에서 이 사실을 처음 깨달았다.

1931년 9월 19일 늦은 시간에 벌어진 토론에서 동료들은 루이스에게 몇 가지 핵심적인 질문을 던졌다. 그들은 모두 그리스도인이었으며, 그중 한 사람은 (지금은 너무도 유명한)『반지의 제왕』을 쓴 톨킨 J. R. R. Tolkien이다. 다른 사람은 휴고 데이슨Hugo Dayson으로 그는 독서회의 강연과 강의를 맡고 있었다. 두 사람 모두 루이스와 함께 잉클링스The Inklings라는 문학모임의 절친한 회원이었다. 그날 밤 그들이 던진 질문은 하나로 모아졌다. 그들은 루이스에게 이렇게 물었다. "자네는 왜 이교도의 이야기를 읽으며 그들이 말하는 희생 장면에 놀라울 정도로 감동을 받으면서도, 예수의 이야기에 나오는 희생을 읽을 때는 아무렇지도 않은가?" 그 말에 루이스, 즉 이 영국인(혹은 아일랜드인)은 아마도 "이제야 알았어!"라고 답했을 것이다. 그 질문과 그에 대한 대답이 갖는 무게가 루이스를 깨어나게 했고, 그는 비로소 예수 이야기가 자기가 좇고 있던 기쁨일 수도 있겠다는 생각을 하기 시작했다.

루이스는 톨킨과 데이슨이 던진 질문에 대한 해답을 발견한 뒤에, 친한 친구 아서 그리브스^{Arthur Greeves}에게 보내는 편지에서 이렇게 썼다. "이제 그리스도의 이야기는 분명히 참된 신화일세. 그 신화는 다른 신화와 마찬가지로 우리 가운데 작동하지만, 그 일이 실제로 일어났다는 점에서 엄청난 차이점을 갖고 있다네.…다른 신화는 인간의 신화인 반면에 그것은 하나님의 신화라는 점을 명심하게나."[3] 이 말은 루이스의 유명한 문장으로서, 소설가가 이해한 '신화'라는 용어, 즉 이야기라는 형식 가운데 담긴 역사적 실재로서의 진리를 가리키는 신화를 인정할 것을 요청하고 있다.

더 중요한 것은, 루이스가 그날 밤에 발견한 것을 '기쁨'이라고 불렀다는 것이다. 그는 자연을 그린 그림을 감상하거나, 노르웨이의 신화를 읽을 때, 그리고 언덕길을 이리저리 돌아다니거나 달빛이 비친 풍경을 바라볼 때 가끔씩 이런 기쁨을 살짝 맛보곤 했다. 이처럼 이따금씩 감정이 흘러넘치도록 찾아오는 기쁨은, 그 기쁨의 근원을 찾도록 루이스를 몰아갔다. 그 기쁨은 루이스를 현재의 세계에는 만족하지 못하게 했기 때문이다.

이 기쁨은 그가 예수 그리스도를 믿을 때 비로소 찾아왔다. 이 기쁨의 임재와 발견은 그를 놀라게 했다. 실제로 그가 간절히 바라던 것이 결국에는 기쁨이 아니었기 때문이다. 그가 간절히 찾던 것은 이 기쁨이 항상 가리키고 있는 한 분이었다. 루이스는 자신의 탐구에 대해 이렇게 고백한다. "그렇지만 결론적으로 무엇의 기쁨인가? 솔직히 말하면, 그리스도인이 된 이후 나는 이 주제에 대한 관심을 거의 잃고 말았다."[4] 왜 그런가? 루이스가 발견한 기쁨은 예수의 포도주를 마신 결과로 발생한 것이지, 포도주 그 자체가 기쁨이 아니기 때문이다. 한 사람이 바로 기쁨이며, 그의 이름은 예수다.

예수가 정결 예식의 물을 결혼 축하의 포도주로 바꾸었을 때, 그는 정결을 통하여 기쁨을 얻으려는 단조로운 일상의 갈망은 끝이 났다고 말한다. 예수는 말한다. "너는 더 이상 기쁨을 찾을 필요가 없다. 결혼식 포도주는 식탁 위에 놓여 있다. 너희들은 모두 그것을 마셔라. 나를 마셔라. 내가 바로 기쁨을 주는 결혼식 포도주고 죄를 용서하는 자다. 내가 바로 너희가 갈망하던 그것이다. 내가 모든 것을 정결하게 만든다."

18장

영원의 공동체

복음서 읽기 • 막 14:25; 마 25:31-46

성경은 우리에게 천국의 모습을 일부분만, 그것도 가끔씩 보여준다. 그래서 그리스도인들은 약 2천 년 동안 천국을 상상해왔다. 상상은 그 습성상 눈에 보이는 그림으로 나타난다. 인간은 시각을 지닌 존재이기에 그림은 우리의 지성에 강력한 인상을 남기며, 오래지 않아 우리의 상상은 천국을 확신한다.

그렇지만 수세기가 지나는 동안 천국에 대한 우리의 확신도 변화했다. 천국의 대한 생각은 때때로 아주 급격하게 변했다. 사람들은 처음에는 당황하면서 천국을 다락에 있는 것으로 생각하다가, 이후에는 더 고상하게 '하늘'에 있는 것으로 생각했다. 페테르 파울 루벤스^{Peter Paul Rubens}(1577-1640)는 르네상스의 대표적인 고전 작품 "상류사회 천국"을 그렸다. 그 그림은 도나우 강변의 노이베르크 교회에 걸려 있었고, 18세기 중반 바바리아의 예수회가 천국의 모습에 관한 다른 신념에 도달할 때까지 많은 예배자들의 신념에 영향을 미쳤다. 예수회가 다른 신념을 가졌을 때 그 그림은 내려졌다. 루벤스의 유명한 작품은 통통한 (옷을 입지 않은) 여성과 (거의 옷을 입지 않은) 근육질의 남성이 천국의 빛으로 들어가거나 혹은 어둠의 심연으로 내려가는 모습을 보여주고 있다.

좀처럼 종교개혁가들과 의견을 같이하는 법이 없던 예수회에서, 루벤스의 그림이 사람들의 마음을 혼란스럽게 한다는 판결을 내렸다. 바로크 씨Mr. Baroque와 르레상스 양Ms. Renaissance이 천국을 자기네 공동체의 호화스러운 문화적 과시로 생각한 반면, 예수회 각하Msgr. Jesuit와 개혁가 부부Mr. and Mrs. Reformer는 천국을 상류사회의 개선 이상으로 보았다. 그들은 천국을 예배의 장소라고 생각했다.

이 개혁가들은 천국이 예배를 위한 곳이라 생각했기 때문에, 그들은 예배를 준비하면서 자신들의 삶을 준비했다. 그래서 예배와 하나님의 거룩한 사랑에 초점을 맞추었다. 다른 말로 하면, 그들의 천국관은 **그들에게 삶에 관한 관점을 제공해주었다.**

삶에 대한 관점은 우리가 삶을 준비하도록 생각의 지휘부Spiritual center를 제공하며, 선과 악을 판단할 수 있는 도덕적 여과장치를 제공해준다. 예수는 천국에 관하여, 영원에 관한 말씀을 전하면서 자신의 제자들에게 그런 관점을 제공해주었다.

예배인가 공동체인가?

어떤 이는 천국에서는 온전히 하나님과만 있게 된다고, 따라서 찬양과 예배와 복된 하나 됨과 휴식만 있을 거라고 주장한다. 종말의 그 나라는 삼위일체 하나님 안으로 완전히 몰입될 것이다. 개혁파들은 웨스트민스터 신앙고백에서 사람의 제일 되는 목적은 영원토록 하나님을 영화롭게 하는 것이라고 가르친다. 기독교의 주요 분파들은 대부분 이 의견에 동의한다. 그런 천국은 신학자, 신비주의자, 고독을 즐기는 사람, 그리고 여행하는 동안 음악(특히 서양 고전음악)을 선호하는 사람들에게 잘 와 닿는다. 그들의 천국은 '하늘에 있는 나라'다.

다른 그리스도인들은 천국을 영화로워진 세상과 완벽해진 사회—즉 예배, 가족 그리고 사회가 조화를 이룬 곳—로 묘사한다. 부모가 자녀와 재회하고, 우정은 다시 새로워진다. 모든 사람이 완벽한 사회 안에서 영광스럽고도 영원한 봉사의 사명을 가진다. 그런 천국은 대인관계가 원만한 사람들, 위원회를 구성하여 일하는 것을 좋아하는 사람들, 대도시 생활의 번잡함을 갈망하는 사람들, 그리고 여행하는 동안 토크쇼(특히 문화 관련)를 선호하는 사람들에게 와 닿는다. 그들의 천국은 '땅에 속한 나라'다.

나는 우리의 휴가 선택이 자신의 천국관과 일치한다고 들었다. 한적한 장소를 찾아 텐트를 들고 산으로 올라가는 사람은 천국을 고독과 예배의 장소로 생각하는 것처럼 보인다. 휴가 때 대도시나 디즈니랜드 혹은 사람이 붐비는 해변가로 향하는 사람, 여럿이 함께 관광버스를 타고 여행지로 가는 사람은 천국을 공동체와 예배의 장소로 생각하는 것처럼 보인다.

과연 이것들 중 어느 것일까? 우리는 둘 중에 하나를 선택해야 할까? 천국은 두 가지 다일 수도 있지 않을까? 위층에는 하나님의 임재 가운데 예배처가 있고, 아래층에는 인간 사회의 기쁨과 완벽한 문화의 즐거움이 있는 복층으로 된 낙원이 있지 않을까? 예수 신경은 영원에 대한 우리의 시각을 어떻게 형성할까?

우리는 영원에 대해서 어떻게 알 수 있을까? 나는 다시 한 번 예수에게 물어보라고 제안한다. 이리저리 억측할 필요가 없다. 그가 천국에 관해 무슨 말을 했는지 알아보기 위해 다시 성경으로 되돌아가자.

예수와 천국: 성경에 나타난 밑그림

예수는 천국 혹은 영원한 나라가 심판과 함께 시작하고, 예수의 제자들이 천국에 들어가고, 아바와 그의 백성이 그곳에서 식탁 교제를 나누며, 그 영광과 강렬함과 찬란함이 엄청난 곳이라고 가르친다. 간단히 말해서 천국은 심판과 함께 시작되며, 그 심판이 끝나면 그곳 전체가 하나님과 이웃과의 영원한 친교를 위한 곳으로 꾸며진다.

먼저 심판이

기독교적 종말관에 의하면 심판은 부활 뒤에 온다. 그리스도인은 천국에 관한 추측만큼이나 부활에 대해서도 많은 논쟁을 벌여왔다. 부활은 죽음 이후에 현재의 우리 몸이 영원한 친교에 적합하게 변화되는 것을 뜻하는 경우에만 의미가 있다. 나는 다음과 같이 고백하는 앨런 제이콥스Alan Jacobs의 주장에 동의한다. "나는 어느 순간에—잠이 길어지는 것은 상관없다—나를 무덤에서 나오게 한다는 영원한 생명이라는 개념을 다른 의미로 재구성하는 것에는 흥미가 없다. 그리고 다른 많은 사람도 나와 마찬가지가 아닐까 생각한다."[1]

심판은 목자가 '양'과 '염소'를 분리하는—양은 영원한 생명으로 염소는 영원한 불로 보내는—것처럼 인자인 예수가 인류를 심판하는 것으로 묘사된다.[2] 그 심판의 결과가 영원히 지속되는 것은 예수에게 너무도 중요한 문제여서, 예수는 그것에 대해 매우 자주 언급한다.[3]

신실한 그리스도인은 다른 문제들에 대해 폭넓고 다양한 의견을 가진다. 어떤 이는 데살로니가전서 4-5장과 요한계시록을 근거로 휴거, 환난, 두 번째 재림, 천년왕국, 마지막 심판, 그리고 천국이라는 복잡한 과정을 (확신을 가지고) 주장한다. 다른 이들은 그 사건들을 훨씬 더 단순하게 받아들이면서, 우리는 그 일들에 대해 많이 알지 못하고 적게 아는 것이 좋은 것이라고 생각한다.

하지만 그리스도인들은 종말에 일어날 구체적인 사건들에 대해서는 의견이 다른 반면, 심판 이후에 어떤 일이 일어날 것인지에 대해서는 의견이 같다.

그런 다음 교제가

심판 다음에는 엄청난 규모의 친교 잔치가 뒤따른다. 예수는 제자들과의 교제가 재개될 것을 약속하며, 그 교제는 영원한 잔치라고 말한다.[4] 물질적인 식탁, 수정으로 만든 잔, 비싼 그릇, 견고한 금세공품, 푹신푹신한 황금보좌를 생각해야 하는지의 여부는 중요하지 않다. 중요한 것은 영원한 상태라고 하는 것이 하나님을 사랑하고 이웃을 사랑하는 교제라는 점이다. 만일 현재의 나라가 예수 신경에 비추어 볼 때 불완전한 상태에 있다면, 마지막 나라는 예수 신경에 의해 완전한 모습을 갖출 것이다.

땅의 것이든 영원한 것이든 간에 예수를 둘러싸고 있는 모든 것은 하나의 공동체를 형성할 것이다. 우리는 예수께서 열두 사도가 어떤 회의를 주재하고 있는 모습을 묘사한 것에서 영원한 공동체의 모습을 어렴풋하게나마 엿볼 수 있다. 예수는 그들이 "열두 보좌에 앉아 이스라엘 열두 지파를 심판"할 것이라고 말한다.[5]

우리는 영원의 모습이 어떠한지를 상세하게 모두 알 수는 없겠지만, 그럼에도 전체적인 윤곽은 알 수 있으며 또한 이 전체적인 모습이 충분히 뚜렷하다는 것도 알고 있다. 더 뚜렷해져야 하는 것은 이 전체적인 모습이 현재의 삶에 대한 올바른 관점을 우리에게 제공한다는 점이다. 그것은 우리가 딛고 서야 할 장소를 제공해준다.

올바른 관점: 마지막이 시작이다

우리가 딛고 서 있는 장소, 다시 말해서 올바른 관점이 우리에게 제공하는 것은 이것이다. 마지막이 곧 시작이다. 즉 영원한 것(마지막)에 대한 그 사람의 관점은 그에게 이 땅에서의 삶(우리의 매일매일의 시작)에 올바른 관점을 제공한다. 영성 형성을 이끄는 가장 강력한 동기는 역사의 끝을 보고, 하나님의 영원하심을 묵상하고, 이 마지막이 우리의 일상의 시작을 이룬다는 것이다. 그러므로 토마스 아 켐피스의 말대로 "그때 반드시 실천해야 할 것들을 지금 실천해야 한다."[6]

여기서 이 책의 제목과 관련된 주장에 시선을 돌려보자. 예수 신경은 현재의 삶에 관한 신경이다. 왜냐하면 예수 신경은 영원한 나라에서의 신경이기 때문이다. 우리는 예수 신경에 따라 지금의 삶을 살아야 한다. 이는 그것이 하나님의 영원한 계획이기 때문이다. 이것을 알때 올바른 관점이 주어지며, 그 관점과 함께 예수를 둘러싼 전체적인 공동체가 형성된다. 그 공동체는 하나님을 알고 사랑하는 것에서 시작하는 삶에 관한 올바른 관점을 갖고 있다.

하나님을 아는 것과 사랑하는 것

제임스 패커는 성경이 가르치는 하나님을 연구했고, 설득력 있는 글에서 하나님에 **관한** 지식(지성)과 하나님을 **인격적으로** 아는 지식(영혼과 능력뿐 아니라—지성과 마음)의 미묘한 차이를 전개시킨다. 만일 영생이 성부 하나님과의 영원한 교제라면(그리고 신학 시험이 아니라면) 우리는 우리가 식탁 교제를 나눌 그분을 아는 것에서 시작해야 한다. 패커가 말한 것처럼 "원칙은…우리가 하나님에 대해 배운 각각의 진리를, 하나님 앞에서 묵상하는 내용으로 바꾸어 하나님을 향한 기도와 찬양으로 이어지도록 하는 것이다."[7]

기독교 전통에 있는 일부의 사람들은 자신들의 삶 전체가 하나님을 경배하는 데 헌신하도록 예수 신경의 "하나님을 사랑하라"라는 부분을 대단히 강조한다. 신앙을 위해 분투하는 언론인 크리스틴 올슨 Kristin Ohlson은, 클리블랜드의 세인트 폴 슈라인 St. Paul Shrine의 빈자 클라라 수녀회의 수녀들이 자신의 삶 대부분을 침묵기도에 쏟은 이유를 알고 싶었다. 그래서 빈자 클라라 수녀회의 수녀원장 제임스 Mother James에게 질문했다. 제임스 원장은 다음과 같이 대답했다. "영원히 경배를 지속하고 싶어서입니다. 우리는 영원히 그 일을 할 것입니다. 하나님을 경배하는 일 말이에요. 침묵기도를 할 때, 당신은 천국에서 하나님을 경배하는 것처럼 이 땅에서 그것을 시작하는 것입니다."[8] 우리는 제임스 원장이 적어도 이 점을 분명히 파악했다는 데 동의할 수 있다. 만일 영생이 하나님과의 영원한 교제와 관련된 것이라면 우리는 지금 그분과 교제하는 법을 배움으로써 스스로를 준비시킬 수 있다.

아바와의 영원한 교제를 준비하는 데 도움이 될 만한 한 가지 구체적인 제안을 하자면, 성경을 아바 중심으로 혹은 '성부 중심으로' 읽어야 한다는 것이다. 그리스도인들은 가끔씩 '무언가를 알아내기' 위해, 신학적인 논쟁에 익숙해지기 위해, 혹은 감정의 응어리를 풀기 위해 성경을 읽는 경우가 너무 많다. 그들은 정보를 얻으려고 성경을 읽는다.

그러나 로버트 멀홀랜드[M. Robert Mulholland]가 자신의 중요한 책『말씀으로 빚어진 사람』[Shaped by the Word]에서 설명하는 것처럼 지식을 위해 성경을 읽는다면 우리는 사명, 곧 아바가 우리를 사랑하고 우리 역시 아바를 사랑하는 것을 놓칠 수 있다(또 실제로 그렇게 된다). 아바가 성경을 통해 우리에게 말씀하시게 할 때 우리는 그분을(단지 그분에 '관해서'가 아니라) 알게 되고, 성경 읽기가 하나님으로부터의 의사전달을 넘어 하나님과의 교통으로, '정보 습득으로부터 영성 형성으로,' 사랑에 관해 배우는 것에서 사랑하는 법을 배우는 것으로 이동하게 된다.[9]

내 주장은 단순하다. 학습도구들, 주석들, 그룹 성경 공부 교재들은 옆으로 밀어놓고, 종이 한 장과 연필을 준비하여 성경 본문에서 하나님에 관해 배운 것을 기록하라. 아바에 관해 배운 것만 말이다. 읽고, 묵상하고, 기도하라. 때에 따라서는 영성 읽기의 이런 부분들이 서로 구분되지 않을 수도 있다. 그런 일들이 하나가 될 때 성경을 아바 중심으로 읽고 있는 것이다. 하나님의 음성을 듣기 위해서 성경 읽기를 대신할 수 있는 것은 아무것도 없다. 그것은 수많은 사람의 삶을 변화시켰으며, 그중에는 성 아우구스티누스도 포함된다.

아우구스티누스는 뜰에서 하나님께 신음하며 기도하는 가운데 "이것을 집어 들고 읽으라"라는—어린 소녀나 소년의—음성을 듣고서 회심했다. 그는 성경을 집어 들어 펼친 다음 두 구절을 읽었다. 그는 이렇게 말한다. "그 구절을 다 읽기도 전에 견고한 신뢰의 빛이 내 마음에 쏟아져 들어왔다."[10] 아우구스티누스가 그랬던 것처럼, 아바에게 마음을 열고 성경을 읽는 일은 하나님의 영의 흘러넘치는 능력을 폭발시킬 수 있다.

성경을 읽는 일 외에도, 많은 이들이 기독교 전통에서 거인들이 남긴 영적 작품들을 읽으면서 하나님과의 교제를 든든하게 해오고 있다. 여기서 많은 사람이 도움을 받았다고 언급한 기독교 전통 네 곳에 속한 거인들을 언급하고자 한다. 동방 정교회의 『필로칼리아』[The Philokalia], 로마 가톨릭 소속의 머튼[Thomas Merton]이 쓴 『묵상의 능력』[Inner Experience](두란노 역간), 개혁·복음주의 진영에 속한 패커의 『하나님을 아는 지식』[Knowing God](IVP 역간), 거룩-복음[Holiness-Evangelical] 진영에 속한 토저[A. W. Tozer]의 『하나님을 바로 알자』[The Knowledge of the Holy](생명의말씀사 역간)이다.

성경 읽기와 기독교 전통의 거인들이 남긴 글 읽기를 통해 교제의 변함없는 근원을 발견하는 일은 우리에게 영원한 왕국을 준비시킨다. 곧 하나님과의 사랑의 교제 말이다. 이것은 예수 신경이 제공하는 삶에 관한 올바른 관점이다. 또한 그 관점은 우리가 예수 신경을 따라 사는 다른 이들과 교제할 때 우리에게 '마지막이 곧 시작'임을 알도록 용기를 북돋워준다.

예수의 천국 공동체 안에서의 교제

만일 마지막이 곧 시작이며, 영원한 교제 가운데서 하나님을 사랑하고 이웃을 사랑하는 것과 관련된 것이라면, 우리는 예수의 공동체와 나누는 교제가 우리 삶에서 정기적으로 이루어지도록 도전을 받는다. 우리는 다른 사람들과의 교제를 통해서 우리의 영원을 시작할 수 있다. 나는 직장에 출퇴근하면서 이것을 깨달았다. 아마도 내 경험이 곧바로 당신의 경험이 되지는 않겠지만, 매일의 교제가 어떤 것인지를 깨우쳐 줄 수는 있을 것이다.

나는 약 10분 정도 기차역까지 걸어가는 것으로 출근을 시작한다. 그리고 기차역 근처에 있는 한 카페에 들어가 커피 한 잔을 손에 쥔다. 화요일과 목요일에 그 카페에 들어서면 성경을 연구하는 서너 명의 사람들을 본다. 어떤 때는 그들이 기도하는 것을 보기도 하고, 어떤 때는 토론하는 것을, 그리고 어떤 때는 조용히 묵상하는 것을 본다. 기차에 타면 가끔씩 청년과 함께 있는 한 남자와 대각선으로 앉는다. 그들은 함께 기도하지만(때로는 소리 내서) 대부분은 연장자로 보이는 사람이 기독교 신앙을 실천하는 방법을 설명하는 것을 어린 사람이 듣는 편이다. 때로는 로마 가톨릭인지 동방 정교회인지 구분할 수 없지만 묵상집으로 보이는 책에서 한두 구절을 읽고 보통은 한 번씩 그리고 가끔은 세 번씩, 항상 커다란 동작으로 머리에서 배꼽까지 그리고 어깨 이쪽에서 저쪽까지 십자가를 긋는 사람을 본다. 나는 대개 기도를 하거나 독서를 한다. 올해는 『알렉산더 슈메만 신부의 일기』*The Journals of Father Alexander Schmemann*, 리처드 포스터의 『생수의 강』*Streams of Living Water*(두란노 역간), 헨리 캐리건*Henry Carrigan*의 『사막으로부터의 영원한 지혜』*Eternal Wisdom from the Desert*, 토마스 머튼의 『묵상의 능력』, 그리고 데이빗 라센*David Larsen*의 『성경적 영성』*Biblical Spirituality*을 읽었다.

기차에서 내린 다음에는 시카고 메트라 버스 92번을 타고서 대개의 경우 동유럽 언어로 쓰인 매일 묵상집을 읽는 어떤 숙녀 근처에 앉는다. 가끔씩 그녀는 다른 여성과 함께 있는데, 두 사람은 한 단락을 읽는 중간중간 서로 이야기를 나눈다. 그들의 속삭임이 내가 오지랖 넓은 사람이라는 내용으로 비춰지 않길 빈다.

그리고 3년 동안 버스 정류장에서 인도 노인을 만났다. 대개의 경우 그는 내게 성경에 대해 물었지만, 우리가 함께한 시간 대부분은 다른 그리스도인을 향한 부드럽고 포근한 위로의 인사말을 전하고 종말, 곧 매일 시작할 수 있는 마지막이 담긴 가벼운 접촉에서 오는 친밀함을 경험하는 것 이상은 아니었다.

4부

예수 신경으로 살아가기

영성이 형성된 사람은

예수를 사랑한다.

예수 신경

"'이스라엘아 들으라. 주 곧 우리 하나님은 유일한 주시라.
네 마음을 다하고 목숨을 다하고 뜻을 다하고 힘을 다하여
주 너의 하나님을 사랑하라' 하신 것이요,
둘째는 이것이니 '네 이웃을 네 자신과 같이 사랑하라' 하신 것이라.
이보다 더 큰 계명이 없느니라."

영성이 형성된 사람은 예수를 따르고 이웃을 사랑함으로써 하나님을 사랑한다.
영성이 형성된 사람은 예수를 사랑하는 사람의 이야기들을 포용한다.
영성이 형성된 사람은 천국의 가치를 실천하며,
영성이 형성된 사람은 예수를 사랑한다.

예수를 사랑한다는 것은 어떤 의미인가?

그것은 예수를 믿으며,
예수 안에 머무르며,
예수에게 복종하며,
예수 안에서 회복되며,
다른 사람들을 예수 안에서 용서하며,
예수에 관한 기쁜 소식을 전하는 것을 의미한다.
이것이 예수의 제자들이 예수를 사랑하는 방식이다.

19장

예수 믿기

복음서 읽기 • 막 7:24-30; 마 15:21-28

예수의 제자들의 목표는 완벽해지는 것이 아니라 교제하는 것이다.
벤저민 플랭클린Benjamin Franklin은 '완벽함'과 '관계'를 혼동한 대표적인
사람이다. 그는 마음 수련의 종교를 가진 평범한 사람으로 미국인의
우상이 되었다. 그는 이렇게 고백한다. "갑자기 나는 **도덕적 완벽함**에
도달하겠다는 대담하고 벅찬 계획을 마음에 품었다. 나는 항상 어떠한
잘못도 저지르지 않고 살고 싶었다."[1]

프랭클린은 열세 가지 덕목을 선정한 뒤, 길들이기 힘든 사자와 같
은 그 덕목들을 일주일에 하나씩 자기 것으로 만들면 충분히 자신을
통제하는 일이 가능할 것이라 생각하고 그 일을 시작했다. 그는 매일
저녁마다 일기장에 자기를 평가하면서 그날의 과제 덕목을 실천하는
데 실패하면 굵은 점을 찍어두었다. 프랭클린이 선정한 덕목은 다음과
같다. 절제, 침묵, 질서, 결단, 절약, 근면, 성실, 정의, 중용, 청결, 평정,
정절, 그리고 겸손.

그는 이 과정을 힘들게 진행한 뒤에 마침내 이렇게 시인했다. "나는 내가 상상했던 것보다 내 자신이 훨씬 더 단점으로 가득하다는 것을 발견하고 놀랐다." 정말이다! 완벽함을 향해 나아가는 도덕 과정을 도식화하고 자신의 도덕적 삶을 도표에 점으로 표시한다면, 이것은 형식주의와 야생의 사자를 길들이려는 헛된 시도로 끝나게 된다. 만일 어떤 사람이 진실을 이야기한다면, 그는 인간의 마음 안에서 정복이 불가능한 죄를 범하려는 성향을 발견했다고 말할 것이다. 달라스 윌라드가 잘 설명한 것처럼, 그것은 길들일 수 없고 오히려 **혁신**^{renovation}을 필요로 한다.[2] 아니면 존 오트버그의 말마따나, 우리는 "근본적으로 바뀌어야"^{morph} 한다.[3] 우리는 마음 깊은 곳에서부터 우리가 변해야 한다는 사실을 발견한다.

제자도는 완벽함에 관한 것이 아니라 관계에 관한 것이라는 주장을 그리스도인들이 하도록 만드는 것이 바로 '근본적으로 변하는' 일이다. 나는 여기서 관계가 필연적으로 선하고 도덕적인 사람을 만들어 낼 것이라는 점을 덧붙이고자 한다. 이것은 순서의 문제다. 그리고 예수는 제자도가 관계와 함께 시작한다고 말한다.

믿음은 관계다

모든 사람은 '나는 예수의 제자다'라고 주장하는 사람이 훨씬 선한 사람이어야 한다는 것을 알고 있다. 실제로 우리는 그런 사람은 특출할 정도로 선한 사람일 것이라고 생각할 것이다. 우리는 스스로를 예수의 제자라고 주장하는 사람들이 완벽해야 한다고까지 말하지는 못하지만, 내심 그런 주장을 공개적으로 할 수 있는 사람들은 상당히 높은 삶의 기준을 가지고 있을 것이라 생각한다. 그러나 내가 보기에 예수는 우리의 이런 생각에 동의하지 않을 것이다. 예수가 가장 중요하게 생각하는 부분은 '믿는 것'이다.

마가복음에 의하면 예수가 제자들에게 최우선적으로 기대하는 것은 '회개하고 복음을 믿는 것'이다.[4] '믿는다'believe는 것은 '믿음'faith을 가지고 '신뢰하는'trust 것이다(이 단어들은 동일한 히브리어나 헬라어의 번역어다). 믿음과 신뢰야말로 예수가 원한 것이며, 이 단어는 완벽함보다는 예수와의 관계를 표현한다.

믿음을 이론적으로 분석하는 것은 가능한 일이지만, 그것은 현실 세계에서 행동으로 나타날 때 가장 잘 이해된다. 그런 이해를 시작하기에 가장 좋은 곳은 예수가 수로보니게 여인을 만나는 장면이다.[5] 예수는 갈릴리 사람들의 사역 요청에서 벗어나 '휴가'를 보내고 있었다. 이 여인은 그녀의 딸과 관련하여 '한 가지 임무'를 띠고 예수를 찾아왔다. 딸은 귀신들이 괴롭히는 영적인 병에 걸렸고 도움이 필요했다. 이 여인은 예수가 마을에 왔다는 소식을 듣고 그를 찾아와 그의 '휴가'를 방해했다. 그리고 바로 여기에 성경이 말하는 믿음이라는 개념으로 들어가는 문이 있다. 예수는 처음에는 그녀를 피했지만, 여인의 믿음은 한사코 그곳에서 떠나려 하지 않았고, 예수는 여인의 끈질긴 믿음에 대한 응답으로 그녀의 딸을 고쳐주었다.

우리가 '예수를 믿는 사람'으로 '제자'란 말을 묘사한다면, 이 여인 역시 예수의 제자다. 그리고 우리는 믿는다는 것이 사랑의 차원임을 기억할 필요가 있다. 우리가 '신뢰'trust를, '믿기'believing 혹은 '믿음'faith

으로 대체한다면 이것이 분명해진다. 사랑과 신뢰는 변함없는 친구다. 예수 신경은 사람들에게 (예수를 따름으로써) 하나님을 사랑하고 이웃을 사랑하라고 명한다. 사랑의 행동으로 예수를 따르는 것은 그를 신뢰하는 것을 의미한다.

예수 신경은 벤저민 프랭클린이 (일시적으로) 사용했던 것과 같은 도덕적 개선을 위한 프로그램이 아니다. 그렇다고 프랭클린이 말한 덕목이 예수의 제자들에게는 전혀 통용되지 않는다는 것은 아니다. 다만, 제자는 예수를 신뢰하면서 그와 인격적으로 관계를 맺는 사람이며, 그 관계 때문에 예수가 말한 덕목대로 살기 시작한다. 그 모든 것은 이곳에서 시작하며, 만일 여기서 시작하지 않는다면, 어디서도 시작할 수 없다.

믿음과 그 친구들

믿음은 진행 중인 관계이며 따라서 마라톤과 같은 것이다. 예수 신경은 과거에 믿었던 사람을 위한 것이 아니라 지금 믿고 있는 사람을 위한 것이다. 그리스도인은 지금 믿고 있는 사람을 가리키는 것이지, 전에 믿었던 사람을 가리키는 말이 아니다.

관계에는 여러 가지 차원이 존재한다. 두 사람이 관계를 시작하면 그들은 서로를 정신적으로, 감정적으로, 심리적으로, 영적으로, 육체적으로, 재정적으로 알기 시작하며 그 목록은 계속 이어진다. 제자와 예수의 관계 역시 여러 가지 차원이 있으며, 나는 그것을 믿음의 '친구들'이라고 부른다. 믿음에는 적어도 세 가지 요소 혹은 세 명의 변함없는 친구가 있다. 이것들 각각은 관계 안에서 항상 존재한다.

예수 신경은 우리에게 '모든' 것을 다해 하나님을 사랑하라고 권고한다. 예수의 휴가를 방해한 수로보니게 여인은 몸과 마음과 정신을 다해 예수에게 응답했다.

믿음의 친구인 정신: 천국 진리 확인하기

영적으로 고통받고 있던 딸을 둔 수로보니게 여인은 예수에 관한 소문을 듣고는 그가 자기 딸을 고쳐줄 사람이라고 생각했다. 우리는 그 여인이 제자들만큼 예수에 관해 알고 있지는 못했을 것이라고 짐작할 수 있다. 그녀는 아마 야웨나 토라에 관해 그다지 많이 알고 있지 않았을 것이다. 그렇지만 그녀는 예수가 자신의 딸을 고칠 수 있으며, 하나님이 그를 통해 위대한 일을 행하실 것을 알고 있었다. 만일 그녀가 예수에 관해 이러한 것들을 믿지 않았다면 그냥 자기 집에 머물면서 딸을 돌봤을 것이다. 예수에 관한 그녀의 지식은 '지적인 믿음', 즉 예수에 관한 특정 사실에 대한 확신이었다. 곧 그가 고칠 수 있다, 그는 하나님께서 보내셨고, 그가 도와줄 것이라는 확신 말이다.

이것이 바로 그리스도인들이 가끔씩 특정한 교리적 진술들에 자신들의 믿음의 차원을 제한하는 이유다. 믿음은 교리를 뛰어넘을 수 있지만, 믿음은 그러한 교리를 분명히 포함한다.

예수 그리스도를 믿는다는 것은 최소한 이 물러설 수 없는 진리를 믿는 것이다. 곧 아바가 성령의 능력을 통해 예수를 죽음에서 부활시켰다는 것이다.

이 모든 내용을 수로보니게 여인이 상세하게 알고 있었던 것은 아니지만, 커다란 위성수신용 접시 안테나처럼 그녀는 바른 방향을 잡았고 그래서 예수가 보내는 능력을 수신할 수 있었다. 결국 그녀는 하나님 나라가 이 다윗의 아들, 예수 안에서 그리고 예수를 통해 지금 역사하고 있음을 믿었다. 그녀는 예수에게 나아갔고, 예수에게 다가갔고, 예수와 함께 시간을 보냈으며, 그의 임재를 원하였다.

예수와 동시대 인물들 가운데 샴마이Shammai라는 이름의 위대한 랍비가 있었다. 한번은 개종할 가능성이 있는 한 사람이 샴마이에게 자기가 한 발로 서 있을 동안 토라 전체를 요약해달라고 요청했다. 패스트푸드식 토라인 셈이다. 샴마이는 그 이방인에게 퇴짜를 놓았다. 반면 자비가 많은 랍비 힐렐Hillel은 그에게 다음과 같이 요약된 교리를 가르침으로써 그를 개종시켰다. "네가 싫어하는 것을 네 이웃에게 행하지 말라."6 우리는 한 발로 서 있는 동안 우리의 믿음을 이렇게 요약할 수 있을 것이다. "나는 예수 그리스도를 믿습니다." 이 신앙고백은 우리가 예수 신경을 암송하는 순간, 우리가 사랑하는 대상이 누구인지를 규정한다. 달리 말해 우리는 신앙고백에 나오는 크레도credo(내가 믿습니다)가 신앙고백의 대상, 곧 예수와 관계가 있음을 명심해야 한다.

우리가 참된 기독교 교리는 관계임을 기억한다고 해서 '믿음의 친구'인 지성의 중요성이 약화되는 것은 아니다. 정통 기독교 사상은 신약이 규정하는 믿음을 따라서 우리의 참된 복음을 지키는 것이다. 더 나아가, 건전한 지성은 예수와 나누는 관계를 참된 인격적인 관계로 만들어준다. 그렇다. 지성은 믿음 안에 항상 존재한다. 심지어 우리의 정통적인 친구가 존재하지 않으면 그 관계가 존재할 수 없다고 말할 수 있다.

지성은 우리 믿음의 두 번째 차원인 몸 안에 친구를 가지고 있다.

믿음의 친구인 몸: 천국의 진리를 실행하라

수로보니게 여인의 믿음의 증거를 주목하라. 예수는 혼자 있고자 했지만 그녀는 몸으로 그를 찾아냈다. 그녀는 모든 것을 포기한다는 의미로 그의 발 앞에 엎드려 자기 딸을 위해 빌었다. 이 여인의 믿음은 그 생각 가운데 인지적 확신들의 묶음("나는…을 믿습니다")으로 존재하지 않았다. 바꿔 말해서 믿음은 행동 가운데, 신뢰라는 구체적인 행위 가운데 나타난다.

진정한 믿음은 행동을 불러일으킨다. 내가 대학원에 다닐 때, 그 지역의 물류창고에서 동네 가게에 물건을 공급하는 포장 일을 한 적이 있다. 동료 직원인 마크Mark는 비번인 날에는 패러슈팅을 했다. 그는 월요일에 출근할 때면 많은 이야깃거리를 가지고 왔다. 우리는 의자 끝에 걸터앉아 그의 이야기에 귀를 기울였다. 마침내 나도 패러슈팅에 흥미가 생겼다. 그는 패러슈팅이 어떻게 진행되는지를 설명하기 시작했다. 비행 공항은 어디며, 어느 요일에 점프를 하고, 가격은 얼마며, 피부에 와 닿는 공기가 어떻게 느껴지며, 무엇을 볼 수 있으며, 무엇을 입어야 하는지 등을 말이다. 그는 안전과 관련해서 충분한 통계자료를 제시했다. 그러자 나도 한번 해봐야겠다는 결심이 섰다. 그리고 어느 날, 이 모든 과정을 한 번 더 설명한 다음에 그가 말했다. "우린 내일 갈 거야. 너도 갈래?" 나는 결단의 순간에 직면했다. 나는 지식으로는 그것이 안전하다고 설득되었고 또한 그것이 너무도 근사할 것이라는 걸 알았지만, 내 몸은 내 머리에게 협조를 하지 않았다. 내 대답은 이랬다. "아니, 난 비행기에 타지 않을래." 그가 내게 뭐라고 말했는지는 여기서 반복하지 않겠지만, 여러분은 충분히 짐작할 수 있을 것이다.

나는 머리로는 믿었지만 몸으로는 아니었다. 내 행동들은 나의 정신적인 믿음을 배반했다. 진정한 믿음은 머리로만 믿는 것이 아니라 몸이 행동하게 만든다.

간혹 우리는 우리의 행동이 무엇을 위한 것인지 알지 못하면서도, 우리의 믿음을 '몸으로' 표현하는 경우가 있다. 우리는 하나님께서 우리의 은사를 사용하실 것이라 믿고 헌금을 드린다. 우리는 하나님께서 우리를 새로운 곳으로 부르셨다고 믿고 직업을 바꿈으로써 재정적인 위험을 감수한다. 우리는 하나님의 백성 사이의 화해를 기대하면서 누군가에게 힘들고 감정이 섞인 전화를 건다. 그리고 하나님께서 우리가 천국에 순종하는 것을 귀히 여길 것이라 신뢰하고 유혹에 등을 돌린다.

믿음은 그 생각이 확신하는 것을 몸으로 실행한다. 그리고 그 안에는 마음도 존재한다.

믿음의 친구 마음: 천국의 진리를 고집함

수로보니게 여인의 믿음은 그녀의 생각과 몸에만 있는 것이 아니다. 그것은 그녀의 마음 깊은 곳에 자리 잡고 있다. 그리고 마음에 뿌리내린 믿음은 인내를 통해 자신을 드러낸다. 그녀는 예수가 고칠 수 있다는 것을 알 정도로 그에 대해 충분히 알았으며, 그래서 자기 딸을 위해 집을 나섰다. 그러나 예수는 그녀의 마음을 시험하기 위해 두 가지 도전을 허락했다.

첫째 도전: 예수의 제자들은 이 여인이 예수를 귀찮게 하고 있다고

결론 내리고서 예수에게 그녀를 쫓아 보내라고 요청했다. 그녀는 이방인이고 여자였으며, 무엇보다도 그녀의 딸은 귀신이 들렸다. 그러나 그녀는 한 발짝도 물러서지 않았다. 그녀는 그렇게 첫 번째 도전을 이겨냈다.

둘째 도전: 예수는 수수께끼를 가지고 그녀의 믿음에 도전했다. 예수는 이렇게 말했다. "이스라엘 자녀들로 하여금 먼저 천국의 식탁에서 먹게 할 것이다. 네 차례가 돌아오기를 기다려라." 그 여인은 자신에게 주어진 수수께끼에서 예수조차도 부인할 수 없는 주목할 만한 반전을 이끌어낸다. "개('이방인'을 나타내는 유대인의 용어)들도 제 주인의 상에서 떨어지는 부스러기를 먹나이다." 다시 시험을 통과했다.

예수는 능력을 베풀었다. "여자여, 네 믿음이 크도다! 네 소원대로 되리라."[7]

예수가 그녀에게 응답한 것은 그녀의 믿음이 마음을 담고 있었기 때문이다. 그 믿음은 집요했으며 설령 위대한 치유자에게 나아가는 길이 가로막히더라도 물러서지 않을 것이다.

끈질김에 관해 좀 더 말해보자. 나와 크리스가 산책을 즐기는 호수에는 최근 새로운 연못이 생겨났다. 그것은 비버가 만든 것이다. 우리는 지난 봄 호수 서쪽 끝에 있는 잘록한 구역에 비버가 만든 댐이 매일같이 커지는 것을 목격했다. 비가 온 뒤에 비버 댐 서쪽 부분의 수면이 약간 높아졌다. 얼마 있지 않아 이웃들이 휴대폰을 꺼내들고 공원 및 여가 담당 부서에 민원을 제기하였다. 부지런하고 성격이 좋은 관리인인 롭Rob은 곧바로 비버 댐을 철거하는 현장에 나타났다. 나는 비버들이 한데 모여 다음 이동계획을 짜는 모습을 상상할 수 있었다. 비버는 그런 동물이다.

비버들은 자신들의 안전이 위협받지 않도록 바로 그날 밤에 다시 댐을 쌓았다. 그것은 이전 것보다 조금 더 높고, 조금 더 잘 만들어졌으며, 조금 더 튼튼했다. 롭은 그것을 다시 헐었으며 이번에는 비버에게 '과시'하기 위해 잔해물들을 둑에 남겨두었다. 그날 밤 비버들은 다시 찾아왔고, 처음 잔해물이 있던 자리를 그냥 남겨두고서 다른 막대기와 나뭇가지 그리고 자기들이 발견한 작은 장대까지 사용하여 롭을 바보로 만들었다. 그렇게 일주일이 지났을 때 우리는 그 댐이 진흙과 자라난 풀들로 가득한 채 무너지지 않고 남아 있는 것을 보았다. 그 댐은 분명 호수의 조용한 활력소로 정착한 것이 분명했다. 우리는 롭에게 그 일에 관해 물었다. 그의 대답은 "내가 졌어요. 비버들은 당해낼 수가 없어요"였다. 지역 주민들과 비버들은 서로 친구가 되었다.

믿음은

끈질긴 비버 가족처럼, 수로보니게 여인은 예수에게 자기 딸을 고쳐달라고 간청했으며 결국 어둠의 권세를 물리치고 장애물을 극복하고 예수의 치유능력에 도달했다. 그녀의 믿음, 곧 예수와의 관계는 건전한 생각과 행동하는 몸과 끈질긴 마음이 뒤따랐다.

믿음은 예수 그리스도와의 관계다. 내 친구이자 저명한 신약학자인 마크 앨런 포웰Mark Allan Powell은 복잡한 세상 속에서 예수를 사랑하는 것에 관한 책을 썼다. 그 책에서 그는 믿음의 관계적 속성을 다음과 같이 이야기한다.

우리는 기독론과 관계를 맺을 수 있는 것이 아니라, 예수 그리스도와 관계를 맺을 수 있다.

구원론이 우리를 죄에서 구할 수 있는 것이 아니라, 우리 구세주만이 구원하실 수 있다.

교회론이 우리를 하나로 만드는 것이 아니라, 교회의 주인이신 그분만이 그 일을 하신다.

종말론이 죄로 오염된 이 세상을 변화시키는 것이 아니라, 왕 중의 왕이며 평화의 왕인 예수가 그 일을 할 것이다.

그리고 우리가 아무리 많이 신학을 사랑한다 해도, 또한 그것이 우리를 사랑하지는 못할 것이다.[8]

하나님은 그리스도 안에서만 우리를 사랑하시며, 그것이 바로 믿음이 관계인 이유다.

20장

예수 안에 거하기

복음서 읽기 • 눅 10:38-42; 요 15:1-17

때로는 핵심에 도달하는 것이 충격을 동반하기도 한다. 그리고 때로 예수가 그 충격을, 심지어 가장 가까운 친구들에게 제공하기도 한다. 예수와 제자들의 가까운 친구인 마르다는 충격이 필요했으며, 예수는 그녀에게 그것을 주었다. 마르다는 예수가 자기 집 '안방'에 앉아 동생 마리아를 가르치는 동안 자기는 '부엌'에서 고생만 하고 있다는 것을 발견했다. 마르다는 사방에서 들려오는 요청과 불평에 '마음이 분주해졌고', 마리아도 숟가락을 놓아주는 정도의 도움은 줄 수 있음을 예수에게 알리려 했다. 예수는 깊은 우물에서 끌어올린 지혜로 응답했다.

마르다야 마르다야, 네가 많은 일로 염려하고 근심하나…한 가지만이라도 족하니라. 마리아는 이 좋은 편을 택하였으니 빼앗기지 아니하리라.[1]

그 '한 가지 족한 것'은 무엇인가? 마르다의 산만함과 마리아의 몰두의 차이점은 무엇인가? 나는 그것이 그들이 있는 자리라기보다는 그들의 자세라고 생각한다.

올바른 자세

마르다는 머릿속에 많은 것들, 대부분은 자신에 관한 것들을 담은 채 부엌을 펄펄 날아다녔다. 반면 그녀의 동생 마리아는 예수의 발 앞에 앉아 오직 그분에게만 생각을 집중했다. 바로 이것이다. 마리아의 자세가 중요한 것이다. 그녀의 자세는 학생의 자세, 예수가 말하는 것을 귀 기울여 듣고자 하는 사람의 자세, 저녁도 뒤로 미루고 기다릴 수 있는 사람의 자세다. 그것은 사실상, 예수에게 마음을 사로잡혀 아예 저녁식사 같은 것은 생각도 없는 사람의 자세다. 베드로와 다른 제자들이 산 위에서 예수가 변화되었을 때 경험한 것을 마리아는 예수의 발 앞에서 경험했다.

　예수 당시의 제자들은 의자에 앉은 채로, 토라의 핵심을 스크린에 띄워 놓고 강대상 뒤에 서서 강의하는 선생의 말을 들은 것이 아니다. 그 대신 교사들은 통상 집에서 가르쳤다. 그 때마다 학생들은 유치원 학생이 선생님 앞에 둥글게 모여 마음을 활짝 열고 배우는 것처럼, 둥지에 있는 새끼 새들이 먹을 것을 기다리고 입을 크게 벌리는 것과 같이 교사의 발 앞에 앉았다. 이 자세가 제자들의 관행이었기 때문에 누군가의 '발 앞에 앉는 것'은 그 사람의 '제자가 되었다'는 표현법이 되었다. 사도 바울은 새내기 랍비였을 때 가말리엘의 발 앞에 앉았다.[2] 그리고 마리아는 자기의 랍비인 예수의 발 앞에 앉았다.

마리아는 예수의 발 앞에서 평온해 보였다. 마리아의 평온함은 예수의 말에 주목하는 데서 온 것이며, 그 표현은 마리아의 자세를 한 마디로 요약해준다. 예수는, 한 사람을 규정하는 것은 마르다가 생각하듯이 그가 예수를 위해 어떤 일을 했느냐가 아니라, 마리아가 배운 것처럼 그와 어떤 관계를 맺었는가 하는 것이라고 말했다. 캐서린 클라크 크뢰거Catherine Clark Kroeger는 초대 교회의 여성에 대한 연구에 자신의 학문적 삶을 바쳤다. 그녀는 순수시와 거리가 먼 하나의 문장에서 다음과 같은 결론을 내린다. 예수의 천국 공동체에 참여한 여성은 "궁극적으로 자기가 준비한 식탁의 화려함에 의해 규정되는 것이 아니라 하나님의 말씀에 자기의 마음을 활짝 열었는지에 의해 규정된다."[3]

항상 접속 중

한 가지 비유가 예수에게 주목한다는 것의 의미를 이해하는 데 도움을 줄 것이다. 우리 집에 처음 인터넷이 연결되었을 때만 해도 인터넷에 접속하기 위해서는 항상 전화를 걸어야 했다. 통화량이 폭주할 때는 인터넷에 접속할 수가 없었다. 일단 15분 동안 인터넷이 활성화되지 않으면 인터넷 회사는 우리 회선을 차단했다. 어느 날 저녁 우리 아이들이 화가 잔뜩 나서는 우리 집의 접속 방식은 모스 부호보다 구식이라고 말했다. 그래서 인터넷 회사를 바꿨다.

두 번째 인터넷 회사는(아직도 사용하고 있다) 케이블을 통해 접속을 했고 이제 우리 집 컴퓨터는 인터넷에 '항상 접속 중'이다. 그저 해당 버튼만 클릭하면 접속이 된다. 그렇지만 다른 방에 있거나, 자동차에 있거나, 혹은 여행 중일 때에는 접속이 되지 않는다.

이 시스템도 성에 차지 않은 우리 아들은 자신에게 더 원활한 접속을 제공해주는 세 번째 서비스를 사용한다. 아들은 그것을 무선 접속이라 불렀고 이것은 무선 신호를 송신하는 장비를 통해 우리 케이블 모뎀에 연결되었다. 루카스는 자기 침실과 거실, 심지어 뒷마당의 주차장에서도 '온라인' 상태가 된다.

그러나 이것조차도 테키techies(정보기술에 밝은 젊은 층)에게는 양에 안 찬다. 루카스는 우리보다 훨씬 더 편하게 인터넷에 접속하지만, 이를 위해서는 무선 공유기 주위 50m 안에 있어야만 한다. 그래서 아들은 우리에게 인터넷이 휴대폰처럼 항상 접속되는 때가 다가온다고 말한다. 아들은 말한다. "끝내주는 거죠." 우리는 묻는다. "그럼 우리는 언제쯤이나 시대에 뒤떨어지지 않은 것을 사용할 수 있는 거니?" 변화를 두려워하지 마라. 우리는 접속되어 있고 그것이 중요한 것이다.

그리스도 안에 있는 우리를 향한 하나님의 사랑은 무선 접속과 같은 것이다. 그것은 항상 사용할 수 있는 것이다. 그분은 우리에게 자기 발 앞에 앉은 채 그분에게 주목하면서, 우리를 위한 그분의 삶과 사랑을 흡수하라고 명하신다. 그렇다면 우리는 어떻게 해야 예수에게 주목하고서 그의 사랑과 삶에 항상 접속할 수 있을까?

예수에게 주목하기

우리는 최소한 세 가지 방법으로 예수에게 가장 잘 주목할 수 있다. 그것은 말씀에 귀 기울이기, 예배와 성례전에 몸으로 참여하기, 그리고 그리스도인의 교제에 동참하기다.

말씀 안에서 주께 주목하기

예수 신경에 따라 우리의 삶을 형성하는 가장 일반적인 훈련 가운데 하나는, 성경을 읽고 예수의 가르침에 귀 기울임으로써 정기적으로 그의 임재 안에서 시간을 보내는 것이다. 앞 장에서 언급한 것처럼 멀홀랜드는 성경을 영적으로 읽는 일에 자신의 사역(과 삶)을 매진했다. 그는 '정보 찾기식'과 '영성 형성식'으로 성경을 읽는 것의 차이점에 주목하라고 외친다.[4] 이 차이점은 성경을 읽는 **방법**과 **이유**와 관련이 있다. 우리는 정보를 찾기 위해(더 많은 것을 배우기 위해) 성경을 읽거나, 또는 영성을 형성하기 위해(변화되기 위해) 성경을 읽는다. 멀홀랜드는 우리가 성경을 펼칠 때 무엇을 하는지 점검할 수 있도록 두 종류의 성경 읽기를 하나의 표로 비교해 보여준다.

정보 찾기식 성경 읽기	영성 형성식 성경 읽기
가능한 많은 분량을 읽는다.	필요한 분량을 읽는다.
죽죽 읽어 내려간다.	깊이 있게 읽고, 때로 한 낱말에 주목한다.
본문을 정복하겠다는 목표를 세운다.	본문에 의해 정복당하겠다는 목표를 갖는다.
본문을 '대상'으로 대한다.	우리 자신을 본문의 대상으로 대한다.
분석적으로 읽는다.	수용적으로 읽는다.
문제를 해결한다.	신비에 자신을 열어놓는다.

훈련받고 검증받은 '정보 찾기식' 성경 독자였던 나는, 멀홀랜드의 두 가지 성경 읽기 비교표의 정확성과 중요성을 깊이 통감한다. 또한 영성 형성을 위한 성경 읽기가 절대적으로 중요하다고 확신한다.

영성 형성을 위해 성경을 읽으라는 그의 주장은 우리로 하여금 '알고자' 하는 열망으로부터 벗어나 '되고자' 하는 열망으로 이동하게 해준다. 영성 형성을 위한 성경 읽기는 천국 변화에 기꺼이 동참하는 것을 암시한다. 우리는 성경을 읽으면서 천국은 예수 신경이 우리의 삶 자체를 변화시키는 공동체라는 사실을 명심해야 할 것이다.

마리아가 분명히 보여준 것처럼 영성 형성에 전념하는 사람들은 **예수에게 주목한다.** 왜냐하면 그들은 성경을 읽을 때 배우고 또한 듣기 때문이다. 예수에게 주목하는 일은 그분이 경배를 받는 사회를 만들고, 그것은 예수에게 주목하는 일의 두 번째 형태다.

예배 안에서 주께 주목하기

모든 형태의 예배 의식은, 잘 조직된 것이든 즉흥적인 것이든, 예수와 영적이면서도 신체적인 만남을 위해 만들어진 것이다. 예를 들어, 함께 기도하고, 예배 의식을 따르고, (몇몇 분파에서 시행하는 것처럼) 기도하면서 교회 건물 주위를 걷는 것은 예수에게 주목하는 하나의 방법이다.

우리가 이전에 참석했던 부활절 예배에서 예배 팀이 무대 위에 커다란 다리를 세워놓았다. 목사는 우리에게 하나님과 이웃과의 화해가 필요하다고 설교했고, 부활의 능력이 어떻게 그 화해를 가능하게 하는지를 설명했다. 부활절이라는 기쁨의 잔치가 마무리될 무렵, 목사가 최근에 화해를 경험한 사람 가운데 누구든지 원하는 사람은 그 일을 재연한다는 의미에서 다리를 건너도록 권면했다.

놀랍게도 많은 이들이 앞으로 나와 그 다리를 건넜는데, 어떤 이는 서로를 부둥켜안고서, 어떤 이는 눈물을 흘리며, 그리고 어떤 이는 새로워진 관계를 기뻐하며 건넜다. 그 일에 참여한 사람과 그것을 본 사람들에게, 그 행동은 **예배라는 구체적 행동 가운데 예수에게 주목하는** 형식이었다.

사실 함께 있는 것, 즉 교제는 예수 자신의 임재 가운데 있는 것이다. 예수는 그렇게 말한다.

교제 가운데 주께 주목하기

예수는 놀랄 만한 말씀들을 많이 했는데 그 가운데서도 이 말씀이 아마 최상위를 차지할 것이다.

두세 사람이 내 이름으로 모인 곳에는 나도 그들 중에 있느니라.[5]

우리가 다른 제자들과 교제할 때면 늘 예수의 임재 가운데 있게 되며, 또한 그분은 우리 앞에 계신다. 여기서 말하는 '교제'는 주님의 임재 안에 있는 그리스도인 사이의 모든 연결을 가리킨다. 왜냐하면 그들은 함께 있기 때문이다. 교회는 그리스도의 몸이기 때문에 성도들의 모임은 그분의 임재의 속삭임이나 오랫동안 지속되는 그분의 향기를 제공해준다. 이것은 우리가 다른 사람과 교제할 때 실제로 **예수에게 주목하고 있음**을 의미한다.

예수에게 '주목'하는 방법 세 가지—성경 읽기, 함께 예배하기, 함께 교제하기—는 지혜로운 만큼이나 간결하다. 선조들과 위대한 영적 고전들은 이 방법을 가르친다. 예수는 예수 신경으로 우리를 불렀고, 그것은 곧 그분을 사랑하는 것을 의미한다. 이런 사랑에 필요한 한 가지는 **예수에게 주목하는 것**이며, 이를 달리 표현하면 **그분 안에 거하는 것**이다.

우리는 예수 안에 거함으로써 그에게 주목한다

예수가 자신의 제자들과 마지막 밤을 보내며 나눈 대화의 중심 주제는 '거하는 것'이었다. 그는 거하는 것이 사랑에 '필요한 한 가지'에 대한 자신의 설명이라고 제자들에게 말했다. 그 마지막 날 밤에 예수는 이렇게 가르쳤다.

> 나는 참포도나무요 내 아버지는 농부라.…내 안에 거하라[혹은 머물러 있어라]. 나도 너희 안에 거하리라[혹은 머물러 있으리라]. 가지가 포도나무에 붙어 있지 아니하면 스스로 열매를 맺을 수 없음같이 너희도 내 안에 [머물러] 있지 아니하면 그러하리라.[6]

가지가 나무에서 성장에 필요한 생명의 수액을 빨아들이듯, 예수의 제자들도 예수에게서 영적 생명을 빨아들인다. 예수에게서 생명을 빨아들이는 방식은 매우 단순하다. 곧 예수 안에 거하거나 그분의 말씀에 마음을 여는 것이다.

예수 안에 거하는 것은 기도 **훈련**이고 생명을 받는 것이다. 그것은 삶의 방식이다. 우리는 그 방식을 우연히 만나는 것이 아니다. 우리는 그 방식을 의식적인 삶의 틀로 만들어야 한다. 만일 기도가 우리의 변함없는 삶의 방식이 되길 원한다면, 우리는 변함없는 기도로 예수 안에 거하는 것을 연습해야 한다. 교회의 한 유명한 성자가 이것을 우리에게 가르친 것처럼 말이다.

하나님의 임재 연습하기

로렌스 형제는 수도원에서 살고 있으면서도, 공식적인 기도문을 의미 있게 암송하려고 몸부림치는 자신을 발견했다. 그는 자신의 문제를 극복하기 위해 '하나님과 끊임없는 대화'를 연습하기로 결심했다. 이 전설적인 기도의 사람이 자신의 훈련을 실시한 장소는 주방이었다. 그는 15년 동안 주방에서 일하면서 소박한 대화를 하나님과 나누며 하나님께 끊임없이 접속할 수 있었다. 로렌스 형제는 자신의 삶 전체를 하나님께 드리는 사랑의 통로로 만들었다.

기도를 위한 그의 지혜는 세 가지 항목으로 요약할 수 있다. 첫째, 우리는 하나님께서 "우리가 생각하는 것보다 아주 가까이 계시다"는 것을 배워야 한다. 둘째, "그것[우리의 기도]에 대해 조금이라도 제대로 알 수 있는 사람은 아무도 없다. 이 작은 내적인 예배 행동을 하루 종일 반복하는 것보다 더 쉬운 일은 없다." 셋째, "우리의 마음을 기도의 장소로 만들 수 있다. 우리는 일상에서 조용히 물러나 이곳에서 하나님과 부드럽고, 허심탄회하게, 그리고 사랑이 넘치는 대화를 나눌 수 있다." "나의 관심을 오직 하나님께만 고정하고 온종일 사랑의 마음으로 그분을 의식하며 순수하게 이 일을 했다." 아마도 그의 가장 커다란 성공은 다음과 같은 말에서 볼 수 있을 것이다. "정해진 기도 시간에 내가 하는 일이라고는 이 동일한 연습을 반복하는 것 외에 다른 것은 없다."[7]

예수는 우리를 예수 신경으로 부른다. 곧 하나님을 사랑하고 이웃을 사랑하는 사람이 되라고 부른다. 우리가 그 안에 거하는 법을 배운다면, 우리는 영성이 형성된 사람이 될 수 있다. 왜냐하면 우리가 그 안에 거할 때 우리의 삶에는 예수 신경이 가르치는 위대한 핵심인 사랑이 나타나기 때문이다. 예수는 자기 안에 거하는 사람들에게 이런 일이 일어난다고 약속했다.

거하는 일의 열매

예수는 자기 안에 거할 것을 요구한다. 포도나무에 붙어 있는 가지는 '열매'를 맺는다. 그 열매는 우리에게 능력을 불어넣는 하나님의 사랑이다.

하나님은 사랑이시다. 그리고 그분의 생명은 항상 포도나무(예수)를 통해 가지(제자들)에게 전해진다. 그래서 이 생명이 가지에 도달할 때 생명이 사랑의 열매를 맺는다. "나의 사랑 안에 거하라.…너희도 내 계명을 지키면 내 사랑 안에 거하리라."[8]

만일 예수 안에 거하는 일이 사랑을 만들어낸다면, 그 사랑은 다시 다른 사람을 위한 자기 희생으로 나타난다.[9] 예수의 제자는 예수 신경으로, 곧 (예수를 따름으로) 하나님을 사랑하고 이웃을 사랑하도록 부르심을 받았다. 예수가 '거하는 것'에 관해 말한 내용은 예수 신경의 사랑이 어떻게 역사하는지를 명확히 밝혀준다. 즉 하나님이 우리를 사랑하시고, 그분의 사랑은 그의 성자 아들에게 흐르며, 우리가 그 아들 안에 거함으로써(그를 따름으로써) 하나님의 사랑이 우리에게 흐르는 것이다. 그리고 우리는 다시 그 사랑을 이웃에게 흐르게 할 수 있다. 이보다 더 명료할 수는 없다.

21장

예수에게 항복하기

복음서 읽기 • 막 8:34-9:1; 12:28-31

예수의 제자는 항복의 백기를 높이 든다. 백기는 사실 기도다. 예수의 제자가 매일 들어 올리는 간단한 백기 기도가 있는데, 그것은 "(당신의) 뜻이…땅에서도 이루어지이다"[1]이다.

예수 신경은 예수를 따르면서 하나님을 사랑하는 것이 제자의 의무라고 우리에게 가르친다. 우리는 자신이 가진 불빛이 희미해지고 방향 감각이 좋지 않을 때만 다른 사람을 따른다. 예수의 제자가 입술의 기도를 통해 항복의 백기를 높이 들고 예수에게 길을 보여달라고 요청한다면, 그는 자신이 길을 잃어 방향 안내가 필요함을 인정하는 것이다. 제자는 항복하는 삶을 산다. 이런 삶은 종종 아픔을 가져오지만, 제자들은 즉시 예수에게 항복하는 것이 좋은 종류의 상처라고 말할 것이다.

노스파크 대학교North Park University의 내 동료인 라즈쿠마 보아스 존슨 Rajkumar Boaz Johnson과 그의 아내 사리타Sarita는 항복이 가져오는 좋은 상처를 잘 알고 있다. 보아스는 힌두 신학교에서 공부하는 중에 예수 그리스도에게 회심했다. 그리고 그는 그리스도에 대한 헌신으로 인해 추방되는 고통을 당했다. 하지만 여기서 우리는 사리타에게 초점을 맞추려고 한다. 사리타는 유복한 힌두교 가정에서 태어났으며 그녀의 가족은 사회적인 지위를 아주 중요하게 생각했다. 사리타는 기독교 신앙을 놓고 고민하기 시작했을 때, 그것이 가져다줄 결과도 잘 알고 있었다. 그럼에도 그녀는 예수 그리스도에게 항복했다. 사리타가 세례를 받았을 때, 그녀의 가족들은 그녀가 일주일 안에 집을 나가거나 아니면 새로 찾은 신앙을 포기한다는 기사를 신문에 내야 한다고 공식 통보했다.

사리타는 가방에 짐을 꾸려 사리(인도 여성이 몸에 두르는 천)를 살짝 휘날리면서 집을 나왔다. 그런데 놀랍게도 그녀가 집을 나오기 얼마 전, 셰일라Sheila라는 이름의 한 여성이 힌두교와 시크교에서 기독교로 회심해 자기 가족들과 갈등을 빚고 있는 여성을 위한 쉼터를 열었다. 셰일라는 그런 젊은 여성들을 찾는 일이 매우 위험하다는 것을 잘 알고 있었다. 그래서 만일 여성들에게 믿음을 가르치는 것이 하나님의 뜻이라면 그녀들이 자신의 쉼터를 찾게 해달라고 기도했다. 몹시도 더운 어느 날, 사리타가 그녀의 집 앞에 나타났고, 그녀는 셰일라에게 기독교 신앙을 배웠다.

사리타와 보아스는 신학교에서 공부하던 중 만났으며 몇 년 뒤에 결혼했다. 그들은 신학 공부를 더 한 다음 가르치는 사역을 하기 위해 미국으로 건너갔고, 학위를 마치고는 국제적인 사역을 펼치고 있다. 지금 나는 이들 부부와 함께 일하는 특권을 누리고 있다. 그들은 전 세계를 대상으로 사역하고 있다. 그들이 전 세계를 대상으로 사역할 수 있는 것은 자신들의 옛 종교를 버리고 예수를 따르는 것을 신중히 고려해 자신들을 예수에게 복종시켰기 때문이다. 그것은 상처를 가져다 주는 일이었지만, 그 상처는 좋은 상처로 바뀌었다.

예수에게 복종하는 일은 하나님을 사랑하는 것과 같은 차원의 일이다. 모든 참된 사랑은 복종을 수반한다.

예수와 복종

아바와 자기 제자들을 향한 예수의 사랑은 제자들을 위한 죽음으로 그를 이끌었다. 제자들을 향한 예수의 사랑은 그들이 하나님과 예수와 이웃을 사랑하는 방법을 규정해준다. 예수는 "누구든지 나를 따라 오려거든 자기를 부인하고 자기 십자가를 지고 나를 따를 것이니라"[2]라고 말한다. 역사적 맥락에서 예수의 이 진술은 순교를 암시한다. 그러나 예수가 발언한 유사한 진술을 주의 깊게 읽어보면 그는 삶의 방향에 관해 말하고 있다는 결론에 도달한다. 그 삶은 순교를 동반하든 동반하지 않든, 복종하는 삶이다. 달라스 윌라드가 말한 것처럼 예수가 보여주는 삶의 방식은 "혁신된 마음과 회복된 영혼이 통치하는 원리다."[3] 그러나 존 스토트가 언급한 것처럼 이 복종의 삶은 역설적으로 복된 삶, 곧 유익한 상처를 주는 삶이다.

우리는 오직 섬김을 통해서만 자유를 경험할 수 있다. 우리는 사랑 안에서 자기 자신을 잃어버려야만, 자기 자신을 찾을 수 있다. 우리는 자기중심성에 대해 죽어야만 살 수 있다.[4]

예수 신경은 마음과 목숨과 뜻과 힘을 다해, 즉 전인격으로 하나님을 사랑하는 것이다. 간단히 말해서, 예수는 우리에게 전적인 복종, 곧 인격적(마음과 목숨)·정신적(뜻)·육체적(힘) 복종을 명하고 있다. 혹은 데일 앨리슨Dale Allison이 말한 것처럼 "그 사람을 이루고 있는 모든 세포 하나하나를 가지고" 복종해야 한다.[5]

인격적으로 복종하기

복종은 마음과 목숨에서 시작한다. 예수는 제자들에게 자기 마음을 복종시키라고 말한다. 왜냐하면 마음에 그 사람의 자아가 자리하고 있기 때문이다. 토마스 머튼은 이렇게 묘사한다.

> 내적 자아는 마치 자동차 안에 있는 모터처럼 단순히 우리의 존재의 일부가 아니다. 그것은 가장 고상하고 가장 인격적이며 가장 실존적인 차원에서 우리의 모든 본질적인 실체 그 자체다. 그것은 생명과 같으며, 바로 그것이 생명이다. 그것은 가장 활발할 때의 우리의 영적 생명이다. 그것은 우리의 모든 것 안에, 모든 것을 통하여, 그리고 모든 것을 뛰어넘어 존재한다.[6]

어떤 선교사의 선교 보고서처럼, 하나님께 우리의 마음과 내적 자아를 복종시키는 것은, 섭씨 37도가 넘는 습한 무더위 속에 우울한 막사에서 에어컨도 없이 피부를 아주 가렵게 만드는 솜털 옷을 입고, 주요 활동은 병을 옮기는 사람만 한 크기의 모기들을 때려잡는 것을 의미하지 않는다. 우리의 두려움을 부채질하는 이 괴상한 표현은 복종과는 정반대되는 것이다. 복종은 모든 참된 사랑이 품고 있는 비밀이며, (예수를 따르면서) 우리의 마음과 목숨을 하나님께 복종시키는 것은 우리의 성품들이 원래 계획되었던 그런 성품이 되도록 발휘하는 것이다. 마음을 복종시키는 것은 실제로 우리의 정체성이 변화되는 것이다. 예수가 자기 가족, 곧 요셉과 마리아에게서 본 것이 바로 이것이다.

기독교는 자기 정체성의 변화와 복종이 서로 관련되어 있다고 자주 이야기한다. 발레리나인 알리샤 체스터[Alicia Chester]에게 복종은 자기의 온 마음과 발레와의 관계에 있었다.

내가 춤추는 것을 그만두고 싶다고 말씀드렸을 때 부모님은 정말 깜짝 놀라셨다. 발레는 내게 일종의 종교였고, 오직 그것에만 한결같은 정성을 요구하는 총체적인 삶의 방식이었다.…그러나 나를 가장 걱정스럽게 한 것은 발레가 내 모든 정체성이 되었다는 것이다. 발레는 내 일과들만 정해준 것이 아니라 내 자아상도 규정했다. 나는 발레와 발레가 가져오는 인정 없이는 내가 누구인지를 전혀 알지 못했다. 내 발레 선생님은 하나님이 주신 재능을 내가 버릴까 봐 걱정하셨다. 나는 이 선물을 한 번 포기하면 다시는 돌려받을 수 없다는 것을 잘 알았다. 그러나 하나님은 나를 부르고 계셨다. 무용수나 학생으로서가 아니라 단지 나 자신으로서 말이다. 그리고 나는 이것이 내가 깨부수어야 하는 바로 그것임을 알았다. 발레 수업에 가지 않던 처음 몇 주 동안 나는 지난 몇 년간 맛보지 못했던 평온함을 얻었다. 그것은 몸과 영혼에 엄청난 해방감을 가져다주었다.[7]

그리고 알리샤는 하나님께 복종하는 것은 한 번으로 끝나는 행동이 아니라 평생에 걸친 사랑의 태도라는 것도 알았다. 예수가 말한 것처럼, 제자는 "자기를 부인하고 날마다 제 십자가를 져야" 한다.[8]

주기도문에는 계속되는 복종을 부드럽게 일깨워주는 내용이 포함되어 있다. "[내 뜻이 아닌] 당신의 뜻이 이루어지이다." 하나님에 대한 사랑은 거룩한 사랑, 곧 온전한 사랑이며 그 안에는 마음과 목숨뿐 아니라 생각도 포함되어 있다.

마음으로 복종하기

사도 베드로는 자기 마음을 복종시키는 일에 문제가 있었다. 예수가 자신이 예루살렘에서 죽을 것이라고 예언하자, 베드로는 예수를 슬그머니 따로 만나 한바탕 잔소리를 늘어놓았다. 이것은 복음서에 나오는 내용이다. 예수의 대답은 마음을 다해 하나님을 사랑하는 것의 핵심이 무엇을 뜻하는지를 잘 보여준다. 예수는 베드로에게 이렇게 말했다. "사탄아, 내 뒤로 물러가라! 네가 하나님의 일을 생각하지 아니하고 도리어 사람의 일을 생각하는도다."[9]

예수는 우리가 어떤 종류의 마음을 가져야 한다고 생각할까? 그것은 우리가 지성을 가지고 **예수를 따르고** 있다는 마음이고, 정신적으로 예수에게 **복종하는** 마음이며, 자신이 정신적으로 길을 잃었다는 것을 아는 마음이다. 베드로가 예수를 비난했을 때 그에게 없었던 것은, 예수를 향한 하나님의 계획에 십자가가 포함되어 있었다는 생각이었다. 예수에게 정신적으로 복종하는 제자는 지성으로도 예수를 **따른다.**

우리는 어떻게 정신적으로 복종할 수 있는가? 우선 우리가 자신의 마음으로 이루기를 바라는 것에서부터 시작해야 한다. 지혜로운 그리스도인은 **지혜에 전념한다.** 달라스 윌라드가 강조한 것처럼, 지혜는 하나님을 기쁘시게 하려는 마음이다.[10] 지혜는 우리가 하나님을 경외할 때 시작된다. 우리는 여러 가지 방법으로 지혜를 얻는다. 하지만 너무도 잘 알려진 한 가지 방법은, 하나님에 관해 배우고 그분의 음성을 듣겠다는 태도를 가진 올바른 방식으로 **성경을 읽는 것이다.** 그리스도인들이 잔 다르크Jeanne d'Arc를 노아의 아내라고 생각하고(잔 다르크가 영어로 Joan of Arc인데, '방주 안에 있던 조안'이라는 의미를 가질 수 있는 데서 나온 언어유희-옮긴이), 소돔과 고모라가 부부라고 생각하며, 마리아가 마그나 카르타(영국의 대헌장)에 서명했다고 생각하고(마리아의 노래가 라틴어 성경에서 Magnificat라는 단어로 시작하는 데서 나온 언어유희-옮긴이), 예수가 공화당원들과 식사를 했다고 생각할 때(공화당을 가리키는 영어 Re-publican의 publican이 세리를 가리키는 데서 나온 언어유희-옮긴이), 그리고 이런 일들이 계속 이어질 때, 나는 하나님께 지적으로 복종하는 것은 성경을 읽는 것에서 시작한다고 말하고 싶다.

또한 지혜로운 그리스도인은 사도 시대부터 우리가 사는 현시대까지의 **교회 역사를 배운다.** 그들은 처음 500년 동안의 신학적 결정들, 교회 역사의 주요 사건들(19세기의 선교 운동과 같은), 의미 있는 장소들 (고대 아프리카 북부 카르타고와 같은), 그리고 믿음의 영웅들(북아프리카의 순교자 페르페투아, 혹은 재세례파교도들과 같은)에 관해 배운다.[11]

그리고 지혜로운 그리스도인은 또한 **자기들의 문화를 이해한다.** 그들은 신문과 정기 간행물들을 읽고, 우리 시대의 정치적인 쟁점들을 이해하려고 노력한다. 그리고 그들은 영향력 있는 철학자와 사상가들을 이해하려고 애쓰며, 시대의 흐름에 맞는 문화적 표현에 익숙해지려고 한다. 그들은 실재와 관련해 현재 유행하고 있는 '포스트모던' 견해가 무엇인지를—이것은 원래 포스트모더니즘이 정확하게 원하는 것은 아닌데—곧 실재에 대한 올바른 '견해'는 없다는 것을 이해하려고 한다. 오늘날 많은 사상가들, 곧 리처드 미들턴Richard Middleton, 브라이언 왈쉬Brian J. Walsh, 브라이언 맥클라렌Brian McLaren 같은 이들은 문화를 이해하려고 시도한다. 지적 복종에는 문화에 대한 이런 종류의 대응이 포함되며 그것은 무엇보다 중요한 우선순위가 되어야 한다.

지적인 복종은 우리가 모든 것을 알고 있다는 생각을 포기하는 것이다. 프레드리카 매튜스-그린은 보헤미안 페미니즘이라는 자신의 틀에서 기독교로 회심한 이후에 자신이 지적으로 복종하기 시작한 일들을 다음과 같이 묘사한다.

나는 성경을 읽어야 한다는 중압감을 느꼈다. 만일 이 예수라는 남자가 내 주인이 되려 한다면 그는 도대체 누구란 말인가? 나는 런던에서 작은 킹제임스역 영어 성경을 한 권 구입한 다음 마태복음을 읽기 시작했다. 하지만 만족스럽지가 못했다. 논쟁할 만한 것들이 너무나 많았다. 그러나 한 가지 확신이 천천히 내 속에 스며들기 시작했다. 내가 세상을 만든 것이 아니며, 내가 모든 것을 알고 있는 것이 아니라는 점이다. 그리고 이제 자리에 앉아 귀를 기울일 때가 되었다.[12]

프레드리카는 지혜롭게도 자리에 앉아 귀를 기울이면서 자기가 배운 것을 받아들였다. 그래서 그의 기자로서의 경력이 기독교적 논점을 다루는 소명으로 바뀌어, 자신이 경험한 회심과 은혜에 관한 이야기, 그리고 복음의 진리에 계속해서 지적으로 복종해나가는 이야기들을 사람들에게 들려주었다. 비록 유행이 지난 것일지라도 말이다.

육체적으로 복종하기

예수 신경은 또한 우리가 "우리의 온 힘을 다해" 하나님을 사랑하는 일에 복종해야 한다고 말한다. 이 말은 육체적인 힘과 물리적인 자원 모두를 사용하는 것을 가리키는 유대인들의 표현법이다.

예수의 제자는 육체적인 것의 의미를 분명히 인식한다. 달라스 윌라드가 자신의 책들에서 분명히 밝힌 것처럼 "몸은 영적인 삶의 중심에 자리하고 있다."[13] 영성 형성을 위한 목표는 하나님과 이웃을 사랑하는 것이다. 그래서 우리의 몸이 '하나님을 경배하게' 하는 것이다. 어떤 사람들은 다른 사람들보다 몸을 훈련하는 것이 더 필요한 반면, 비록 그 의도가 좋다 해도 과도한 형태의 금욕주의는 영성 형성에서 몸이 차지하는 자리에 대한 근본적인 오해를 보여주고 있다. 만일 우리의 영성이 지금 형성되고 있는 것이라면, 그리스도인은 삶에서 '사랑하는 행동을 보이며' 영성을 훈련하고 어느 한쪽으로 치우치면 안된다. 실제로 몸은 예수 신경에 자신을 복종시킬 기회를 애타게 찾고 있다. 어째서 그런가?

우리는 **몸과 영혼이 서로 관계가 있음**을 인식하면서 우리의 몸을 복종시킨다. 예수는 이렇게 말한다. "무엇이든지 밖에서 사람에게로 들어가는 것은 능히 사람을 더럽게 하지 못하되, 사람 안에서 나오는 것이 사람을 더럽게 하는 것이니라.…속에서 곧 사람의 마음에서 나오는 것은 악한 생각이니."[14]

인간은 영혼을 움직여 몸을 사용하지만 이 둘은 서로 연결되어 있다. 내적인 삶을 함양하는 것이 외부를 변화시키는 유일한 길이다. 이는 하나님을 사랑하는 일에 자신을 온전히 복종시키는 것을 목표로 한다.

우리는 불로장생에 대한 추구를 포기함으로써 우리의 몸을 복종시킨다. 우리는 이것을 우리의 죽음을 인정하고, 삶의 매 '순간'에 예수 신경으로 살아가는 방법을 배우면서, 현대 문화의 맹렬한 젊음지상주의youthism를 폐기하면서, 노인들을 동료 인간으로서만이 아니라 지혜의 보고로 존중하고, 그리고 잘 살고 잘 은퇴하는 법뿐 아니라 잘 죽는 법을 배우면서 실천한다. 그러나 나이를 먹는 것은 마크 트웨인이 두 눈을 반짝이며 다음과 같이 말한 것만큼 나쁜 것은 아니다.

내가 지금보다 더 젊었을 때는 일어난 일이든 일어나지 않은 일이든, 모든 것을 기억할 수 있었다. 그러나 내 지적 능력은 이제 점점 쇠퇴하고 있으며, 이러다가 곧 결코 일어나지 않은 일만을 기억할 것이다. 이런 식으로 쇠퇴하는 것은 슬프기 짝이 없는 일이지만 언젠가 우리 모두에게 닥치고 마는 일이리라.[15]

우리는 정당한 **힘**을 사용하도록 우리의 몸을 복종시킨다. 우리는 **육체적인 건강**을 돌보면서 우리의 몸을 하나님께 복종시킨다. 우리가

헛된 것을 갈망하지 않을 때 우리는 우리의 몸을 복종시킨다. 우리는 **성적 즐거움**의 유익한 측면에 우리의 몸을 복종시킨다. 이를 위해서 우리의 성을 하나님이 주신 선물로 받아들이고 유혹으로부터 자신을 보호한다.

예수 신경이라는 체를 통해 걸러질 때, 예수에게 인격적으로나 지적으로나 육체적으로 복종하라는 우리 모두를 향한 그분의 부르심은 복종이 실제로 어떤 것인지를 드러낸다. 그것은 바로 사랑의 온전한 표현이다. 그리스도인이 매일 드리는 백기 기도인 "당신의 뜻이 이루어지이다"는 (예수를 따르면서) 하나님과 이웃을 위한 온전한 사랑을 말하는 항복의 백기다.

하나님을 사랑하는 일에 자신을 복종시키는 것은 하나님을 위해 모든 것을 포기하는 것이 아니라 하나님께 우리를 드리는 것이다.

22장

예수 안에서 회복하기

복음서 읽기 • 막 4:35-41; 9:14-19; 요 21:1-25

우리가 넘어질 때마다 예수는 우리를 일으키신다. 그는 바쁘다. 제자는 하나님을 사랑하고 이웃을 사랑하도록 부르심을 받았다. 그리고 이 말은 **완전하게** 신뢰하라, **변함없이** 예수 안에 거하라, 그리고 **전적으로 복종하라**는 **의미**다. 이것을 실천하는 것은 어렵다. 예수의 발 앞에 앉아 예수가 전하는 팔복의 가르침이나, 위선에 관한 그의 신랄한 비판이나, 의에 대한 그의 이야기에 귀를 기울인 사람들 중 누구도 자리에 일어나 "제게 도전이 될 만한 목표를 주십시오!"라고 말하지 못했다.

사실 "하늘에 계신 너희 아버지의 온전하심과 같이 너희도 온전하라"[1]라는 예수의 말을 들은 사람들은 가슴이 철렁 내려앉는 기분을 가지고 그 자리를 떠났다. 어떤 이는 여기서의 '온전함'이 '성숙함' 혹은 '자비로움'을 의미한다고 주장하면서 놀란 마음을 진정시켰다.[2] 여기서 문제는 '온전하다'는 용어가 아니라 '하나님과 같이'라는 표현이다. '성숙해지라'든 '자비를 베풀라'든 혹은 '온전해지라'든, 기준은 **하나님**

이다. 우리는 넘어지고 도덕적으로 길을 잃는다.

예수 신경이라는 렌즈를 통해 우리에게 주어진 예수의 명령을 보든, 혹은 완전하게 신뢰하고 항상 거하며 온전하게 복종하라는 항목들을 파고들든, 혹은 우리 눈을 가리고 있던 손을 떼어내 '완벽함'이라는 신경질적인 작은 낱말을 바라보든, 이 모든 것은 한 가지 근본적인 문제로 귀착된다. 곧 우리는 실패한다는 것이다.

그럼에도 가장 좋은 소식은 우리가 예수 안에서 회복될 수 있다는 것이다. 그렇다. 리더들도 실패하며, 따라서 리더들도 예수 안에서 회복이 필요할 때가 있다.

실패의 다른 이름은 죄다

어느 기독교 대학의 교수는 신앙에 관한 글을 쓰고 가르치는 일로 꽉 찬 일정 가운데서도 친구의 아내와 불륜에 빠질 시간을 찾아냈다. 현재 로마 가톨릭 사제들은 자신들이 저지른 죄악과 그 죄악에 대한 답변으로 인해 각종 매체들로부터 맹공격을 당하고 있다. 때때로 그리스도인들도, 리더이든 아니든 하나님과 이웃을 향한 사랑에 실패할 때가 있다.

캔터베리와 요크의 대주교의 복음전도 분과 고문이며 40권이 넘는 저서를 쓴 것으로도 유명한 마이클 그린Michael Green은 다음과 같이 고백한다. "나는 내 아내 로즈메리Rosemary와 과거에 심각한 결혼 생활의 어려움을 겪었으며 이로 인해 네 자녀를 포함한 가족을 위태롭게 했다." 그런 격변은 두 가지 사역을 잘 이끄는 도중에 일어났고, 그들의 삶과 사역을 거의 무너지게 만들었다. 한 친구가 말한 것처럼 "로즈메리와 마이클은 크게 보면 같은 방향을 향해 걷고 있었지만, 서로 강 건너편 둑길을 걷고 있었다."

두 사람 모두 일정이 바빴다. 마이클은 교회의 요구사항들을 바쁘게 처리하고 있었고, 로즈메리는 깊은 심리적인 문제로 괴로워하고 있었다. 밖에서 볼 때는 목회자 중의 목회자인 마이클은 가정 안에서의 자신의 모습을 이렇게 묘사했다.

무엇보다 문제의 근원적인 부분은 나의 과도한 분주함과 부주의였다. 우리는 그 기간 동안 거의 밑바닥에 이르렀다. 그리고 로즈메리의 생각은 종종 이혼으로, 심지어 어떤 때는 자살에까지 이르렀다. 아내는 나에 대한 자신의 애정을 검은 딸기 덩굴에 꽉 막혀버린 외롭고 작은 흰 꽃으로 묘사했다. 사랑은 서서히 꺼져가더니 마침내 거의 사라졌다. 그러나 우리는 그 문제에 대처하기 시작했고, 교회의 리더십 팀이 우리를 도와주었다. 그 해가 다 갈 무렵에 우리는 다시 많은 시간을 함께 보냈고, 그 이후로 늘 함께 지내고 있다. 이제 우리를 만나는 사람 중에 우리가 결혼 생활에 어려움을 겪은 적이 있었다는 것을 상상할 사람은 아무도 없을 것이다.

…우리는 지금 매우 좋은 관계를 유지하고 있지만, 만일 서로에게서 갈라지고 싶다는 충동에 굴복했다면 모든 것은 날아가 버리고 우리 두 사람의 사역은 완전히 무너졌을 것이다.…우리는 그것에 용감히 대처했고, 그것을 위해 기도했고, 의식적으로 서로를 섬기기 시작했고, 다른 사람으로 하여금 우리를 돕게끔 했다. 그리고 이런 일들을 통해 결혼

생활은 회복되었고, 그것은 오늘 우리 삶의 기쁨이 되었다.[3]

마이클은 많은 영광스러운 내용과 함께 '실패한 모습'도 자서전에 포함시키고 결혼 생활의 회복이 일어났다는 것을 보여주었다. 뿐만 아니라 그는 사역자도 성숙한 제자로 성장하는 삶을 살지 못할 수도 있고, 그럼에도 실패는 얼마든지 드러내어 극복될 수 있음을 보여주었다. 실패를 인정하고 그 실패를 드러내는 것은 예수를 사랑하는 이를 회복으로 인도할 수 있다.

처음부터 실패하다

실패는 제자가 되는 데 필요한 하나의 구성 요소다. 그리고 이런 이유로 우리는 제자들의 모습의 진정성을 확인할 수 있다. 제자들이 보여주는 실패의 본보기가 하도 많다 보니 그것은 일정한 패턴을 보이기도 한다.[4] 그들은 예수의 가르침을 이해하는 데 실패하고, 폭풍 가운데를 지나는 동안 비명을 지르고, 예수가 다른 사람들의 필요를 어떻게 공급하는지를 깨닫지 못한다. 그리고 이런 것은 겨우 시작에 불과하다. 마지막 실패, 즉 예수가 겟세마네에 있는 동안 제자들이 모두 잠에 곯아 떨어졌을 때와 관련해 토마스 아 켐피스는 이렇게 지적했다. 처음에 "그들은 호전적이 되었고, 나중에 눈물이 많아졌고, 결국 혼수상태가 되었다."[5]

복음서 이야기 가운데 나타난 이런 불완전함이라는 패턴은 예수의 제자들이 무죄하지 않다는 것을 드러낸다. 예수의 요구를 축소시키는 것 말고도, 우리는 우리가 실패할 것임을—비록 실패하는 일이 점차 줄어들더라도—말할 수 있다. 사랑은 완전함에 관한 것이 아니라 관계에 관한 것임을 말하는 예수 신경 안에는 인간의 죄성에 대한 근본적인 인식이 들어 있다. 이런 불완전함의 패턴은 그의 신경이 형성한 영적 형성에 대한 모든 이해에서 자기 자신을 드러낼 것이다.

어느 복음서든 자세히 읽어보면 내가 말한 '불완전함의 패턴'이 나타난다. 실패에는 **꾸짖음**rebuke이 뒤따르며, 꾸짖음 뒤에는 **뉘우침**repentence이 오고, 뉘우침 다음에는 **회복**restoration이 온다. 이것이 바로 실패의 세 가지 R이다. 만일 베드로가 회심 과정의 좋은 본보기라면, 그는 불완전함의 패턴의 좋은 본보기이기도 하다.

실패

베드로의 명성은 예수를 메시아로 인정한 그의 고백, 제자들에 대한 리더십, 그리고 초대교회에서의 역할 등 선한 일들로 구성된 삶에 의해 세워졌다. 그러나 이 어부는 항상 부드러운 항해만 경험한 것이 아니다. 자신을 최고라고 생각한 베드로는 물 위를 걸으려고 했다가 실패하고 물속에 빠졌다. 예수가 산 위에서 변화되었을 때 베드로는 교회에서 거룩한 순간에 화장실에 데려가 달라고 보채는 아이처럼 그 계시의 순간을 모독했다. 예수가 베드로를 가장 필요로 할 때 베드로는 자신이 예수와 아무 관계가 없다고 공개적으로 부인했다. 이것은 예수에 대하여 제자가 저지를 수 있는 최악의 범죄다. 복음서 저자는 베드로의 실패들을 사람들 앞에 솔직하게 드러냈다.[6]

어떤 이는 공적으로 실패를 선언하는 것을 금기로 규정한다. 만일 그렇다면, 필립 얀시는 자신이 과거에 인종차별주의자였음을 말함으로써 그 금기를 깬 것이다. 그는 "나는 애틀랜타에서 자랐다. 나는 커서 인종차별주의자가 되었다"라고 말한다. 그리고 계속해서 말한다. "애틀랜타 시내에 위치한 상점에는 화장실이 세 개가 있었는데 하나는 백인 남성용이고, 다른 하나는 백인 여성용, 나머지는 유색인용이었다." 인종차별을 철폐하는 민권법Civil Rights Act이 식당에서의 인종 분리를 불법으로 규정했을 때, 얀시에 따르면 레스터 매독스Lester Maddox(나중에 조지아 주의 주지사가 됨)는 "아빠용, 엄마용, 청소년용 이렇게 세 가지 크기의 곤봉과 도끼 손잡이를 팔았다. 그것은 시위를 벌이는 흑인 민권 운동가들을 때릴 때 사용하던 곤봉의 모조품이었다." 얀시는 고통스러운 진실의 순간에 자신의 실패를 고백했다. "나는 신문배달하면서 번 돈으로 도끼 손잡이 하나를 구입했다."

인종 간의 긴장이 고조됨에 따라 얀시의 교회는 신속하게 사립 백인 학교를 건립하고 한 흑인 성경 교수의 어린 딸에게는 입학 자격을 주지 않았다.

…그러나 우리들 대부분은 그 결정을 승인했다. 일 년 뒤에 그 교회 이사회는 카버 성경학교 출신의 한 흑인 학생을 회원으로 받아들이기를 거부했다(그 학생의 이름은 토니 에반스였으며, 후일 그는 뛰어난 목회자와 연설가가 되었다).

우리는 마틴 루터 킹Martin Luther King, Jr. 목사를 '마틴 루시퍼 머저리'라고 부르곤 했다.

…오늘날 나는 내 어린 시절을 뒤돌아보면서 부끄러움과 가책과 후

회를 느낀다. 그리고 지금은 더욱 미묘한 행태로 그런 짓을 저지르지는 않는지 의문이 든다. 하나님께서 내 뻔뻔스러운 인종차별주의의 갑옷을 뚫고 들어오시기까지는 많은 시간이 걸렸다. 그리고 나는 지금 그것이 가장 나쁜 형태의, 그리고 어쩌면 사회에 가장 커다란 영향을 미치는 범죄라고 여긴다.[7]

필립 얀시는 인종차별이 우리 앞에 버티고 선 도덕적 실패라는 것을 알고 있다. 얀시는 진실을 말한다. 실패는 우리가 진실을 말할 때까지 우리 앞에 나타나지 않으며, 때때로 그 진실은 예수와 같은 누군가가 지적하기 전까지는 표면 위로 떠오르지 않는다.

꾸짖음

예수가 자신의 죽음을 예고했을 때, 베드로는 하나님의 계획을 드러낸 예수에게 자신의 대안을 가지고 참견했다. '죽음이 없는 천국'이 베드로의 '전략'이었다. 이 제안에 대해 예수는 베드로에게 필요한 것을 주었다. 그것은 그의 생각이 사탄과 마귀의 생각에 뿌리를 내리고 있다는 분명한 꾸지람이었다.

때로는 우리 역시도 둘째 손가락으로 꾸짖는 예수를 바라볼 필요가 있다. 우리는 종종 범죄를 저지르며, 어떤 잘못된 일을 하기도 하지만, 비록 그것이 우리의 자존심에 상처를 주고 잠재적으로 '손해를 입히더라도' 진실은 반드시 밝혀져야 한다. 이것을 권고로 부르든 혹은 명령으로 부르든 핵심은 같다. 죄악 된 행동은 반드시 지적되어야 한다.

여기 성경에 나오는 두 가지 보기가 있다. 예수는 성령이 우리의 마음에 침입해 들어올 것이며, 성령의 임무 가운데 하나는 우리의 죄를 꾸짖는 것이라고 선언했다. 그리고 바울은 나중에 베드로에게 스커드 미사일과 같은 정확도로, 그가 모든 사람을 향한 하나님의 사랑의 복음에 전혀 합당치 않는 일을 했다고 말하게 된다.[8] 때로는 진실이 선포되어야 한다고 성경은 우리에게 말한다. 그리고 그 진실을 말할 때에는 사랑 가운데서 말하라고 명한다. 그렇게 할 때 좋은 일이 일어날 수 있다.

뉘우침

가장 좋은 결과는, 진실을 들을 필요가 있는 사람이 진실의 알약을 삼키고 회개하는 것이다. 베드로는 알약을 전해 받았지만, 성인용 아스피린을 처음 먹어보는 아이처럼 그것을 받아들이는 데 약간의 시간이 걸렸다. 베드로는 예수를 부인한 뒤에 예수가 예언했던 닭 울음소리를 들었고, 예수의 말을 기억하고는 통곡했다. 그런 다음 베드로와 예수는 갈릴리에서 다시 만났다.[9] 예수는 베드로가 기꺼이 예수 신경을 실현할 것인지 그의 마음을 살펴보았다. 베드로는 그 끔찍했던 밤을 세 차례 더 깊이 되짚어보고, 그 각각의 실패를 자기 자신의 것으로 받아들인 후에야 예수에 대한 자신의 사랑을 말로 재다짐할 수 있었다. 진정한 뉘우침에는 여기서 보는 것처럼 세 가지 R이 포함된다. 그것은 책임responsibility을 지는 것, 필요하고 가능하다면 보상restitution하는 것, 그리고 재다짐recommitment이다.

필립 얀시는 인종차별에 대한 공적인 회개가 모습을 드러내기 시작한 지 한참의 세월이 흐른 뒤에 인종차별주의에 빠졌다가 벗어나는 자신의 여정과 회개의 모습을 묘사한다.

내가 어렸을 때 다니던 교회도 결국 회개하는 법을 배웠다. 이웃들이 변함에 따라 교회에 출석하는 사람들의 숫자가 줄어들기 시작했다. 몇 년 전에 한 예배에 참석했을 때, 내가 어렸을 때는 5백 명이 가득 들어 찼던 커다란 예배당에 그날은 겨우 백여 명만 이곳저곳 흩어져 있는 것을 보고 깜짝 놀랐다. 교회는 저주를 받아 죽은 것처럼 보였다.

…마지막으로, 어렸을 때 같은 반 친구였던 담임목사는 회개의 예배 일정을 잡는 이례적인 걸음을 내디뎠다. 그는 예배에 앞서 토니 에반스와 성경학교 교수에게 편지를 써서 그들의 용서를 구했다. 그런 다음 아프리카계 미국인 지도자들이 있는 자리에서 공개적으로 과거에 교회가 저지른 인종차별의 죄를 고통스럽게 하나씩 열거했다.

얀시와 그의 동료 그리스도인들은 자신들의 죄를 고백하고 이를 뉘우쳤기 때문에, 사도 베드로가 맨 앞에 자리한, 회복이 필요한 사람들의 긴 줄에 서게 되었다.

회복

예수는 부활 이후 갈릴리 바다에서 베드로와 다시 만나 그가 자신을 부인한 뒤에 행한 회개의 매듭을 지었다. 예수는 베드로에게 예수 신경이 제기하는, 영혼을 후벼 파는 질문에 대답할 것을 요구했다. "베드로야, 네가 나를 사랑하느냐?" 예수는 세 번에 걸쳐 "내 양을 먹이라"는 대답을 변형시켜 들려주었다. 예수는 동일한 해변에 서서 맨 처음의 부름으로 되돌아감으로써 그 장면을 마무리한다. "나를 따르라." 베드로는 예수를 섬기라는 자기의 소명을 회복했다.

이 두 명령은 베드로가 살면서 들어본 말들 가운데 최고의 말이었다. 예수와 함께할 때, 예수의 말을 기억하고 회개하는 이들을 위한 회복의 식탁에는 언제나 빈자리가 있다.

얀시는 하나님의 회복의 은혜를 또 다르게 묘사하면서 이렇게 이야기를 계속한다.

[애틀랜타 교회의 목사는] 고백하고 그들에게 용서를 받았다.
　비록 그 예배 이후에 회중들의 죄짐이 그들에게서 벗겨진 것처럼 보였지만, 교회를 구원하기에는 충분하지가 않았다. 몇 년 뒤에 백인 회중들은 교외로 이전했고, 현재 발흥하는 아프리카계 미국인 회중인 '믿음의 날개'(the Wings of Faith)가 예배당을 가득 채우고 그 창문을 다시 들썩이고 있다.

사람들은 회복이라는 것이 시계를 되돌리는 것은 아니라는 사실을 경험을 통해 배운다. 그러나 거기에는 용서가 있다.

자유주의 유대교에서 정통 유대교로, 다시 복음주의 감독교회로 이어진 영적 여정을 거친 로렌 위너는 피터 신부Peter Father에게 고해성사를 하면서 이를 기억할 수 있도록 자신의 죄를 빈 용지에 신경질적으로 써내려가던 때를 들려준다. 그녀는 고해성사를 하기 전까지 여섯 장에 걸친 죄의 목록을 작성했고 그것들을 고백해나가다가 신부가 어떻게 생각할까 싶어 당황스러워졌다. 피터 신부는 그녀의 고해가 끝난 뒤 이렇게 말했다. "주님은 당신의 모든 죄를 사하실 것입니다." 로렌이 대답했다. "하나님께 감사드려요." 피터 신부가 말했다. "평안히 돌아가고 죄인인 나를 위해서도 기도해주세요." 그리고는 그녀에게 종이뭉치를 달라고 요청했다.

나는 노란색 종이뭉치를 꼭 쥐었다.···그리고 내 죄가 적힌 그 종이를 마지못해 내밀었다. 내가 보는 가운데 피터 신부는 내 죄가 적힌 여섯 장의 종이를 잘게 찢었다. 피터 신부는 나와 함께 교회 밖으로 걸어 나오면서 말했다. "재미있네요. 고해성사를 들을 때마다 이런 일이 일어납니다. 제단을 떠나면, 나는 고해자가 말한 내용을 단 한 마디도 기억하지 못한답니다.[10]

로렌 위너와 같은 맥락에서, 필립 얀시는 사회적 회복, 그리고 개인 상호간의 회복과 용서의 가능성에 관해 이렇게 일깨워준다.

예를 들어, 베네딕토 수도회에는 용서와 화해를 위한 감동적인 예배가 있다. 인도자는 성경에 나오는 가르침을 전달한 다음 참석한 각 사람에게 용서가 필요한 문제들을 인정하도록 요청한다. 이어서 예배자들은 물이 담긴 커다란 크리스털 그릇에 손을 담그고 손으로 컵 모양을 만들어 자신의 고통을 '담는다.' 그 상태에서 용서의 은혜를 구하는 기도를 하면서 조금씩 손을 펴서 그 고통이 '빠져나가는' 모습을 상징적으로 나타낸다.···만일 미국 내의 백인들과 흑인들이 그 예배에 참석하여 용서를 나타내는 공동의 그릇에 함께 그 손을 넣는다면 어떤 결과가 빚어질까?

예수와 베드로는 자기들의 손을 함께 그릇에 담았다. 예수의 손은 빈 채로 나왔고, 베드로는 회복되었다.

그날 밤, 갈릴리 호수의 물과 모닥불 사이에서 회복의 노래를 부르는 적어도 하나 이상의 그림자가 목격되었다. 모든 제자가 물고기를 먹었으며 그것은 축 늘어진 그들의 심장에 새로운 생명을 불어넣어 주었다.

23장

예수 안에서 용서하기

복음서 읽기 • 마 6:12, 14-15; 18:21-35

예수 신경은 용서를 확장시킨다. 구약에서 하나님의 은혜로운 용서는 무대 중앙에 위치하고 있지만, 인간들에게 서로 용서하라는 요구는 찾아볼 수 없다.[1] 예수는 하나님이 하시는 것을 인간도 해야 하는 것이라고 믿었기에, 인간은 행동을 통해 예수와 함께 하나님과 연결된다. 인간도 용서해야 하는 것이다.

많은 사람이 용서의 중요성을 듣는 것에 너무도 익숙해져서, 예수와 함께 용서가 새로운 형태를 띠게 되었다는 말을 들으면 놀란다. 용서는 모세의 그 어떤 계명 안에도 포함되어 있지 않다. 우리는 다윗의 모든 기도에서도 서로 용서하는 것과 관련된 기도를 찾지 못한다. 그리고 예언자들도 이스라엘 백성에게 서로 용서하라고 외치지 않았다. 이것은 성경의 인물들이 말하는 방식이 아니었다.

인간의 용서에 관한 내용이 나오는 드문 사건들 가운데 하나는 족장 요셉에 관한 이야기다. 요셉의 형제들은 아버지 야곱의 장사를 지낸 뒤에 요셉이 자기들에게 보복할까 걱정되어 부친이 이렇게 말했다고 거짓으로 주장했다. "너희는 이같이 요셉에게 이르라. 네 형들이 네게 악을 행하였을지라도 이제 바라건대 그들의 허물과 죄를 용서하라 하셨나니."

그들이 요셉 앞에 무릎을 꿇었을 때 요셉은 단지 이렇게 반문했을 뿐이다. "내가 하나님을 대신하리이까?" 성경은 계속해서 말한다. "그들을 간곡한 말로 위로하였더라."[2] 이 이야기는 사실상 구약에서 사람들이 서로를 용서하는 유일한 사건이다.

만일 인간의 용서가 기독교의 가르침 가운데 두드러지게 나타난다면, 왜 구약에서는 서로 용서하라는 권면이 그렇게 드물게 나타나는가? 구약은 용서에 관해 어떻게 가르치는가?

'하나님의 일'과 '회개의 일'

그 질문에 대한 가장 간단한 대답은, 용서는 하나님께서 하시는 어떤 것이지 사람이 하는 것이 아니라는 것이다. 만일 용서가 한 사람의 죄악된 행위와 생각들을 말끔히 닦아내는 객관적인 사실이라면, 우리 대부분은 오직 하나님만이 깨끗하게 하실 수 있다는 데 동의할 것이다. 바로 이런 이유 때문에 성경에 언급된 대다수 용서와 관련한 구절은 이런 과정으로 서술된다. 이스라엘이 범죄하고, 야웨가 용서하신다.[3]

또 하나 고려할 사항이 있다. 용서는 구약에서 일반적으로 회개를 조건으로 주어진다. 이스라엘에서 용서나 사면장은 그 죄인이 회개하지 않는 한, 그리고 회개할 때까지 함부로 내주지 않는다. 이렇게 용서에 앞서는 회개의 요구는 이스라엘의 중요한 사법체계를 보여준다. 회개하지 않는 사람을 용서하는 것은 (어느 수준에서는) 불의한 것이다. 왜냐하면 받을 자격이 없는 누군가에게 어떤 것을 주는 것이 되기 때문이다(바로 여기서 용서의 신비를 발견할 수 있다).

구약에서 용서는 '하나님의 일'이며 '회개의 일'이다.

이 부분에서 기독교와 유대교는 중요한 해석의 차이를 보인다. 유대교학자 솔로몬 쉼멜Solomon Schimmel은 용서에 관한 가장 완벽한 연구를 저술한 바 있다. 그는 유대교 사상가들 사이에 존재하는 용서에 관한 차이점을 존중하면서도, 유대인들이 용서에 관한 자신들의 전통을 어떻게 이해하고 있는지 전형적인 견해를 제시한다. 그리고 쉼멜은 용서와 관련해서 유대교와 기독교 사이의 근본적인 차이점을 언급한다.[4] 유대교는 전반적으로 구제불능의 죄인들을 용서하는 것보다 정의를 지키는 것에 더 많은 관심을 갖는다. 반면, 기독교는 꼭 행동으로 이어지지는 않을지라도 적어도 그 기본이 되는 기도와 교리에서 정의에 대해서보다는 은혜의 행동으로서의 용서를 더 많이 이야기한다. 심지어 그 은혜는 자격이 없으며 아직도 뉘우치지 않는 이들에게까지 주어진다.

쉼멜은 그리스도인들에게는 어쩌면 무자비하게 보일 수도 있는 다음과 같은 내용을 추가한다.

우리는 하나님을 닮아야 한다. 대부분의 경우 하나님은 회개하지 않는 죄인들을 벌하시고 회개하는 이들은 용서하신다.

쉼멜이 이해한 유대교의 본질적인 견해는 우리가 구약에서 발견하는 강조점들에 뿌리를 두고 있다.

예수는 용서와 관련해 이와 다른 가르침을 주고 있다.

용서의 선제공격

용서는 매우 익숙한 개념이기 때문에, 우리는 예수가 말하고 있는 것의 분명한 뜻을 놓칠 위험이 있다. 우선, 용서는 하나님의 용서하시는 사랑의 행동과 함께 시작한다. 용서는 그 어떤 사법제도도 작동을 멈추게 한다. 그것은 죄를 범한 인간에게, 그가 받아 마땅한 것을 받게 하는(사법제도) 대신에 용서를 준다(용서제도).

이 용서라는 사랑의 행동은 하나님의 내적 본성을 계시한다. 그분은 용서하시는 하나님이다. 그분은 은혜를 제공함으로써 인간의 처지에 선제공격을 가하신다. 우리를 향한 하나님의 용서하는 사랑의 공격은 우리 안에서 용서를 폭포수처럼 만들어 다른 사람에게 흘러가게 만드는데, 그곳이 바로 예수 신경이 용서와 관련된 모든 것을 확장시키기 시작하는 곳이다.

예수의 다음 발언에 주목하라.

우리가 우리에게 죄 지은 모든 사람을 용서하오니 우리 죄도 사하여주시옵고.

너희가 사람의 잘못을 용서하면 너희 하늘 아버지께서도 너희 잘못을 용서하시려니와, 너희가 사람의 잘못을 용서하지 아니하면 너희 아버지께서도 너희 잘못을 용서하지 아니하시리라.

만일 네 형제가 죄를 범하거든 경고하고 회개하거든 용서하라. 만일 하루에 일곱 번이라도 네게 죄를 짓고 일곱 번 네게 돌아와 내가 회개하노라 하거든 너는 용서하라.

너희가 누구의 죄든지 사하면 사하여질 것이요 누구의 죄든지 그대로 두면 그대로 있으리라.

아버지 저들을 사하여주옵소서. 자기들이 하는 것을 알지 못함이니이다.[5]

이들을 간략하게 요약하면 다음과 같다. 첫째, 예수는 자기 제자들에게 엄격한 정의보다는 용서의 습관을 가지라고 설득하면서 자기 세계를 혁신하고 있다. 둘째, 용서는 예수에게 너무도 중요한 것이어서 다른 사람을 용서하는 것은 그가 예수의 제자인지 아닌지를 가늠하는 시금석이 된다. 셋째, 예수의 제자들에게는 다른 사람을 용서하는 것에 제한이 없다. 넷째, 다른 사람을 용서하는 것은 자신의 제자들의 공동체 안에서 두드러지게 나타나는 일이다. 우리가 궁극적으로 말할 수 있는 것은 예수가 그 모범이라는 사실이다. 예수는 십자가에 달렸을 때 자기를 못 박는 사람들을 돌아보면서 그들을 용서했다.
예수가 용서에 관해 말한 것은 예수 신경 안에 뿌리를 내리고 있다.

즉 하나님이 우리를 사랑하시므로 우리는 이웃을 사랑하고 하나님을 사랑해야 한다. 이웃을 사랑하는 것은 그들을 용서하는 것을 의미한다. 간단히 말해서, 예수 신경은 은혜가 넘치는 용서의 선제공격 가운데 그 자신을 드러낸다.

욤 키푸르(유대교의 속죄일)에서 용서의 주일로

예수는 유대교의 연장선에서 혁신을 도모했고, 거룩한 쉐마가 '하나님을 사랑하는 것' 이상의 것이 되어야 한다고 선언했다. 예수의 **쉐마**(예수 신경)는 '하나님을 사랑하는 것'과 '이웃을 사랑하는 것'이다. 또한 예수는 **카디쉬**가 확장되어서 그 안에 이웃을 포함시켜야 한다고 말하고, 우리에게 주기도문을 주었다. 그리고 이제 용서가 확장된다. 곧 하나님뿐 아니라 인간도 **용서해야** 한다.

나는 예배 의식의 역사를 연구하는 예배학자는 아니지만, 동방 정교회의 교회력에는 용서의 주일이라 부르는 날이 있으며, 사순절이 시작되는 저녁예배Vespers 시간에 동방 정교회에 속한 교회 중 적어도 하나는 성도들 간에 공개적으로 서로를 용서하는 관습을 갖고 있다는 것을 알고 있다(정교회는 공적인 행사를 많이 행한다).

교인들은 긴 기도문이 끝난 뒤에 서로 마주보며 두 줄로 선다. 그리고 앞 사람에게 용서를 구한 뒤 서로 절한다. 그런 다음 상대를 바꿔 같은 일을 반복하면서 모든 회중이 한 사람도 빠짐없이 다른 모든 사람에게 용서를 구할 수 있게 한다.

용서의 행렬은 프레드리카 매튜스-그린의 남편인 게리와 그의 아들 데이비드가 서로를 끌어안고 서로에게 은혜와 용서의 말을 할 때 시작되었다. 프레드리카는 자신의 가족이 하나님의 은혜 가운데 참여하는 것을 보고, 또한 하나님의 백성이 하나님께서 그들에게 베푸신 것들을 서로에게 펼치는 것을 보면서 속에서부터 감정이 솟구치기 시작했다. 그리고 그녀의 두 아들 데이비드와 스티븐은 공적인 행동 가운데 서로를 용서했다. 은혜가 회중들에게 불어오자 인간들 사이에, 가족들 사이에 있던 벽들이 무너지기 시작했다.

"나는 매주 함께 예배드리던 사람들, 남성과 여성, 아이와 어른들을 그윽한 눈으로 바라보면서 그들 각자에게 절을 했다. 그 시간은 친밀한 감정이 교차되는 순간이었으며, 나는 그 순간 당혹과 웃음과 눈물이 공존하며 경계가 무너지는 것을 느꼈다."

용서는 때로는 식구들 사이에서보다 낯선 사람에게서 더 쉽다. 그리고 행동으로 옮기는 것보다 보는 것이 더 쉽다.

이제 남은 용서의 대상은 프레드리카 앞에 서 있는 자신의 가족들이었다. 그녀가 여러 책에서 자주 언급했던 딸 메건이 지금 자기 어머니를 바라보고 있었다. 이것은 가식으로 모면할 수 없는 만남이었다. 둘 사이에는 그동안 많은 일이 있었다. 프레드리카는 딸에게 용서를 구했다. 그리고 메건도 엄마에게 동일한 은혜를 구했다. 프레드리카는 "생각해보라. 어떤 엄마가 그런 일을 할 수 있겠는가? 짐작하는 대로 우리는 마시멜로처럼 부드럽게 서로를 끌어안았다"[6]라는 말로 그 장면을 마무리한다.

용서의 주일을 지키는 것은 좋은 관습이지만 전혀 새로운 것은 아니다. 이것은 교회 역사뿐 아니라 예수의 가르침 안에 깊이 뿌리 내리고 있는 관습이다. 우리는 하나님께 우리를 용서해달라고 구할 뿐 아니라 서로를 용서해야 하며, 먼저 자신부터 그렇게 해야 한다.

용서의 두 차원

한번은 C. S. 루이스가 이렇게 말했다. "모든 사람은 용서가 아름다운 생각이라고 말한다. 그들에게 용서해야 할 무언가가 생기기 전까지는 말이다."[7] 어떤 이는 그리스도인은 누구에게든지, 무엇에 대해서든지 항상 용서해야 한다는 의미로 예수의 말을 이해한다. 그러나 그에 앞서 생각해볼 문제들이 있다.

예를 들어 유대인 수용소에 끌려갔다 살아남은 뒤 나치에 협력한 자들을 찾아내는 일에 뛰어든 시몬 비젠탈Simon Wiesenthal은, 잔혹함의 대명사로 불리던 죽어가는 젊은 나치 장교와 정면으로 마주치게 되었다. 그 장교는 수백 명의 유대인을 한 집 안에 몰아넣고 그 집에 수류탄을 던지고 아이들이 비명을 지르며 죽어가는 모습을 지켜보던 자였다. 그가 화해를 바라며 유대인이었던 비젠탈에게 용서를 구했을 때, 그는 그 사나이에게 용서받을 수 있다는 한줌의 소망도 남겨주지 않고 그 자리를 박차고 나왔다. 그리고 많은 사람이 이런 질문을 했다. 그리스도인은 그런 사람에게도 용서를 베풀어야 하는가?[8]

한 여성이 남편에게 학대를 받았다. 그녀는 그리스도인이고 남편은 아니었다(이게 중요한 일일까?). 그녀는 남편을 용서해야 하는가? 한 가족이 휴가를 다녀오는 동안 집을 돌봐달라고 이웃에게 부탁했다. 하지만 휴가에서 돌아온 그 가족은 이웃이 서랍을 다 뒤지고 돈을 훔쳤다는 것을 알게 되었다. 그리스도인 가족은 그 이웃을 용서하고 다음번에 집을 비울 때도 그에게 집을 봐달라고 부탁해야 하는가?

이런 질문들은 다음과 같은 근본적인 문제로 귀착된다. **용서란 무엇인가?** 비록 성경은 용서를 종류별로 분류하지 않지만, 나는 용서에는 반드시 구분되어야 하는 기본적인 차원 두 가지가 있다고 믿는다. 그것은 객관적인 용서와 주관적인 용서다.[9] 객관적인 용서는 관계에서 일어난 범죄행위를 제거하는 것이다. 즉 이것은 화해reconciliation와 관련된 것이다. 주관적인subjective 용서는 용서하려는 성향disposition과 용서하는 **경험**—분노, 증오, 적개심을 떨쳐버리는 것—을 모두 포함한다. 그래서 내부적으로 그러한 악의가 되풀이되는 것을 종식시키는 것이다.

나는 가능한 한 복잡한 논의를 단순하게 만들고자 한다. 예수의 제자는 하나님을 사랑하고 이웃을 사랑하기 때문에 그는 악의가 일으킨 부정적인 감정들을 없애고 용서하는 성품을 발전시킨다(주관적). 하지만 화해가 항상 가능한 것은 아니다. 정의 내리기는 여기까지 하자.

우리는 어떻게 해야 다른 사람들을 용서할 수 있을까?

다른 사람 용서하기

예수의 제자된 증거는 다른 사람들을 용서함으로써 모든 관계가 예수 신경을 반영하게 하는 것이다. 주관적 의도에서 시작해 객관적 경험까지 이르는 이 과정에는 다음과 같은 것이 포함된다.

첫째, 범죄 행위offense의 희생자는 **범죄 행위와 가해자의 책임 문제에 실제로 직면한다.** 희생자가 '누가 무엇을 했는지'를 직시하기 전까지는 진정한 화해나 용서가 있을 수 없다. 폭력적인 상황을 마음속 주머니에 집어넣어 봐야 결국 곪아 터지고 만다. 희생자는 가해자와 범죄 행위를 그 진정한 모습이 무엇인지에 따라 도둑질, 성적 학대, 기만 등으로 규정함으로써 그 문제를 직시할 수 있다. 범죄 행위는 도덕적으로 잘못된 것이며, 그 고통을 경감시키려는 노력이나 화해를 서두른다고 축소되지 않는다. 이 일에는 시간이, 때로는 엄청나게 긴 시간이 필요하다.

둘째, 희생자는 **범죄 행위의 영향을 인식한다**. 희생자는 범죄 행위가 관계에 어떤 영향을 끼쳤는지를 인식하기 전까지 주관적으로 용서를 못한다. 그 범죄가 '단순히' 관계에 해를 끼쳤는지 혹은 실제로 그 관계를 무너뜨렸는지에(간통이 그럴 수 있듯이) 상관없이 말이다. 용서는 범죄 행위로 일어난 실제 감정들을 솔직하게 받아들인다.

셋째, 희생자는 (객관적인) **용서를 추구하기로 선택한다**. 비록 용서하려는 성품을 갖고 있더라도 '그것을 극복하겠다', 혹은 '없었던 일로 여기겠다', 혹은 '분노를 떨쳐버리겠다', 혹은 '더 이상 관여하지 않겠다'는 결심이 필요하다. 이를 위해서 희생자는 가해자를 똑같이 하나님 앞에 선 죄인으로 받아들이며 불의를 끌어안아야 한다. 그러면 희생자는 정의의 집행을 중단시키고 (주관적) 용서를 베푸는 것이다. 은혜를 베푸는 일은 가해자의 마음을 때때로 녹이기도 한다.

넷째, 희생자는 **정당함이 입증된 화해(혹은 객관적 용서)를 위해 노력한다**. C. S. 루이스가 지적한 것처럼, (용서라는) 그 아름다운 생각은 갑자기 더욱 실현하기 어려운 것으로 다가온다. 예수의 제자는 죄를 범한 인간을 향한 하나님의 크신 사랑과 자기를 십자가에 못 박은 이들을 용서해달라고 하나님께 구한 예수의 빛나는 모범을 잘 알고 있다. 이런 사실들 때문에 제자는 가해자와 화해하라는 도전을 받는다. 다시 말하지만, 이 일은 많은 시간이 걸릴 수 있다. 더욱이 화해의 정도는 여러 요인에 의해 형성된다. 즉 우리의 상처, 가해자의 반성 여부, 가해자가 얼마나 많은 시간을 교도소에서 보냈느냐, 가해자가 위험한 인물은 아닌가, 가해자가 아직도 살아 있는가 등에 의해 결정된다.

마지막으로, **용서는 대안이 되는 현실을 만든다. 용서하는 사람은 이웃 사랑의 물결을 불러일으킨다.** 다음과 같은 간단한 사실 하나가 있다. 우리가 피해를 입힌 사람들에게 용서를 받으면 우리는 갑자기 예상하지 못하던 방식으로 내면이 활발해진다. 그리고 이것은 '은혜의 선순환'과 '도덕적 휴전'을 만든다.

그 누구도 예수 신경이 쉬운 길이었다고 말하지 않았다.

24장

예수 안에서 전하기

복음서 읽기 • 마 9:36-11:1; 28:16-20; 요 20:21

사랑은 그 팔을 길게 뻗는다. 언제나. 오늘 동이 트기 전에 우리 집 진 입로 앞에 쌓인 눈을 치우고 있었는데, 전날 밤에 읽던 책의 영향인지 는 몰라도 내가 맞이하는 하루가 다음과 같이 의미 있는 날들 중 한 날 이라는 생각이 문득 들었다. 하루에 대략 9만 명의 사람들이 자신들의 삶의 방향을 예수에게로 전환한다. 교회는 다른 사람들을 향해 계속해 서 팔을 뻗고 있다. 오늘날 기독교 세계에서 10억 6천만 명은 로마 가 톨릭, 3억 8천6백만 명은 독립-오순절파, 3억 4천2백만 명은 장로교, 2 억 1천5백만 명은 정교회, 그리고 7천9백만 명은 성공회 교인이다. 그 리스도인들 가운데 유색인종이 백인보다 많으며, 북반구보다는 남반 구에 더 많고, 무게중심이 남쪽과 동쪽으로 계속해서 이동하고 있다. 2050년이 되면 전 세계 그리스도인 가운데 히스패닉이 아닌 백인은 5 분의 1 정도밖에 되지 않으며, 그리스도인들 대부분은 보수주의자와 은사주의가가 될 것이다. 이런 변화는 모두 선교사들의 진출에 근거한

것이다.[1]

나는 눈을 치우면서 이런 깜짝 놀랄 만한 통계를 떠올리고 있는 것에 대해 주님께 감사를 드렸다. 또한 이 모든 일이 시작된 곳으로 생각을 거슬러 올라갔다.

선교 사역의 기원

여기 '임명'의 순간이 있다. 예수는 말했다. "나를 따라오라. 내가 너희로 사람을 낚는 어부가 되게 하리라."[2] 그 지역의 어부들은 그물을 자기 배에 끌어올린 다음, 좋은 고기와 나쁜 고기를 분류하기 위해 고기를 물가로 날랐다. 그 당시의 어업은 그물질과 분류작업으로 이루어졌다. 그렇다면 이웃을 낚는 것도 **선포**(그물 내리기)와, **용서** 혹은 **심판의 경고**(분류하기)를 포함한다.[3]

예수는 정기적으로 자기 제자들에게 "이웃을 낚으라"라고 명했다. 부활 이후에 그는 남아 있던 열한 제자에게 "모든 족속으로 제자를 삼으라"라는 임무를 부여했다. 그는 "아버지께서 나를 보내신 것 같이 나도 너희를 보내노라"라고 말했다. 그리고 승천을 목전에 두고는 이렇게 말했다. "너희가⋯예루살렘과 온 유대와 사마리아와 땅 끝까지 이르러 내 증인이 되리라."[4] 우리는 이것을 교회의 '선교 임무'라고 부를 수 있다. 교회는 복음을 들고 나가야 한다.

이 선교 임무는 예수 신경이 반드시 드러내야 하는 모습이다. 마치 의사가 자신의 도움이 필요한 사람들에게 언제나 다가가는 것처럼, 이웃을 사랑하는 사람은 하나님의 사랑의 복음을 들고 전하러 나가야 한다.

예수에게서 이웃에게로

교회의 선교 임무가 어떤 것인지를 확실히 파악하기 위해서 우리는 마태복음에 나오는 본문 몇 개를 자세히 살펴볼 필요가 있다.[5] 우리는 이 본문들을 접할 때 선교 임무가 매우 구체적이라는 것을 알게 된다. 선교란 **새로운 사람들에게 예수의 사명을 가지고 나아가는 것**이다. 우선 마태는 예수의 선교를 묘사한다. "예수께서 온 갈릴리에 두루 다니사 그들의 회당에서 가르치시며, 천국 복음을 전파하시며, 백성 중의 모든 병과 모든 약한 것을 고치시니." 그런 다음 제자들의 선교 사역을 동일한 표현으로 설명한다. "예수께서 그의 열두 제자를 부르사 더러운 귀신을 쫓아내며 모든 병과 모든 약한 것을 고치는 권능을 주시니라." 다른 말로 하면, 예수가 했던 것을 열두 제자도 해야 한다.

이러한 선교 이해는 네 번째 본문에서 더욱 직접적으로 나타난다. 나는 각각의 지시사항에 번호를 붙였다.

예수께서 이 열둘을 내보내시며 명하여 이르시되

(1) 이방인의 길로도 가지 말고 사마리아인의 고을에도 들어가지 말고 오히려 이스라엘 집의 잃어버린 양에게로 가라.

(2) 가면서 전파하여 말하되 천국이 가까이 왔다 하고,

(3) 병든 자를 고치며 죽은 자를 살리며 나병 환자를 깨끗하게 하며 귀신을 쫓아내되,

(4) 너희가 거저 받았으니 거저 주라. 너희 전대에 금이나 은이나 동을 가지지 말고 여행을 위하여 배낭이나 두 벌 옷이나 신이나 지팡이

를 가지지 말라. 이는 일꾼이 자기의 먹을 것 받는 것이 마땅함이라.

이 모든 지침은 마태복음의 다른 장에서 예수가 행했던 바로 그 일로, 예수는 제자들에게 동일한 일을 하라고 명하고 있다.[6]

이 지침들을 모두 더하면, 우리는 예수의 제자들이 가져야 하는 선교 임무에 대한 중요한 이해에 도달한다. 곧 제자의 임무는 예수의 임무를 가지고 다른 사람들에게 나아가는 것이다.

이것은 우리의 임무이기도 하다.

예수를 가르치는 것이 나아가는 것이다

우리 모두는 자신의 직업을 통해 자기만의 방식으로 예수를 전할 수 있다. 내 직업은 복음을 전하는 방법과 직접적인 관련이 있으며, 여러분에게 내가 복음을 전한 이야기를 나누고 싶다. 나는 즐거운 마음으로 11년 동안 신학생들을 가르친 후, 앞으로는 일반 대학생들을 가르치라는 하나님의 인도하심을 느꼈다. 그래서 나는 1994년부터 노스파크 대학교에서 학생들을 지도했다. 내가 만난 학생들은 이전과는 아주 달랐다. 예전 신학교에서는 수염을 기르고(남자의 경우) 커피를 마시던 35세의(대부분이 그러했다) 사람들이 대부분이었지만, 지금은 18세에서 20세 정도의 젊은 학생들이 대부분이다. 대학생들은 플란넬 소재의 파자마(잠옷)를 입고 오전 수업에 들어오고, 빗질하지 않은 머리카락을 감추려고 야구 모자를 쓰고, 바지를 내려 입어 모든 사람이 자기 속옷을(혹은 속옷이 있어야 하는 곳을) 볼 수 있게 하고, 머리카락을 생전 처음 보는 색으로 물들이고, 공공장소에서 피어싱과 문신을 하고 다닌다. 내 생각에 이런 일들은 그 문제 학생이 당신의 자녀인 경우만 빼고는 얼마든지 괜찮은 일이다.

노스파크에서 처음 가르치던 때부터 지금까지 내가 가르치는 학생들은 계속 바뀌었지만 과목만은 그대로였다. 그리고 지금 나는 그 과목이 다양한 영향력을 가져올 것을 알고 있다.

노스파크는 학생들이 기독교 신앙을 따를 것을 요구하지 않고, 시카고 지역에 있는 학생들의 관심을 끄는 데 성공했기 때문에 내 강의를 듣는 학생들은 절반 이상이 비그리스도인이다. 우리는 성경을 구약과 신약 두 덩어리로 나누어 살펴본다. 신약 부분에서는 예수와 바울에게 초점을 맞춘다. 얼마나 많은 학생이 그리스도인이 되었는지를 여러분에게 말할 수는 없다. 하지만 종강 이후 강의 평가서를 보면, 많은 학생이 믿음을 가지거나 자신들의 믿음을 새롭게 했음을 알 수 있다. 그 수업의 주제는 복음이 아니다. 주제는 예수다.

예수는 마치 구심력처럼 사람들을 끌어당긴다. 몇 년 전에 아샤 간디Asha Gandhi라는 학생이 내 사무실로 찾아와서 자기는 힌두교도이기 때문에 필수 과목인 성경 수업을 듣고 싶지 않다고 말했다. 나는 그 여학생에게 이 수업은 학교 이사회에서 지시한 것이라고 설명해주었다. 그녀는 "알았어요"라고 말하고 내 사무실을 떠났다. 그녀는 복도를 걸어나가면서 상담 교수에게 이렇게 즉흥적으로 거짓말을 했다. "맥나이트 교수님이 저는 힌두교도라서 성경 수업을 듣지 않아도 좋다고 말씀하셨어요." 그러자 상담 교수가 그녀에게 말했다. "맥나이트 교수님은 그런 재량권을 갖고 있지 않아요. 학생은 그 수업을 반드시 들어야 해요."

다음 날 아침 아샤는 무기징역을 언도받은 듯한 표정으로 찡그린 채 강의실 뒷줄에 앉아 있었다. 그리고 두 번째 주 수업부터는 내 강의에 귀를 기울이기 시작하더니 넷째 주에는 관심을 보였다. 학기를 마치고 아샤는 내게 다가와 이렇게 말했다. "다음 학기 교수님의 예수 강의에 빈자리가 있을까요? 제가 두 번째 종교 강의를 들어야 하는데 예수가 정말 맘에 들어서요." 아샤는 두 번째 수업을, 그것도 매우 잘 들었고, 삶의 방향을 예수에게로 전환하는 극적인 증거를 보여주었다. 그 과목의 주제인 예수와 그의 신경이 그녀를 끌어들인 것이다.

나는 예수에 관하여 가르치는 직업을 수단 삼아 예수를 전하는 특권을 누리고 있다. 우리 모두는 다른 사람에게 복음을 전할 수 있는 사람이 되는 특권을 누려야 한다.

이 마을 저 마을 방식에서 구도자 그룹으로

예수는 자기 제자들이 다른 사람들에게 다가갈 때, 그들이 이 마을 저 마을을 다니며 '하나님 나라'를—이 표현은 하나님이 행하시는 일을 가리키는 암호와 같은 말이다—선포할 것이라고 예상했다.

천국은 예수 신경이 삶을 변화시키는 공동체를 의미한다. 당신은 그 사실을 꼭 기억해야 한다. 그 나라는 하나님을 사랑하고 이웃을 사랑하는 모습 가운데, 식탁에서 나누는 교제 가운데, 용서와 치유를 통하여, 사람을 하나님의 식탁으로 회복시키는 가운데, 역설적으로 작은 겨자씨 같은 능력 가운데, 공의를 위해 일하는 가운데, 그리고 풍성한 기쁨 가운데 나타난다. 도로시 세이즈가 묻는 것처럼 "만일 이것이 따분하다면, 도대체 흥미진진하다고 부를 만한 것이 무엇이 있을까?"[7]

예수의 첫 제자들이 선포한 하나님 나라에 호의적으로 반응한 이들은 제자들을 자신들의 집으로 초대했다. 그곳에서 그 새로운 제자들은 천국 이야기를 듣고, 천국 백성을 보았다. 1세기에 가장 분명하게 볼 수 있었던 천국의 특징은 회당의 혁신이 아니라 가정에서의 혁명, 변화를 바라는 프로그램이 아니라 변화를 만들어내는 개인, 멀리 있는 모세의 자리가 아니라 식탁 앞의 가까운 자리였다. 이것이 예수의 첫 제자들이 예수가 맡긴 사명을 다른 사람들에게 확장한 방식이었다. 이것이 그들이 '전도했던' 혹은 '복음을 선포하는' 방식이었다.

오늘날의 그리스도인들은 복음 전파란 단어를 항상 긍정적으로만 받아들이지 않는다. 실제로 서방 교회는 예수에 관한 복음을 선포하는 것을 주저하고 있기 때문에 이웃에게 복음을 전하는 임무를 되찾을 필요가 있다. 영국 국교회의 지도자이자 복음전도인인 마이클 그린은 교회의 위선적인 말을 다음과 같이 단칼에 베어버린다. "하나님의 교회는 그 자신을 위해 존재하는 것이 아니라 아직 그 안에 속하지 않은 이들의 유익을 위해 존재한다.…[그리고] 자신을 위해 살아가는 교회는 분명 혼자서 죽을 것이다."[8] 교회는 종교적인 사교 클럽이 아니며 세속적인 목적을 위해 존재하는 것도 아니다. 그 대신 교회는 예배하고 또한 파송하는 공동체다.

영성 형성에 대해 글을 쓰는 대부분의 저자들은 내적인 삶 가운데서 일어나는 것, 즉 개인의 마음속에서 일어나는 것에 안주하는 경향이 있다. 그러나 로버트 멀홀랜드는 이렇게 정곡을 찌른다.

그리스도인의 영성 형성은 다른 사람들을 위하여 그리스도의 형상에 일치되어가는 과정이다.[9]

여기서 "다른 사람을 위하여"라는 부분은 예수의 임무를 가지고 이웃에게 나아가는 것을 의미한다. 우리는 예수가 이해한 것처럼 '영성 형성'을 이해해야 한다. 곧 영성이 형성된 사람은 하나님을 사랑하고 이웃을 사랑한다.

내가 처음으로 가르친 신학교 학생 가운데 인디애나 대학교 출신의 잘 생긴 청년이 하나 있었다. 그 학생은 내가 가르쳤던 그 어떤 학생보다 복음 전도에 많은 은사를 가지고 있었다. 그의 이름은 개리 폴Garry Poole이다.

개리는 신학교를 졸업한 뒤에도 나와의 만남을 계속 유지했다. 내가 인디애나폴리스에서 공개 강좌를 진행하고 있을 때, 교회를 개척하고 있던 개리는 공항으로 나를 마중나왔고, 식당에서 이른 저녁을 대접한 다음 강의실에 나를 데려다 주었다. 내가 공개 강좌를 그만 둔 이후 개리와 연락이 끊어졌다가, 우리는 윌로우크릭 교회의 미로와 같은 복도에서 우연히 만났다. 반갑게도 개리는 윌로우크릭의 스태프가 되어 그곳에서 구도자 성경 공부를 지도하고 있었다.

개리는 윌로우크릭에는 100개가 넘는 구도자 소그룹이 있으며 각 그룹은 최소한 10명으로 구성되어 있다고 알려주었다. 이런 성공적인 성경 공부는 전인적인 사역을 통해(예수가 했던 것처럼) 예수에 관한 복음을 보여주길 소망하면서 구도자들에게 우정의 다리를 놓아주었다. 영국에서 니키 검블Nicky Gumbel은 알파 코스Alpha course를 이끌며 비슷한 방

법으로 세례를 준다. 이 사역을 통해 지금까지 200만 명 이상의 사람이 그리스도인이 되었다.[10]

최근 개리 풀은 『구도자 소그룹』Seeker Small Groups을 출간했고, 내게도 한 권을 선물로 보내줬다. 그는 그 책에 자신의 사인과 함께 사도행전 20:24을 적었다.

내가 달려갈 길과 주 예수께 받은 사명 곧 하나님의 은혜의 복음을 증언하는 일을 마치려 함에는 나의 생명조차 조금도 귀한 것으로 여기지 아니하노라.

이 구절은 개리의 삶을 사로잡았다.
개리는 책 서문에서 이렇게 말하고 있다.

나는 예수 그리스도의 복음이라는 강력한 메시지를 전하는 가장 좋은 방법을 개발하고 실행하는 일에 내 생애 전부를 바쳤다. 하지만 도중에, 복음 전파 과정에서 가장 큰 도전 하나를 발견했다. 그것은 성경의 진리를 담대하고 명확하게 제시하는 것과, 구도자들과의 귀중한 우정을 손상시키지 않고 안전하게 유지하는 일 사이의 균형을 발견하고 지속해나가는 것이다.[11]

이 비전은 개리가 인디애나 대학교 캠퍼스에서 한 그룹을 인도할 기회를 제안받았을 때 시작되었다. 하지만 그 제안에는 다음과 같은 문제가 있었다. 그것은 그가 사람들을 찾아야 한다는 것이었다. 그의 리더는 한 가지 질문을 던졌다. "하나님께서 당신을 통해 어떤 일을 하실지 누가 알겠나? 그저 최선을 다하게." 그는 전혀 알지 못했다. 개리는 자기 그룹을 홍보했고 아홉 명이 찾아왔다. 문제는 개리가 그리스도인이 찾아올 것을 대비해 성경 공부를 깊이 있게 준비했지만 정작 그리스도인은 단 한 명도 오지 않았다는 데 있다.

개리는 자신의 삶을 변화시킨 지혜를 발휘하여 '구도자들'이 스스로 말하게 하였다. 그들은 자신의 아픔과 의문점을 나누었다. 그들과의 사이에 다리가 세워진 것이다. 이 그룹 모임은 그해 연말까지 지속되었다. 그리고 처음 시작한 아홉 명 가운데 여섯 명이 그리스도에 대한 신앙을 가졌다. 그룹을 인도하며 개리가 배운 것—누군가에게 다가가 그들에게 다리를 놓아주고 그들이 다리를 건너 예수에게 갈 수 있게 하는 방법—은 지금 그의 사역 전체를 만들어가고 있다.

윌로우크릭의 개리 풀과 구도자 성경 공부, 혹은 영국 성공회의 마이클 그린이나 니키 검블의 알파 코스, 혹은 우리 가운데 있는 다른 누구에 관해 이야기를 할지라도, 우리 모두에게는 한 가지 임무가 있다. 우리는 자신이 하는 일을 통하여 천국의 기쁜 소식을 들고 다른 사람에게 나아가야 한다는 것이다. 다른 사람에게 복음을 전하는 것은 그 사람이 예수 신경을 실천할 때 일어난다. 그 사람은 이웃을 사랑한다. 그리고 사랑은 누군가를 향한 하나님의 가장 좋은 것을 구하는 것을 의미한다.

5부

예수와
예수 신경

영성이 형성된 사람은

예수의 삶에 동참한다.

예수 신경

"'이스라엘아 들으라. 주 곧 우리 하나님은 유일한 주시라.
네 마음을 다하고 목숨을 다하고 뜻을 다하고 힘을 다하여
주 너의 하나님을 사랑하라' 하신 것이요,
둘째는 이것이니 '네 이웃을 네 자신과 같이 사랑하라' 하신 것이라.
이보다 더 큰 계명이 없느니라."

영성이 형성된 사람은 예수를 따르고 이웃을 사랑함으로써 하나님을 사랑한다.
영성이 형성된 사람은 예수를 사랑하는 다른 사람들의 이야기를 끌어안는다.
영성이 형성된 사람은 천국의 가치관을 실천한다. 영성이 형성된 사람은 인격
적으로 예수를 사랑하고 예수의 삶에 동참한다.

예수의 삶 가운데 일어난 사건들은 종종 신비스럽다. 우리는 가끔씩 묻는다. 예
수는 왜 세례를 받았을까? 그는 왜 시험을 당했을까? 그는 왜 변화 산에서 변화
되었을까? 그는 왜 최후의 만찬을 베풀었을까? 그는 왜 죽었을까? 그는 왜 부
활했을까?

한 가지 분명한 것이 있다. 예수는 근본적으로 자신의 신경에 헌신했다. 그 역시
하나님을 사랑하고 이웃을 사랑했다. 예수의 삶 가운데 모든 사건은 그 신경의
표현이다. 그는 자신의 신경을 완벽하게 실천하면서 하나님께서 우리 모두에게
명하신 삶을 살았다. 우리는 그의 삶에 동참하며 예수 신경을 오늘 실천한다.

신학자들은 예수의 '능동적'·'수동적' 순종을 말한다. '수동적 순종'은 예수가
우리를 위해 고난받은 것을 가리킨다. 그의 '능동적' 순종은 하나님 앞에서의
그의 완벽한 삶이다. 5부의 초점은 예수의 '능동적' 순종이다.

예수의 이 말에 주목하라. "새 계명을 너희에게 주노니 서로 사랑하라. 내가 너
희를 사랑한 것 같이 너희도 서로 사랑하라."

25장
요단 강에서 예수와 함께하기

복음서 읽기 • 마 3:13-17

우리는 가끔씩 우리를 위해 길을 닦아줄 사람을 필요로 한다. 1979년 눈보라가 시카고를 강타했을 때 우리의 상황이 그랬다. 금요일 밤부터 주일 아침까지 쉬지 않고 눈이 내렸다. 눈은 1m 20cm 높이로 쌓였으며, 어떤 곳은 더 높게 쌓였다.

우리 딸 로라는 세 살이었다. 주일 오후에 로라가 문밖을 뚫어지게 보다가, 우리 집 작은 앞마당에 쌓인 폭 3m에 높이가 1m 50cm 정도 되는 눈 더미 너머에는 눈이 별로 쌓이지 않은 작은 개활지가 생긴 것을 발견했다. 딸아이는 지금이 개활지에서 놀기에 좋을 때라고 생각했다. 그래서 집밖으로 나간다는 기쁨으로 보드복의 지퍼를 꼭꼭 잠그고 계단을 내려가 개활지를 목표 삼아서 눈 더미 위로 깡충 뛰어들었다. 하지만 로라는 더 이상 앞으로 가지 못하고 눈구덩이에 파묻혔다. 한쪽 신발이 눈 속에 빠진 채 앞으로 나가지도, 옆으로 빠지지도, 뒤로 물러날 수도 없었다. 꼼짝달싹 못하고 갇힌 로라는 계단에서 자기를 응원하고 있는 우리를 향해 시선을 돌렸다. 나는 로라가 눈 더미를 뚫고 나올 만한 힘이 없다는 것을 알았기에 얼른 옷을 챙겨입고 밖으로 나가 로라를 눈구덩이에서 꺼내 계단 위에 올려놓았다.

그리고 삽으로 눈을 헤치면서(상당한 노력이 필요했다) 눈 더미까지 길을 냈다. 길이 생긴 이후 로라는 며칠 내내 따뜻한 거실과 차가운 개활지 사이를 오갈 수 있었다.

영적 개활지로 향하는 길을 만드는 것이 바로 우리를 위해 예수가 자신의 모든 삶을 들여 행한 일이다.

예수는 우리를 위해 살았다

로라가 자기 혼자서는 눈밭을 뚫고 지나갈 수 없었듯이, 우리 스스로는 영적인 개활지로 나아가는 길을 낼 능력이 없다. 아버지가 자녀들을 위해 눈을 뚫고 길을 내듯이, 예수는 '인간의 조건'을 뚫고 우리가 하나님께 다가갈 수 있는 길을 냈다.

예수의 이 '길 뚫기' 행동에는 우리가 깨달아야만 하는 용어 세 가지가 있다. 예수가 우리를 위해 행한 것을 보여주기 위해 신학 용어를 사용하는 것은, 우리가 세상에서 가장 좋아하는 지역을 방문한 뒤 지도에서 그곳을 찾아보는 것과 같다. 우리가 좋아하는 장소를 방문해 경험했던 즐거움을 지도가 상기시켜주지만 장소 그 자체는 아니다. 따라서 우리는 지도를 사용하는 방식으로 예수가 우리에게 행했던 일을 묘사하기 위해 신학 용어를 사용해야 한다. 신학 용어는 예수가 우리를 위해 행한 것을 보여준다. 하지만 우리는 그것을 예수가 행한 것과 동일한 것으로 간주해서는 안 된다.

이런 신학 용어를 제대로 이해하기 위해서 우리는 하나님께서 우리에게 요구하신 것이 무엇인지를 기억해야 한다. 여기에 예수 신경의 신비가 있다. 곧 예수는 하나님을 사랑하고 이웃을 사랑했으며, 또한 우리에게 하나님을 사랑하고 이웃을 사랑하라고 명령한다. 세 가지 신학 용어가 이것을 명확하게 보여준다. 첫째, 예수는 하나님과 이웃을 온전하게 사랑하면서 우리를 위해 대신 죽으셨다. '대신'substitution이라는 용어는 성경이 말하려고 하는 것에 비해 약간 지나치게 분석적이다. 예수가 우리를 대신한다는 말은 예수가 하나님을 사랑하고 이웃을 사랑하는 것과 관련해 하나님 앞에서 우리를 변호represent하고 있다는 것을 의미한다. 이것을 주목하는 것이 중요하다. 더욱이 우리를 변호하면서, 그는 하나님을 사랑하고 이웃을 사랑하는 그에게 참여participate하라고 우리에게 능력을 준다.

예수는 자신의 전 생애 동안 우리를 위하여 이 일을 행했다. 예수는 우리를 위하여 온전하게 하나님을 사랑하고 이웃을 사랑했다. 이 말은 영성이 형성된 사람은 진정으로 예수의 온전한 삶에 참여한다는 것을 의미한다. 하지만 우리를 위한 그의 사랑은 소파에 누워 감자튀김을 먹으며 커다란 화면으로 '우리를 위한 예수의 행적'이라는 쇼 프로그램을 시청하게 하지는 않는다. 그렇다. 하나님은 그분을 사랑하고 이웃을 사랑하라고 **우리를** 부르신다. 예수는 우리를 사랑한다. 우리가 정말로 사랑하지 않아도 된다고 한 것이 아니라 우리가 정말로 사랑할 수 있도록 말이다. 이것이 바로 예수의 삶에 '참여한다'는 것의 의미다.

우리를 위한 예수의 삶은 요단 강에서 시작한다. 이곳은 요한이 이스라엘 백성에게 물로 세례를 주던 곳이다.

요단 강의 요한과 예수

요한은 자신의 말을 듣고 싶어 하는 모든 사람에게(또한 듣고 싶어 하지 않던 어떤 이들에게도) 요단 강에서 베푸는 세례는 회개의 행동이라고 말한다. 요한은 "회개하라! 천국이 가까이 왔느니라"라고 말한다. 그리고 그는 자기 청중들에게 "회개에 합당한 열매를 맺어야 한다", "나는 너희로 회개하게 하기 위하여 물로 세례를 베푼다"[1]라고 말했다. 회개에는 하나님께 복종하고, 하나님께 진실을 고하고, 거룩한 사랑을 향하여 방향을 전환하는 것이 포함된다. 이런 이유로 사람들은 요단 강으로 내려가 요한에게 세례를 받았다. 회개하고 용서를 받기 위해서 말이다. 이것이 첫 번째로 명심해야 할 내용이다.

요한의 세례는 회개를 위한 것이지만, 예수는 죄가 없는 분이다. 그런데도 왜 예수는 세례를 받았을까? 가장 먼저, 요한이 우리보다 더 당황했을 것이다. 그래서 그는 죄인들이 어수선하게 있는 요단 강에 예수가 뛰어드는 것을 예언자로서 최선을 다해 막았다. "이때에 예수께서 갈릴리로부터 요단 강에 이르러 요한에게 세례를 받으려 하시니, 요한이 말려 이르되 내가 당신에게서 세례를 받아야 할 터인데 당신이 내게로 오시나이까?"[2] 요한에 의하면 두 사람은 결코 동등한 존재가 아니었다. 요한은 죄인이었고, 예수는 죄가 없는 자였다.

그러나 예수는 어떻게든지 세례를 받았다. 요한의 세례는 회개를 위한 것이다. 하지만 예수는 회개할 필요가 없었다. 예수가 회개할 필요가 분명히 없었다면, 그렇다면 그는 **다른 사람들, 곧 우리를 위해** 회개했을 것이다. 왜 그는 그런 행동을 했을까?

예수가 '우리를 위해 회개를' 했기 때문에 그는 자신의 제자들에게 **성령의 능력을** 부어줄 수 있었다. 요한은 '물'로 세례를 주지만, 예수는 '성령과 불'로 세례를 줄 것이다.[3] 요한은 여기서 성령이 오실 것이라는 위대한 예언자적 예언을 언급하고 있다. 성령은 예수가 세례 받을 때 비둘기처럼 그에게 임하였고, 그리고 그의 모든 제자가 성령으로 충만해진, 오순절이라는 위대한 날에 임하였다.[4]

이런 사실들을 고려할 때 예수가 세례 받은 이유가 명확해진다. 곧 **예수는 완전하게 회개하기 위해 세례를 받았다. 그래서 하나님은 우리가 가진 소명에 권한을 부여하시기 위해 성령을 보내실 수 있었다.** 루이스가 말한 것처럼 "회개는 악한 사람에게 필요한 것이지만, 완전한 회개를 할 수 있는 것은 선한 사람뿐이다.…회개를 완전하게 할 수 있는 유일한 사람은 아마도 완전한 사람일 것이다. 그리고 그는 회개를 필요로 하지 않을 것이다."[5]

여기에 세례의 의미를 잘 설명해주는 커다란 그림이 있다. 영성이 형성된 사람은 (예수를 따르면서) 하나님을 사랑하고 이웃을 사랑한다. 예수는 하나님과 이웃을 완전하게 사랑한다. 반면 우리는 하나님을 완전하게 사랑하지 못하며, 그 사실을 인정할 수밖에 없다. 우리가 예수를 따라 죄 더미를 통과할 때에만 하나님과 이웃을 온전하게 사랑한다. 이것은 우리가 예수만의 고유한 삶에 **참여**할 때 가능한 것이다. 우리가 종종 사용하는 '예수를 따르다'라는 표현은 이제 그 의미가 분명해진다. 예수를 따르는 것은 우리가 그의 삶에 참여하는 것을 의미하고, 그의 삶이 우리의 것이 되게 하는 것을 의미한다. 우리는 예수의 세례에 동참하면서 그의 삶에 동참한다. 곧 요단 강의 예수와 하나가 되면서 그의 온전한 회개에 참여한다.

만일 예수가 천국을 이 땅에 가져오려 한다면, 톰 라이트가 말한 것처럼, "예수는 반드시 다음과 같은 방식을 취해야 한다. 겸손히 자신을 하나님의 백성과 동일시하고, 그들을 대신하고, 그들의 참회를 함께 나누고, 그들의 삶을 살고, 궁극적으로 그들의 죽음을 죽으면서 말이다."[6] 그리고 나는 여기에 '그들의 부활과 함께 일어서면서'를 덧붙이고 싶다.

온전한 회개의 교리

예수가 우리를 위해 회개한 이유는 단 하나, 곧 우리는 올바르게 회개할 수 없다는 점 때문이다. 올바른 회개에는 네 가지 요소가 있다. 죄에 대한 바른 인식(자각), 죄에 대해 하나님께 말하기(고백), 변화하겠다는 각오(다짐), 그리고 그것을 입증하는 행동(결과)이다. 마지막 두 가지는 이미 살펴보았으므로, 여기서는 처음 두 가지를 살펴보기로 하자.

우리는 예수의 회개가 필요하다. 우리는 자신의 마음을 정확하게 알지 못하기 때문이다. 그러나 예수는 알고 있다. 그는 실수한 리더와 제멋대로인 사람들의 숨겨진 속마음을 꿰뚫어본다.[7] 예언자 예레미야는 이렇게 불평한 적이 있다. "만물보다 거짓되고 심히 부패한 것은 마음이라. 누가 능히 이를 알리요 마는 [기쁜 소식은 그가 여기서 그치지 않고 계속 말한다는 것이다] 나 여호와는 심장을 살피며 폐부를 시험하고 각각 그의 행위와 그의 행실대로 보응하나니."[8] 예수는 모든 사람의 마음, 사람들을 움직이도록 만드는 것이 무엇인지를 이해하고 있었다. 그는 어떻게 그것을 알고 있었을까? 아마 다음과 같은 짤막한 이야기가 앞서 인용한 루이스의 말의 의미를 더 분명하게 해줄 것이다.

알렉시스 드 토크빌Alexis de Tocqueville은 프랑스의 귀족 출신이었다. 그는 19세기에 미국으로 건너와 미국의 사회적·정치적 모습들을 관찰했다. 그가 관찰한 내용이 기록된 『미국의 민주주의』Democracy in America[9]는 오늘날에도 정치 사상가들이 연구하는 고전이다. 토크빌이 가진 **이질성** foreignness은 미국의 **특수성**distinctiveness을 볼 수 있는 능력을 그에게 제공했다. 미국에서 일어나는 일들(특히 정교분리)이 프랑스에서는 일어나지 않았기 때문에, 토크빌의 이질성은 미국에서 벌어지고 있는 민주주의 실험이라는 정치 이론의 가치를 관찰할 수 있는 능력을 그에게 주었다. 그의 **이질성**이 보다 분명한 통찰력을 가져다 준 것이다.

민주주의 제도를 관찰하는 것보다 더 심오한 작업이 있는데, 바로 죄에 대한 예수의 이질성을 살펴보는 것이다. 죄에 대한 예수의 이질성은 우리의 죄성이 가져오는 특별한 비극을, 예수로 하여금 완벽하게 자각하도록 했다. 예수는 죄가 가진 비극을 볼 수 있는 완전하게 깨끗한 눈을 소유했기에, 그의 고백은 참된 사실이다. 참된 자각의 고백과 함께 예수는 강물로 들어갔고 이 세상 최초로 진실한 고백을 쏟아냈다. 이 모든 것은 우리를 위한 것이다. 바로 이것이 우리를 위해 요단 강에 들어간 예수가 필요한 이유다. 우리는, 우리를 위해 우리의 죄를 고백한 예수가 필요하다.

그러나 이것이 곧 우리가 직접 물에 들어갈 필요가 없다는 의미는 아니다. 그리고 우리가 회개할 필요가 없다는 의미도 아니다. 그렇다.

그의 회개가 물을 갈랐기에 우리의 (연약한) 회개가 물 가운데 서 있을 수 있는 것이다. 그가 혼탁한 물을 깨끗하게 정화시켰다. 그 결과 우리는 우리의 연약함을 가지고도 진실한 고백을 아뢸 수 있는 것이다.

우리의 주저하는 확신과 가냘픈 고백은 우리로 하여금 신음 속에서 하나님께 도움을 구하도록 인도한다. 나는 로마서 8:26-27에 있는 바울의 탄식 기도를 좋아하는 열렬한 팬이다. 우리의 연약한 기도들은 우리를 위한 성령의 중보로 말미암아 강해진다. 로마서 8장에 기록된 바울의 기도는 우리를 위한 예수의 회개와 유사한 점이 있다. 우리는 회개를 하면서도 우리가 왜 죄를 범했는지, 죄가 함축하는 것이 무엇이며 장차 어떤 결과를 초래하는지 분명히 알지 못한 채 불완전한 회개를 할 뿐이다. 우리가 할 수 있는 것이라고는 그것이 전부다. 그러나 우리는 안다. 예수가 요단 강 깊은 물속으로 걸어 들어갔을 때 그는 우리를 위하여 거기 있었으며, 우리를 위해 진정한 고백을 아뢰었음을 말이다.

회개와 용서의 비둘기

요한의 세례는 회개에서 멈추지 않는다. 그것은 또한 **죄 용서를 위한** 것이다. 종종 그리스도인들은 자신들의 죄가 사하여졌는지를 의심하는 가운데 고통 속에 빠져든다. 그런 고통 속에서, 그들은 자신의 영원한 운명이 단테의 『신곡』*La Divina Commedia* 지옥편에 나오는 기괴하고 어두운 등장인물들과 함께 할까 두려워한다. 하지만 그런 두려움은 우리를 위한 예수의 세례에서 볼 수 있는 두 가지 사실을 알 때 얼마든지 경감

될 수 있다. 첫째, 죄에 대한 우리의 자각과 고백은 모두 불완전한 것이다. 우리는 이것을 반드시 시인해야 한다. 그러나 둘째, 예수는 온전한 지각과 확신을 갖고 있으며, 따라서 진실한 고백을 한다. 그를 통하여 우리의 죄가 단번에 해결된다. 예수의 확신과 고백 때문에 용서에 대한 우리의 두려움은 사라진다.

더 나아가 우리는 참된 고백 이상의 것이 필요하다. 우리가 추구하는 것은 깨끗한 양심과 (달라스 윌라드가 말하는) '마음의 혁신'이다.[10] 그럼 이제 예수의 세례에 관한 진짜 이야기로 돌아가 보자. 예수는 다른 이스라엘 백성과 함께 요단 강에 들어갔다. 예수는 다른 이들과 마찬가지로 진정한 고백을 했다. 우리를 위해서 말이다. 그리고 (여기가 혁신적인 부분이다) 성령이 비둘기의 모습으로 예수 위에 내려왔다. 요한은 예수가 동일한 성령을 우리에게 보낼 것이라고 약속했다.

우리가 성부에게 진실을 말할 때, 예수와 함께 물속에 들어갈 때, 우리 역시 하나님의 영을 넘치도록 받을 것이다. 그 영은 용서하는 영이며, 그 영이 우리에게 예수 신경을 실천하도록 능력을 부어주신다. 참된 고백은 성령을 통하여 하나님의 새롭게 하심이라는 선물을 불러일으킨다.

우리가 감사해야 할 회개

예수는 적극적인 순종으로 가득한 자신의 삶 전체를 통해 우리를 위해 길을 준비한다. 세례는 예수가 우리를 위해 겪어야 했던 여러 사건들 가운데 하나다. 불행하게도, 우리는 우리를 위한 예수의 행동을 그의 죽음과 부활에만 제한시킨다. 우리가 죽음과 부활에만 예수의 행동을 제한하면, 그가 우리를 위해 행한 다른 것들을 보지 못하며, 마땅히 드려야 할 감사도 드리지 못한다.

나는 최근에 아내와 함께 어떤 오리의 행동을 보았다. 그 오리를 보면서, 예수가 자신의 삶에서 우리를 위해 한 일들이 많은데 그것을 알아보지 못하는 경우가 너무도 많다는 사실이 떠올랐다. 우리 마을 중앙에는 버틀러 호수가 있다. 크리스와 나는 매일같이 거의 의무적으로 버틀러 호수 주위를 즐겁게 걷는다. 우리는 담소도 하고, 사색도 하고, 묵상도 하고, 관찰도 한다. 하루는 작은 다리 너머에서 암컷 청둥오리가 무언가에 붙잡힌 채 도망치려고 버둥거리는 것을 목격했다. 우리는 그 녀석이, 우리 생각에는 낚싯줄로 추정되는 어떤 것으로부터 벗어나기를 바랐다.

몇 분 뒤에 우리는 이웃에 사는 월리의 집 문을 두들기면서 함정에 빠진 청둥오리 아줌마를 풀어주기 위해 그 집 카누를 빌릴 수 있는지를 물어보았다. 월리는 이렇게 말했다. "내가 할 수 있는 일이면 해야죠." 우리가 다리에 올라가 자리를 잡고 있는 동안 월리는 카누를 타고 열심히 노를 저어 청둥오리에게 접근해 마구 파닥거리는 오리 바로 아래의 물속에 노를 담갔다. 그는 노를 이리저리 들쑤셨지만 성공하지 못했다. 순간 그는 마치 화물열차가 정면으로 달려오는 것을 본 사람처럼 소리를 질렀다. "저런, 커다란 악어거북이 오리의 다리를 물고 있어요!" 악어거북은 원래 여유만만하여서 청둥오리가 항복할 때까지 기다리고 있었다. 월리는 계속해서 노로 그것을 찔러댔고, 마침내 오리는 풀려나 10m가량 헤엄쳐 개활지로 나갔다.

그런데 놀랍게도 청둥오리는 마치 잘난 체하는 십대 공부벌레마냥 지금까지 아무런 일도˙일어나지 않은 것처럼 행동했다. 그 녀석은 커다랗게 원을 그리며 헤엄치면서, 천천히 그리고 천진난만하게 고개를 처박고 물속의 먹을 것을 찾는 평소의 생활방식으로 돌아갔다. 한마디 감사의 말도 없이, 윌리에게(혹은 어쨌든 그 사실을 알려준 우리에게도) 고맙다는 '꽥꽥!'의 인사도 없이 말이다.

가끔씩 우리는 예수의 삶, 특히 우리를 위한 예수의 세례와 예수의 회개와 관련해, 약간은 그 오리와 같을 때가 있다. 우리의 무감각은 예수의 회개가 우리에게 얼마나 필요한 것인지 (확신과 고백의 수준에서) 알아보지 못하는 것으로 나타난다. 우리는 예수가 우리를 위해 회개해야만 성령의 용서와 능력이 비둘기처럼 우리에게 나타남을 체험할 수 있다는 사실을 이해하지 못하고 있다. 실제로 우리는 그 비둘기가 우리에게 내려오는 것을 체험했으면서도, 이 일이 일어나게 한 예수에게 감사하지는 못했다.

예수와 함께 물속으로 들어가 그의 완벽한 고백을 하는 사람은 또한 성령의 충만을 받고, 성부로부터 부드러운 인정의 말을 듣고, (믿음 안에서) 하늘이 영광 가운데 열리는 것을 보게 될 것이다.

26장
광야에서 예수와 함께하기

복음서 읽기 • 마 4:1-11; 막 1:12-13

모든 소명은 하나님께 시험을 받는다. 만일 모든 그리스도인이 일괄적으로 가져야 하는 소명이 예수 신경이라면, 하나님을 향한 우리의 사랑과 이웃을 향한 사랑은 시험을 받을 것이다. 요한에게 세례를 받은 다른 사람들이 모두 요단 강을 건너 다시 이스라엘 땅으로 들어갔을 때, 예수는 뒤로 돌아 바람이 불어오는 쪽을 향해 나아갔다. 조금 전에 사람들이 보는 앞에서, 다른 누구도 아닌 성부 하나님은 예수를 하나님의 아들로 선포했다. 사람들은 아마 그가 예루살렘을 향해 당당히 나아가, 그곳의 높은 사람들에게 하나님의 계시를 알릴 것이라고 생각했을 것이다. 그러나 예수는 그렇게 하지 않았다. 그렇다. 예수가 요단 강을 건너 이스라엘 땅으로 돌아가 자기 백성에게 천국을 제시하기 전에, 성령은 그를 시험하기 위해 광야로 내몰았다. 여기서 그는 하나님께서 자기에게 행하라고 명하신 일을 준비했다. 그 일은 자기 백성에게 천국, 곧 예수 신경이 삶을 변화시키는 곳을 제시하는 것이었다.

우리가 '하나님에게 받은 소명'을 생각할 때, 우리는 항상 '하나님께 받는 시험'도 생각해야 한다.

그러나 먼저 시험이

내 아들 루카스는 자신의 소명이 야구를 하는 것이라고 생각한다. 우리의 삶에서 최고의 날들 중 하나는 루카스가 프로야구 팀인 시카고 컵스의 포수로 선발되었다는 소식을 들었을 때였다. 엄청난 행운이 찾아온 것이다. 하지만 우리는 그 전화가 어떤 의미인지를 제대로 알지 못했다. 마이너리그는 야구 선수의 자질을 끝없이 시험하는 곳이었다.

몇몇 친구들은 즉시 루카스가 여름에 시카고 컵스의 홈구장인 리글리 필드에서 경기를 하느냐고 물어왔다. 우리는 프로야구의 시스템에 대해 수도 없이 설명했다. 드래프트를 통과한 선수는 7단계로 된 사다리를 올라야 하는데 그중 끝까지 통과하는 선수는 7%뿐이다. 컵스의 정규 선수로 리글리 구장에서 경기하기 위해서는 메이서^{Mesa}(루키), 보이시^{Boise}(쇼트시즌 A), 랜싱^{Lansing}(로우 A), 데이토나^{Daytona}(하이 A), 잭슨^{Jackson}(더블 A), 그리고 디 모인^{Des Moines}(트리플 A)을 성공적으로 거쳐야 한다. 그 이후에는 선수 명단에 빈자리가 생기고, 컵스가 그 빈자리에 더 좋은 선수를 영입하지 않으면 겨우 경기에 출전하게 되는 것이다.

간단히 말해서, 드래프트를 통과했다는 것은 그 젊은이 앞에 **극심한 시험이 계속 남아 있다**는 의미다. 어떤 이는 그 시험을 통과하는 데 7년에서 10년이 걸린다. 다음 단계로 나가기 위해서는 현 단계에서의 성공이(돈벼락을 맞지 않는 한) 반드시 필요하다. 다수의 (93%) 선수들은 그렇지가 못하다. 본경기에 출전하는 것은 가혹한 시련이다. 화려한 기술과 강인한 정신력, 그리고 비어 있는 포지션이 있어야 한다.

소명에는 종종 모진 시험이 포함된다. 하나님의 아들로서 예수의 소명은 그가 사탄에 의해 세 차례 시험을 받았을 때 검증되었다. 이것은 성경에 나오는 다른 많은 이들도 마찬가지다. 예를 들어 오래전에 야웨는 아브라함에게 세상을(그리고 조금 더 많은 것을) 약속하셨지만, 그는 약속된 것을 받기 전에 시험을 통과해야 했다.[1] 다른 시험도 있었지만, 무엇보다 그는 자기 아들 이삭을 하나님의 계획에 복종시켜야 했다. 모세나 다윗의 예를 추가할 수도 있지만, 예수의 시험이 하나님이 정하신 일정한 틀에 부합하다는 것을 보이는 것만으로도 충분하다. 하나님이 주신 소명은 하나님에 의해 시험을 받는다.

우리를 위해 광야로

예수의 사명에 대한 시험은 광야에서 찾아왔다. 마태복음은 예수가 세례를 받은 즉시 "성령에게 이끌리어 마귀에게 시험을 받으러 광야로" 갔다고 말한다.[2] 광야에서 예수는 사탄에게 시험을 받았다. 예수는 신명기에서 세 구절을 인용했다. 이 세 구절은 모두 이스라엘 민족이 광야에서 몸소 체험한 것들 가운데 나온 것이다.

이스라엘은 모세의 지도로 바로의 혹독한 압제로부터 벗어났고, 하나님은 이스라엘에게 다시 약속의 땅으로 돌아가게 해주겠다고 약속하셨다. 약속의 땅에 거주하면서 하나님의 백성으로서 토라를 지키는 것, 이것이 그들의 소명이었다. 그러나 애굽에서 벗어난 뒤, 그리고 그 땅에 들어가기 전에 그들은 시험을 받아야 했다. 야웨는 삶의 중요한 문제 세 가지를 가지고 이스라엘을 시험했다. 이스라엘은 하나님의 공급하심을 신뢰할 것인가? 이스라엘은 시련 가운데 하나님께 인내로 순종할 것인가? 그리고 이스라엘은 야웨만을 섬길 것인가? 이것이 이스라엘에게 주어진 세 가지 시험이었고, 그들은 모든 시험에 실패했다.

예수 역시 광야에서 동일한 방식으로 세 가지 시험을 받았다. 그는 아바가 자신의 육체적 필요를 공급하실 것임을 신뢰할 것인가? 자기를 공적으로 알리는 아바의 정한 시간을 기다릴 것인가? 그는 아바만을 경배할 것인가? 이것이 예수에게 주어진 세 가지 시험이었다. 예수는 이 모든 시험을 통과했다. 시험이 세 가지라는 것, 그리고 이스라엘과 예수의 시험이 모두 광야에서 이루어졌다는 것은 결코 우연이 아니다.

예수는 한 가지 이유로 인해 광야에서 시험을 받았다. 그는 이스라엘이 받은 광야의 시험을 다시 받아야 했고 또한 그 시험을 통과해야만 했다. 그로 인해 그는 순종하는 이스라엘 백성으로서 약속의 땅에 들어갈 수 있었다. 그리고 그는 우리를 위해 시험을 받았다. 이스라엘은 실패했고, 다른 세대가 그 땅에 들어간다. 예수는 성공했고, 자기 백성과 함께, 그리고 그들을 위해 그 땅에 들어간다.

그가 우리를 위해 시험을 받았다는 사실은, 예수가 예수 신경에 의해 움직였다는 사실을 다시 한 번 잘 보여준다. 그는 하나님을 사랑하고 이웃을 사랑한다. 그는 하나님께 우리를 대신하여 완전한 순종을 드리려 했다. 그리고 그는 우리를 대표하는 자로서, 우리에게 우리 자신의 시험을 통과하라고 말한다.

광야에서 예수와 함께하기

우리는 왜 예수의 광야에 참여해야 하는가? 천국에 혹은 '약속의 땅에 들어가기' 위해서는 진정으로 회개하고, **그리고 순종하며 살아야 한다.** 만일 하나님께서 우리에게 기대하시는 것이 순종하는 삶이라면, 그 시험에 통과할 가능성은 프로야구 마이너리그 선수들이 본경기에 나갈 기회보다 적다. 만일 우리의 시험이 순종하는 삶이라면, 즉 온전하게 사는 것이라면, 아마 우리는 (옛 이스라엘 백성과 마찬가지로) 그 시험을 통과하지 못할 것이다. 물론 다른 사람의 온전한 물결과 흐름에 올라타지 못하면 말이다. 그리고 바로 이것 때문에 예수가 시험을 받은 것이다.

예수가 우리를 위해 한 것을 야구와 비교할 수 있다. 내가 살면서 얼마나 많은 야구 관련 서적을 읽었는지 혹은 얼마나 많은 경기를 관람했는지는 여기서 말하지 않을 것이다. 그렇지만 역사상 가장 훌륭한 포수는 1989년 명예의 전당에 이름을 올린 조니 벤치Johnny Bench(1967-1983까지 메이저리그에서 활약—옮긴이)라고 말할 정도로는 충분히 알고 있다. 그는 1960년대와 1970년대 신시내티 레즈팀이 전성기를 구가할 때 엄청나게 많은 홈런을 치기도 했다. 데이빗 포크너 David Falkner에 의하면 "운동에 딱 맞는 체격, 빠른 반사 신경, 크면서도 부드러운 손, 강력한 송구력을 가진 팔, 그리고 최고의 배팅능력과 함께 일급 야구 마인드를 가진 그는, 한마디로 이상적인 포수였다."[3] 그는 최고였다.

예수가 광야에서 행한 것은 역사상 가장 위대한 포수(조니 벤치)가 우리 아들을 대신해 마이너리그에서 포수로 뛰는 것과 같은 것으로 생각할 수 있을 것이다. 조니 벤치가 마이너리그에서 야구하는 멋진 모습을 상상해보라. 조니를 메이저리그로 보내라는 지시가 왔을 때, 그는 그 승격에 동의하지 않고 오히려 자기 배트와 글러브를 내 아들에게 내밀면서 이렇게 말한다. "나는 자넬 위해서 이 일을 했다네. 새내기, 자네가 가게."

그렇다. 이것이 바로 예수가 우리를 위해 행한 일이다. 우리는 예수 신경으로, 즉 우리의 마음과 목숨과 뜻과 힘을 다해 하나님을 사랑하라는 부르심을 받았다. 우리는 이것을 완벽하게 실천하도록 명령을 받았지만 그 일을 전혀 할 수 없다. 그래서 예수는 우리를 위해 그 일을 했다.

성경에 따르면 하나님을 사랑하는 것은 우리가 그분을 신뢰하는 것, 그분의 때를 기다리는 것, 그리고 그분을 경배하는 것을 의미한다. 우리 역시 우리의 소명이 있는 영역들에서 하나님을 사랑하라는 시험을 받게 될 것이다.

오늘날 광야에서 예수와 함께하기

숀은 내 제자다. 그는 지금 자신의 평생 꿈을 소명으로 삼아 행복하게 지내고 있다. 예전에 그는 깨어진 관계의 아픔을 내게 이야기한 적이 있다. 그는 자신의 과거 몇 가지를 애인에게 설명했는데 그것이 두 사람의 관계에 문제를 일으켰다. 그 일로 그는 낙심했고, 그의 애인은 그의 과거를 놓고 갈등했다. 그는 그녀에게 필요한 시간을 충분히 가지라고 권유했다(또 마땅히 그렇게 해야 하는 것이다).

그는 이것이 자신의 생애에 가장 커다란 시험이었으며, 자신은 하나님께서 해결해주실 것을 신뢰하기 위해 몸부림쳤고, 하나님께서 해결하시기를 기다리기 위해 무진장 애를 썼다고 고백했다. 그의 믿음은 시험을 받고 있었다. 손은 애인과의 관계에 대해 계획을 세워두었으나 어떤 일이 일어날지 몰랐다. 그는 자기 스스로 고백한 것처럼 '지배욕이 강한 사람'이었고, 기다리고 신뢰하는 일에 어려움을 겪고 있었다. 교회에 가서 다른 사람들과 예배하는 것은 그가 걱정하는 일에 방해가 되었고, 그래서 그는 그것마저도 그만두었다. 그는 이것을 바로잡기를 원했다. 그러나 마음 깊은 곳에서 자신이 주님을 신뢰하는 일에 실패하고 있음을 깨달았다. 그는 주님의 뜻이 이루어질 것을 알았으며 그것이 자기에게 가장 좋은 것임을 알았지만, 주님을 신뢰하기가 너무도 힘들었다.

내가 그에게 이렇게 말했다. "이런 상황에서 우리가 광야에서 성부 하나님을 온전하게 신뢰한 예수의 능력을 덧입을 수 있다는 것은 좋은 소식일세." 그리고 이렇게 덧붙였다. "예수의 신뢰가 자네의 신뢰에 대한 몸부림에 능력을 부어줄 수 있다네."

신뢰란 것은 우리가 반드시 해야 할 때가 오기까지는 또 하나의 훌륭한 개념들 가운데 하나에 불과하다. 사실, 하나님을 신뢰하는 것은 결코 쉽지 않은 일이다. 왜 그런가? 나는 손에게, "자네의 인생에 한 여인이 있는 한 하나님께서 그 여인을 자네의 삶 안으로 인도하시는 것을 신뢰하는 것은 쉬운 일"이라고 말했다. 전망이 희미할 때 믿음이 필요한 것이다. 우리는 일반적으로 익숙한 것의 끝자락에 이르렀을 때에야 우리에게 신뢰가 필요하다는 것을 깨닫게 된다. 그 끝자락 너머에 있는, 한 번도 가보지 않은 광야를 보는 우리는 그 경계선 너머에서 어떤 일이 일어날지 궁금해한다. 그리고 우리는 숀이 그랬던 것처럼 걱정한다.

나는 계속해서 말했다. "예수는 자네가 있는 바로 그 자리에 계신다네. 그리고 그분은 자기에게 참여하라고 우리에게 요구하고 있네. 바로 그곳이 광야라네." 몹시도 힘든 상황에서 예수는 자신이 갖고 있지 않은 것에 대해 하나님을 신뢰했다. 예수는 굶주렸다. 마태는 그가 40일 밤낮으로 금식해서 배가 고팠다고 전한다(놀랍고 놀랍다). 그의 사정을 알고 있는 사탄은 한 가지 제안을 한다. "네가 만일 하나님의 아들이어든[혹은 아들이므로] 명하여 이 돌들로 떡덩이가 되게 하라." 그것은 예수가 자신의 능력으로 충분히 할 수 있는 일이었다. 할 것인가 말 것인가란 질문에 '하지 않겠다'는 대답이 돌아왔다. 하나님의 아들로서 필요한 것을 공급할 자격이 있는 예수는 자신의 육체적 욕망이 선택을 좌지우지하도록 내버려두지 않았다. 그는 오직 하나님께서 공급하실 것만 신뢰했다. 그리고 나는 숀에게 그가 하나님에 대한 신뢰로 갈등하고 있을 때 광야에서 예수와 함께할 수 있다고 말해주었다. 그곳은 그가 시험받는 동안 연약해진 믿음을 예수가 북돋워줄 수 있는 곳이다. 그리고 이렇게 말했다. "예수에 대해 생각하면 그분이 자네에게 능력을 줄 수 있다네. 그분의 믿음을 통해 자네의 믿음을 강하게 해달라고 요청하게. 그분의 믿음에 마음을 활짝 열고 그분의 믿음을 의지하게나."

숀의 이야기에서 분명히 드러나는 또 다른 문제는, 그가 자기 애인이 결정할 때까지 기다리려고 하지 않았다는 것이다. 나는 다시 한 번 그에게 예수의 광야 체험을 지적했다. 예수는 하나님의 때를 기다리지 말라는 유혹을 받았을 때도 오직 하나님만을 기다렸다. 야웨께서는 이스라엘에게 그 땅을 약속하셨고, 아바는 예수에게 천국을 약속하셨다. 성전에서 예수가 살짝 보여준 영광은 예루살렘의 지도자들에게 그를 하나님의 메시아로 생각하게 하기에 충분했을 것이다. 그래서 사탄은 예수 앞으로 나서서, 톰 라이트의 표현처럼 "한 걸음에 쉽게 얻을 수 있는 방법"을 택할 수 있는 기회를 제공했다.[4] 그러나 만일 예수가 하나님께서 자기를 위해 마련해두신 것을 얻기 위해 그런 방법을 사용했다면 하나님의 때를 망쳤을 것이다. 그리고 예수가 하나님을 기다리기로 선택한 것처럼, 나는 숀에게 기다림으로 능력을 얻은 예수의 경험에 의지하라고 권면했다.

예배와 관련된 숀의 문제는 분명했다. 그는 자신의 걱정거리와 문제를 바로잡으려는 열망에 마음이 산만해져서 삶의 중심 문제, 곧 전인격적으로 하나님을 사랑하는 일에 집중할 수 없었다. 그는 자기가 노력하고 있다고 말했다. 그는 기도했지만 또한 걱정했다. 나는 그에게 광야에서의 예수를 생각하라고 권면했다. 그곳에서 사탄은 예수에게 자신이 원했던 천국을 제안했다. 그러나 이를 위해서는 대가를 지불해야 했는데 그것은 사탄을 경배하는 것이었다. 예수는 자기 부친과 모친에게서 배운 쉐마를 고백했다. 하나님은 한 분이시고, 나는 그분만을 예배할 것이다. 그는 자신이 하나님만을—마음을 다하고 목숨을 다하고 뜻을 다하고 힘을 다하여—사랑해야 한다는 것을 알았고, 하나님을 올바로 사랑하는 것은 그분만을 경배하는 것을 의미한다는 것을 알았다.

우리가 믿음으로 인해, 혹은 하나님을 기다리는 일로, 그리고 하나님을 우리 예배의 중심에 모시는 일로 발버둥 칠 때 예수가 우리를 위해 이 모든 것들을 행했다는 사실을 기억할 필요가 있다. 우리의 연약한 신뢰, 하나님을 기다리는 일에서의 실패, 그리고 초점을 잃은 예배는 모두 예수가 보여준 온전한 신뢰와 인내, 그리고 그가 드린 온전한 예배에 의해 압도되었다.

우리 그리스도인들은 광야에서 예수가 우리를 위해 아바를 신뢰했다는 사실을 아는 것에서 생기는 능력을 활용할 수 있다. 어쩌면 신뢰의 문제로 시험을 받을 때 다음과 같은 간단한 기도를 드리는 법을 배울 수 있다. "예수님, 당신은 저를 온전하게 신뢰했습니다. 하지만 저는 아바 하나님을 신뢰하는 데 힘들어하고 있습니다. 당신의 완전한 믿음으로 제 연약한 믿음을 강하게 해주십시오." 히브리서 저자는 이 능력이 무엇인지를 알기에, 우리에게 "긍휼하심을 받고 때를 따라 돕는 은혜를 얻기 위하여 은혜의 보좌 앞에 담대히 나아갈 것"을 촉구한다.[5] 그가 이런 기도를 드릴 수 있는 것은 이미 예수가 시험을 받았다는 것을 알았기 때문이다.

예수는 우리가 따를 모범임에 분명하지만, 그 이상의 존재다. 그의 온전한 신뢰(그리고 인내와 예배)는 우리의 것이므로, 광야에서 그와 동행하자. 그리고 그의 삶에 동참해 그를 따르면서 하나님을 사랑하자. 우리는 그와 동행하는 가운데 우리의 실제 삶에서 예수 신경을 배운다.

27장

산 위에서 예수와 함께하기

복음서 읽기 • 눅 9:28-36

비극은 삶을 극적으로 바꾸어놓을 수 있다. 어느 날 크리스와 나는 저녁을 먹고 버틀러 호수 주위를 산책한 후 거실에 앉아 차를 마시면서 그날 있었던 일들을 이야기하다가 전화벨 소리를 들었다. 내가 전화를 받았다. 그러자 수화기 너머에서 팻 소머스가 말했다. "스캇, 자네 팀 팬더에 관한 소식 들었나?" 나는 "아니"라고 대답했다. 팻이 전화를 거는 일은 드물다는 것을 아는 나로서는 이런 질문에 뒤이어 비극적인 이야기가 따라 나올 것이라 직감했고, 다음에 이어질 말에 마음을 단단히 먹었다. "팀이 애리조나에서 등반을 하다 죽었다네. 그 이상은 우리도 아는 게 없네." 나는 팀의 부모이자 우리의 절친인 짐과 보니가 집에 있는지를 물어보았고, 팻은 그들이 집에 있다고 말해주었다.

나는 한동안 멍한 채로 자리에 앉아 있다가 크리스에게 이 사실을 알려주었다. 우리는 몇 분 동안 하나님의 뜻을 찾기 위해 말없이 기도했다. 우리는 겨우 마음을 추스르고서 자동차를 몰아 몇 블록 떨어진 팀의 부모네 집으로 갔다. 도착해서 보니 벌써 다른 부부가 팀의 부모인 보니와 짐을 위로하고 있었다. 우리는 "어쩌면 좋아요"라는 말 외에는 달리 아무 말도 할 수가 없었다. 우리는 보니 부부를 안아주고, 그들과 함께 서 있다가, 이윽고 그들이 스물세 살 먹은 외아들의 죽음을 받아들이기 시작하면서 자기 마음을 쏟아놓는 것을 묵묵히 듣고 있었다. 보니는 나중에 마음의 상처가 1년 가까이 지속되었다고, 그리고 심장이 찢어졌다broken heart는 말이 어떤 의미인지(육체적으로 문자적으로)를 비로소 알게 되었다고 말했다.

팀은 와이오밍 대학교의 학생이었다. 그는 산에 오르는 것을 좋아했고, 산딸기와 같은 야생 식물들을 먹으면서 생존하는 법을 배웠다. 그러나 이번 경우 애리조나에서는 단 한 명의 친구와 산으로 여행을 갔다. 두 사람은 길을 걷다가 개울가 주변에 서식하는 야생 당근을 발견하고 멈추어 그것을 먹었다. 하지만 그는 먹어서는 안 되는 식물을 먹은 것이다. 그는 그 대가로 생명을 잃었고 그의 가족에게 삶의 고통을 초래했다. 한순간에 일어난 실수였다. 팀은 야생 당근이 아니라 독미나리를 먹은 것이다. 그는 몇 분 만에 저세상으로 떠났다. 하지만 떠난 것은 그의 몸이었지, 그에 대한 기억은 아니었다.

그날 밤 늦게 집으로 돌아오자마자 나는 거실에 앉아 짐과 보니 그리고 팀의 두 여동생 타미와 맨디를 위해 기도하는 가운데, 팀의 삶을 놓고 하나님께 감사했다. 그의 장례식장에서 나눠준 작은 엽서는 아직도 내 책상 위에 그대로 놓여 있다. 그 엽서는 팀과 그때의 비극, 그리고 영원한 생명을 묵상하게 만든다.

이것은 내가 평생 묵상하는 내용이다. 세상에는 두 가지 길이 있다.

길 하나는 비어 있으며 세상을 떠난 사람을 위하여 우리 옆으로 난 길이다. 우리는 그 길이 어디로 이어지는지를 알지 못한 채 단지 궁금해할 뿐이다. 그러다 가끔씩 '만약에 이랬으면' 하는 생각에 빠진다. 두 번째 길은 우리를 위한 것으로, 우리 살아 있는 사람들은 그 길을 가도록 명령을 받는다. 팀을 사랑하는 사람들은 그를 그리워한다. 하지만 그무엇도 그를 다시 돌아오게 하지 못한다. 그를 사랑하는 사람들은 생명의 길 위에 있으며, 다만 그의 길이 어디로 이어졌는지를 궁금해할 뿐이다.

죽음은 우리 모두를 당황하게 만든다. 비극적인 죽음은 우리 존재의 핵심을 두들기며 우리에게 '왜?'라는 깊은 질문을 억지로 떠넘긴다. 비극은 피상적인 대답을 비웃으며 생명의 신비 속으로 더 깊이 들어가도록 우리를 몰아간다. 우리는 두 가지 가운데 하나의 대안에 도달한다. 그것은 소망에 마음의 닻을 내리고는 비극의 거센 바람과 정면으로 맞서거나, 혹은 소망에 등을 돌린 채 거센 바람에 날려 절망의 여울목에 빠지는 것이다.

예수는 우리가 비극과 죽음이라는 거친 바람에 정면으로 맞설 수 있도록 도와주는 무언가를 우리에게 제공한다. 그는 우리에게 죽음에 도전할 수 있는, 비극을 정면으로 바라볼 수 있는, 그리고 "모두가 다른 어딘가에 있다"all is elsewhere[1]는 것을, 즉 우리가 현재 지각하는 것 이상의 삶이 존재한다는 것을 알 수 있는 길을 제공한다. 그는 우리에게 이 세상과 우리의 죽을 몸을 뛰어넘는 삶이 존재하며, 아바와 함께하는 영원한 삶이 존재한다는 것을 알 수 있도록 도와준다. "모두가 다른 어딘가에 있다"는 것을 아는 것은 우리의 고통을 경감시켜주는 것이 아니라 그것을 견뎌내고, 그것을 끌어안고, 그것을 부여잡고 소망 가운데 걸어가게 만든다.

변화 산 위에서 예수와 함께하기

예수는 "모두가 다른 어딘가에 있다"는 것을 설명하고 또 보여준다. 예수는 자신에 대한 반대가 점차 가열되고 있다는 것과 자신이 죽게 될 것임을 가장 가까운 제자들에게 **설명한다**. 또한 그는 제자들에게 자신이 "제 삼일에 살아나야 하리라"[2]라고 가르친다. 그리고 자기를 따르는 제자들은 그와 동일한 것, 곧 죽음과 부활을 경험할 것이라고 설명한다.

제자들은 예수가 말하고 있는 것을 이해하지 못했기 때문에, 예수는 그들 가운데 몇 명을 산으로 데려가 더 많은 것, 곧 영원이 존재한다는 것을 **보여준다**. 산 위에서 제자들이 보고 있는 가운데 예수의 몸이 변화되었다. 우리는 '변화되었다'는 것이 정확히 무엇을 의미하는지 이해하기 어렵다. 그래서 누가복음에 기록된 말씀을 살펴보자.

기도하실 때에 용모가 변화되고 그 옷이 희어져 광채가 나더라.[3]

자신의 부활과 그에 대한 예수의 설명은 **비극적 죽음에 대한 답변이다.** 예수의 변형에는 죽음의 분위기가 둘러싸여 있었다. 예수는 자기를 따르는 제자들에게 자신이 통치자들의 손에 죽을 것이라고 말했다. 또한 그는 제자들 역시 죽게 될 것이라고 말했다. 변형의 와중에서 토라를 대표하는 모세와 예언자를 대표하는 엘리야는 '그의 이별에 관해' 혹은 그리스어로 '엑소더스'exodus에 관해 말하였다.[4] 즉 삶 이상의 것이 존재한다는 사실을 계시하는 행동 중에 이 위대한 예언자들은 예수의 죽음을 말하고 있다! 그들이 행하고 있는 것은 결혼식에서 장례 예배를 드리며 고인에게 추모의 말을 전하는 것과 같은 것이다! 예언자들은 설령 죽음 앞에서라도, 민감하기보다는 정직하게 반응한다. 변화 산의 변형은 죽음에 대한 대답이다.

그런데 예수가 변형된 이유는 무엇일까? 누가복음에 다음과 같은 대답이 있다. "베드로와 요한과 야고보를 데리고 기도하시러 산에 올라가사."[5] 이것이 예수가 변형된 '이유'를 묻는 질문에 대한 대답이다. 예수는 영원이 존재한다는 것을 스스로 확인하기 위해 하나님을 '체험'할 필요가 없었다. 그는 신비로운 체험을 찾기 위해 숲속으로 들어간 것도 아니다. 예수는 베드로, 요한, 야고보에게 가장 심오한 생명의 신비를 계시하기 위해 변형되었다.

예수의 변형은 다른 이들, 곧 당신과 나를 위한 것이다. 예수는 자기 제자들을 위하여 친히 죽음의 골짜기를 지나는 길을 만드는 것과, 우리가 죽음이라 부르는 어두운 철 장벽, 곧 비극에 구멍을 뚫는 일을 우선 시작했다. 그것은 우리가 걸어야 할 길이자 저 세상으로 들어갈 수 있는 통로다. 변형된 예수는 자기 제자들의 손을 잡아 그들이 그 길을 한두 걸음 걷도록 이끌었고, 그 길이 실제로 존재한다는 것을 보게 하였다. 또한 그는 그들을 그 구멍으로 인도해 광대한 영원의 땅을 엿볼 수 있게 했다. 제자들은 『나니아 연대기』첫 권인 "사자, 마녀, 그리고 옷장"에 나오는 페번시Pevensie 집안의 옷장을 통해 나니아로 가는 길이 열린 것처럼, 저세상의 희미한 공기를 냄새 맡고 그곳의 분위기를 느꼈다.

변형은 삶의 신비가 활짝 드러나서 우리에게 와 닿으며, 우리에게 "모두가 다른 어딘가에 있다"는 것을 일깨워주는 순간들 가운데 하나다. 베드로, 요한, 야고보는 예수의 현재의 모습을 본 것이 아니라 예수가 장차 어떠한 모습이 될지를 믿음의 눈을 통하여 살짝 엿본 것이다. 여기서의 영광은 그저 '혼자만의 것'이 아니다. 모세와 엘리야 역시 '영광을 받았다.' 더욱이 예수는 다른 상황에서, 모든 제자가 "해와 같이 빛나리라"고 말한 적이 있다.[6] 제자들이 산 위에서 예수, 모세, 엘리야의 모습 가운데 본 것은 그들이 공통으로 소유한 것이었다. 제자들은 영광스럽게 된 이 세 사람의 몸에서 무덤을 뛰어넘은 자신들의 모습을 보고 있는 것이다.

우리는 변화 산 상의 예수에게 나아가야 하며, 그의 제자들 그리고 모세와 엘리야의 무리에 동참해야 한다. 그리고 우리 역시 언젠가 영광스럽게 변화되어 빛날 것임을 알아야 한다. 그 자리에 예수와 함께 서는 것은 삶에 대한 변화된 관점을 가져온다.

오늘의 변화된 관점

변화 산의 예수에게 나아감으로써 영원을 엿본 사람들이 있다. 나는 최근의 연구들 가운데 마거릿 킴 피터슨Margaret Kim Peterson을 생각한다. 그녀는 에이즈에 걸려 죽어가는 남편 형구 씨의 죽음에 관한 잔인한 이야기를 들려준다. 그녀는 시시각각으로 죽어가고 있는 사랑하는 남자를 바라보며 자신에게 일어난 감정을 글로 쓰면서 인간에 대한 변화된 관점을 표현한다.

형구 씨가 나를 그윽한 눈빛으로 쳐다보고 있을 때, 내가 보고 있었던 것과 내가 볼 수 있었던 모든 것은 아마도 사랑이었을 것이다. 나는 감상적인 상상력에 굴복하지 않았다. 나는 하나의 아이콘, 곧 그 얼굴이 모세가 산에서 내려왔을 때처럼 빛나기 시작한 사람과 함께 살고 있었다.…형구 씨는 살아 있던 그 어느 순간보다 죽었을 때 더 온전한 모습이었다.[7]

그와 동일한 시각을 '교부 중의 교부'로 여겨지던 니사의 주교 그레고리우스Gregorius의 누나이자 초대교회의 잘 알려지지 않은 성녀 마크리나St. Macrina에게서 찾아볼 수 있다. 마크리나의 훈련과 헌신은, 그녀가 교회에 미친 영향만큼이나 전설적이었다. 어떤 이는 그녀를 '미덕의 발전소'라고 불렀다. 그녀의 영향력이 그만큼 지대했기 때문에 그레고리우스는 교회의 권고를 따라 누나의 전기를 저술해야 했다. 그는, 그녀가 죽음을 목전에 둔 상황에서 보여준 변화된 관점을 이렇게 들려주고 있다. "고열이 그녀의 체력을 집어삼키고, 그녀를 죽음으로 급하게 몰아가고 있었는데도, 그녀는 마치 아침 이슬을 머금은 것처럼 자신의 몸을 새롭게 만들었다. 마치 천사가 그녀의 몸을 입은 것 같았다." 그녀는 마지막 순간에 기도했고, 십자가를 그었으며, 영광을 입었다. 이것이 변화된 관점이다.[8]

우리가 예수의 변형 가운데서 보는 것은 그의 신성이 아니라 영화된 그의 인성으로, 그것은 모든 인간의 실제적인 동시에 잠재적인 모습이다. 루이스는 이것을 '영광의 무게'라고 불렀다. 그는 한 문장에서 우리를 이렇게 일깨워준다.

우리가 앞으로 신이나 여신이 될 수 있는 사람들과 어울려 살 것이라는 것과, 지금 만나는 더없이 우둔하고 지루한 사람이라도 미래의 그 사람의 모습을 우리가 볼 수 있다면, 그는 우리가 당장에라도 무릎 꿇고 경배하고 싶은 존재가 되거나, 아니면 악몽에나 만날 만한 소름끼치고 타락한 존재가 될 것이라는 사실을 기억하는 것은 심각하게 고려해야 할일이다.

결국 우리의 타락한 인생관이 인간을 있는 모습 그대로 보는 것을 방해한다 할지라도, '평범한 사람'은 전혀 존재하지 않는다고 루이스는 계속해서 말한다. 그것은 인간의 죽음이 마지막이 아니며, 하나님의 영광스러운 임재가 거하는 운명을 가진 참으로 놀라운 존재가 인간이라는 의미다. 죽음은 이 삶 가운데 속하지만, 그러나 궁극적으로 삶의 영광을 가둬 두지는 못한다. 루이스는 계속해서 이렇게 말한다.

우리의 오감이 참으로 경험할 수 있는 가장 거룩한 대상은 성찬의 빵과 포도주이고, 그 다음으로는 우리의 이웃이다. 그 이웃이 그리스도인이라면 그는 성찬만큼이나 거룩하다고 할 수 있다. 왜냐하면 그 이웃 안에는 참으로 숨어 내주시는 *vere latitat* 그리스도가 계시기 때문이다. 그 이웃 안에는 영광스럽게 하시는 분이자 영광을 받으시는 분, 영광 자체

께서 숨어계신다.[9]

루이스처럼 글을 쓸 수 있는 사람은 별로 없다. 그리고 이러한 변화된 관점의 모범을 보였던 존과 앤 골딩게이 부부^{John and Ann Goldingay}의 이야기를 아는 사람도 별로 없다.

걸어라

나는 노팅엄 대학교에서의 박사학위 과정 1학기 때 학생과 교수가 함께 하는 '격주' 세미나에 참가했다. 첫 수업 시간에 내 오른쪽에는 성 요한 신학교의 존 골딩게이 교수가 앉아 있었다. 나는 그에게서 변형의 관점을 발견했다. 그의 아내 앤은 다발성경화증을 앓고 있었다.

우리는 골딩게이의 『워크온』에서 존과 앤 부부의 이야기를 볼 수 있다. 내가 생각하기에 이 책은 지난 10년간 읽을 책들 가운데 가장 가슴을 따뜻하게 만들고 믿음의 영감을 주는 책이 분명하다. 앤은 다발성경화를 앓으면서도 '걸으리라'는 불같은 결단을 갖고서 의사가 되었다. 한 간호사는 무례하게도 그녀에게 결혼을 하지 말라고 권했다. 앤은 또한 자녀를 갖지 말라는 말도 들었다. 하지만 그녀는 존과 결혼했고, 자녀도 출산했고, 나중에 의학적 관심을 신경정신과 쪽으로 전향했다. 그녀와 존은 계속 걸었다.

앤의 육체가 허약해질수록, 존의 믿음은 점점 더 견고해져갔다. 그들에게는 공평치 않은 뒤틀린 삶으로 인한 슬프고도 슬픈 이야기가 있으며, 삶에 대한 변형의 관점에서 오는 특별한 승리의 기쁘고도 즐거운 이야기가 있다.

존은 구약학 교수다. 그래서 욥과 예레미야의 이야기가 그의 책에서 두드러지게 나타난다. 구약의 강인한 성인들처럼 존의 믿음도 끈질기고 박진감 넘치며 진솔하다. 그래서 사람들이 생생히 느낄 정도로, 그는 다른 사람들이 회피하거나 놀라는 열정으로, 화염을 내뿜는 총과 같은, 그리고 이글거리는 눈빛을 지닌 뜨거운 열정으로 자신의 집 안을 가득 채웠다. 욥과 예레미야의 견해처럼 존의 변형된 관점은 지금 여기서의 고통스러운 삶의 현실을 부인하지 않는다. 그리고 비극의 순간들을 당당히 바라보면서 거센 바람을 향하여 걸어 나간다.

욥의 이야기를 다루는 '재앙'Calamity이라는 장에서 존 골딩게이는 자신이 비극을 다루는 법을 어떻게 배웠는지를 보여준다. 그는 다음과 같이 말한다. "우리 모두는 비극에서 의미를 찾는다. 그리고 고통의 문제와 관련해서 어떤 부적절한 답변을 가장 정직하고 진실된 답변, 곧 '우리는 알지 못합니다'라는 답변보다 더 선호한다. 이것이 바로 [욥의 친구들처럼] 부적절한 답변이 반복되어 퍼지는 이유다. 그렇다면 왜 앤이 다발성경화로 고통을 받는지에 관한 (혹은 왜 팀 팬더가 젊은 나이에 죽어야 했는지에 관한) 해답이 존재할까? 존은 이렇게 말한다. "재앙과 관련해 때로는 우리가 모르는 설명이 분명히 존재할 것이다." 그렇지만 "우리는 그런 것을 알지 못한 채로 하나님과 함께 살아야 한다"라고 말했다.

우리는 단지 믿음 안에서 그리고 고통 가운데서 걸어야 한다. 그의 지혜는 다음과 같은 문장에서 찾아볼 수 있다.

우리는 우리 자신의 소망 없음을 인정하고, 그리고 예수의 삶과 죽음과 부활의 이야기에 흠뻑 젖고, 안기고, 스며들도록 초대를 받았다. 그 죽음과 부활이 소망의 근거이기 때문이다.[10]

나는 이것이 제자들이 산에서 배운 바로 그것이라고 믿는다. 그들은 영광을 보았지만 그 영광은 모세의 얼굴에 나타난 광채처럼 곧 사라졌다. 그들은 이제 산에서 세속적인 현실로 내려올 것이며 믿음 위에 서서 걷도록 명령을 받았다. 그 순간 이후로, 변화 산은 기억과 소망이다. 그 기억은 우리의 소망이다.

나는 요절이나 단명과 같은 때이른 죽음과, 기력을 앗아가는 질병과 씨름하는 방법 중에서 예수의 변형을 묵상하는 것보다 더 나은 방법을 알지 못한다. 왜냐하면 바로 그곳에서 우리 모두가 다른 어딘가에 존재한다는 것을 보기 때문이다. 그 다른 어딘가가 바로 우리의 소망이다. 우리는 그 산 위에 있던 두 예언자와 제자들 사이에 서 있어야 하며, 우리의 시선을 예수에게 두어야 한다. 토마스 아 켐피스가 다음과 같이 쓴 것처럼 말이다. "나의 모든 움직임을 놓치지 않고 따르는 이들은 모두, 어둠 가운데서도 나를 잃지 않을 것이다."[11]

28장
최후의 만찬에서 예수와 함께하기

복음서 읽기 • 눅 22:7-38

우리의 기억은 우리의 과거를 깨운다. 하나님은 이스라엘의 과거를 그들의 현재의 일부로 만들기 위하여 그들에게 일련의 제사의식, 정해진 일과, 그리고 리듬을 주셨다. 하나님이 그런 선물을 하사하셨기에 이스라엘은 영적 치매, 혹은 영적 기억상실에 빠지지 않았다. 이스라엘 백성이 이런 제사의식, 정해진 일과, 그리고 리듬이라는 거룩한 말에 귀를 기울였을 때는 자신들을 향한 하나님의 사랑의 역사적 행동들에 포함된 부드러운 박자를 감지했었다. 그들이 거기에 귀를 기울일 때는, 그분의 창조, 그분의 언약, 그분의 구속, 그분의 약속을 들었다. 매일 반복되는 쉐마는 과거에 모든 이스라엘 백성이 날마다 암송하던 신경을 현재로 가져오는 데 기여했다.

물론 어떤 때는 제사의식들과 정해진 일과들이 '판에 박힌 단조로운 것'이 될 수도 있다. 크리스와 내 경우에는 우리가 찾는 식당(바비즈 배럴 인)에 들를 때나 영화를 시청하는 시간과 날이 '판에 박힌 일'이 되는 경향이 있다. 정해진 일과들도 판에 박힌 일이 될 수 있다. 분명 어떤 사람들은 쉐마를 아무런 생각도 없이 암송한다.

그러나 우리 모두에게 필요한 의식들과 정해진 일과가 존재하며, 그런 것들이 확고하게 세워질 때 박자를 만들어내는 리듬이 되며, 우리의 발걸음과 춤에 힘을 불어넣어 준다. 그것은 초, 분, 시간, 하루, 한 주, 한 달, 그리고 한 해와 같은 몇 개의 부드러운 자연의 리듬이다. 봄비, 여름 그늘, 가을 낙엽, 겨울눈과 같이 말이다. 우리는 자연의 리듬을 변화시킬 수 없다. 그래서 지혜는 그 아름다움을 보면서 그 속도에 맞춰 걸으라고 가르친다. 그리고 영적인 것에도 리듬이 있다.

하나님은 일련의 거룩한 날들을 세우심으로써 이스라엘에게 리듬이라는 은혜를 베푸신다. 그날들은 이스라엘의 과거를 그의 현재로 깨워줄 것이다. 해마다 그날들은 유월절에 애굽에서 해방시킨 하나님의 위대한 행동을 기억나게 할 것이다. 이스라엘 백성은 원래의 유월절을 재연하고, 그런 가운데 이스라엘을 현재의 모습으로 만든 것들에 대한 기억을 되살린다. 그 백성은 압제로부터 해방되었다.

유월절은 이스라엘의 리듬과 교회의 리듬 사이의 결정적인 고리다. 대략적으로 말해서 그리스도인에게는 성금요일Good Friday(예수가 십자가에 못 박힌 금요일—옮긴이)이 유대인의 유월절과 같다. 우리는 성금요일을 기념하는 가운데 주님의 죽으심을 기억하는 리듬을 발견한다. 더나아가, 십자가를 기억하는 리듬이 우리의 마음과 생각에 가득 찰 때, 그날은 존 오트버그의 딸 맬로리의 말마따나 '디다 데이'Dee Dah Day가 될 수 있다. 디다 데이란 사람들이 둥글게 원을 그리고 '디다, 디다'라고 외치면서 춤을 추는 날을 말한다.[1]

최근에 크리스와 나는 홈커밍데이를 맞아 우리가 졸업한 학교를 찾은 적이 있다. 그리고 그날이 바로 '디다 데이'였다. 나는 찬란한 대학 시절의 기억을 되살리기 위해 힘껏 머리를 굴려야 했다. 정말로 어떤 일들은 실제로 기억이 나기 시작했다. 우리는 오랜 친구들, 같은 반이었던 친구, 그리고 선생님들을 보았다. 그중 많은 사람이 최근 30년 동안 한 번도 보지 못한 이들이었다. 우리는 최근의 근황과 대학 시절 좋아하던 것들에 관해 서로 이야기를 나누었다. 졸업 후 저마다 서로 다른 학교와 다른 삶에 속하게 되었기 때문에 우리 인생의 4년이 깊은 잠에 빠져 있었던 것이다. 그날들은 죽은 것이 아니라 자고 있었다. 단지 그 장소에 다시 가고, 얼굴을 보고, 손을 잡고, 포옹을 하고, 목소리를 들은 것만으로 우리 삶의 일부가 되살아났다. 그날은 '디다 데이'였다. 우리의 과거는 우리의 현재로 깨어났다.

하나님은 우리에게 거룩한 리듬을 주셔서 우리 삶의 모든 장들이 깨어나게 하신다.

거룩한 리듬과 예수 신경

제사의식들과 정해진 일과들은 여러 가지 목적에 기여한다. 우리는 하루를 시작하기 위해 '아침 일과'를 통과한다. 오렌지 주스를 부엌 바닥에 흘리는 바람에 하루 종일 두통에 시달리기도 한다. 우리 가정은 가족 모두의 기억들을 생생하게 유지시키기 위해, 가족 특유의 전통을 지킴으로써 크리스마스를 엄숙하게 보낸다. 우리는 성탄절 예배에 참석해 하나님께서 우리를 위해 행하신 일을 되새긴다. 각기 다른 정해진 일들은 서로 다른 목적을 갖고 있다.

우리의 영을 깨어 있게 하기 위해 거룩한 리듬을 세우는 것은 좋은 일이다. 많은 사람이 아침 기도와 성경 읽기, 혹은 금요일 기도, 혹은 영적 지도자와 함께 하는 주말 피정이나 한 주간의 수련회와 같은 거룩한 리듬을 갖고 있다. 또한 많은 이들이 교회력을 지킨다. 우리는 그 안에서 거룩한 시간(사순절, 고난주간, 부활절, 오순절과 함께 대강절, 성탄절, 동방박사가 찾아온 주현절 등)과 일상적인 시간(오순절부터 대강절까지)을 발견한다. 우리는 교회력을 지킴으로써 두 개의 시기, 곧 구속(거룩한 시간)과 응답(일상적인 시간)을 재현한다. 이 두 시기는 예수 신경의 약속과 응답과도 일치한다. 우리를 향한 하나님의 사랑(거룩한 시간)과, 하나님과 이웃을 향한 우리의 사랑(일상적인 시간)이 그것이다.

더구나 하나님은 우리에게 리듬을 허락하셨기에, 그 두 시기는 믿음의 드라마가 공연되는 거룩한 극장이 된다. 유월절 음식은, 유대인들이 바로의 손아귀에서 벗어나기 직전에 먹었던 원래의 마지막 음식을 재연할 때 거룩한 극장이 된다. 이스라엘 백성은 한 가족으로서, 이스라엘의 처음 유월절을 기념하며 유월절 첫날을 보낸다. 그들은 양고기와 쓴 풀을 먹는다. 그리고 여러 잔의 포도주를 마신다. 이 모든 것은 아버지가 가족들에게 읽어주는 이야기 안에서 연결된다. 이 일을 행할 때, 이스라엘 백성은 자신들이 애굽에 있던 모세의 인도 아래로 들어간다고 상상한다. 그들은 나머지 모든 날들과는 다른, 그날 밤을 기억한다. 그날 밤은 복수를 맡은 죽음의 천사가 이스라엘 집을 '유월하여' passed over, 야웨가 이스라엘을 해방시킬 수 있게 한 밤이다.[2]

예수 당시의 사람들에게 최후의 만찬은 공식적인 유월절 음식과 똑같아 보였다. 그러나 찬찬히 바라보면 둘 사이에는 미묘한 차이점들이 존재한다. 구경꾼들은 예수가 다른 유대인 가장들이 일상적으로 하는 것보다 더 두드러지게 자신을 중심에 위치시킨다는 느낌을 받을 수 있다. 예수가 식사 자리의 중앙을 차지한 것에는 이유가 있다.

우리는 이미 예수가 거룩한 **쉐마**를 개정해 **예수 신경**을 만들었다는 것을 살펴보았다. 또한 그가 거룩한 **카디쉬** 기도문을 개정해 주기도문을 만들었다는 것도 보았다. 이제 우리는 그가 **페사흐**^Pesah^(유월절)를 개정해 최후의 만찬을 만드는 것을 볼 수 있다. 예수는 자신이 하나님의 어린 양임을 분명히 밝힌다. 그리고 그는 최후의 만찬이 자신의 죽음, 곧 다른 사람들을 위한 죽음임을 분명히 밝힌다. 그렇게 되면 유월절은 인격적 관계를 표상하는 것이 된다. 그리스도인에게는 제단과 제사장 대신에 식탁과 예수가 주어진다. 그리스도인은 양을 제물로 드리는 대신에 예수의 죽음을 기억한다. 그리스도인은 양고기를 먹는 대신에 포도주를 마시고 떡을 먹는다. 아바는 애굽의 장자를 죽이는 대신에 자기의 맏아들을 죽이신다. 그리고 아바는 피를 바른 문설주로 이스라엘의 아기들을 보호하는 대신, 맏아들의 잔을 마시는 이들을 보호하신다.

이 변화는 예수 신경을 반영한다. 예수는 다른 사람들(우리)을 사랑하기 때문에, 우리를 위해 양을 대신하여 자신을 드린다. 따라서 주의 만찬은 예수 신경에 의해 변형된 유월절이다. 유월절 어린 양은 하나님의 어린 양이 되며, 하나님의 어린 양은 자신이 우리를 위해 행한 것을 기억할 수 있도록 우리에게 한 가지 리듬을 남겨준다.

표적과 거룩한 리듬인 최후의 만찬

인간은 어떤 만질 수 있는 것, 어떤 물질적인 것, 어떤 실제적인 것을 필요로 한다. 우리는 물리적인 존재다. 우리는 물리적으로 삶을 맞이한다. 우리는 결혼반지, 크리스마스 선물, 동상, 기념물, 그리고 트로피 같은 것들을 필요로 한다.

하와이의 포드 섬 북동쪽 해안에 인접한 진주만 밑바닥에는 기념물이 되어버린 하나의 물체가 놓여 있다. 그것은 미 해군의 군함인 애리조나호다. 이곳에서는 2차 세계대전이 종전된지 60여 년이 지난 지금까지도, 가끔씩 기름이 수면 위로 떠올라 기괴한 느낌을 주고 있다. 1941년 12월 7일, 일본군은 잠들어 있던 북부 오아후 섬의 국경 위를 슬그머니 날아서 진주만으로 쳐들어왔다. 그들이 퍼부은 엄청난 폭격으로 수천 명의 사상자가 나오고, 미군을 수치스럽게 만든 혼란스러운 참극이 빚어졌다. 오전 8시 10분에 시작된 파상 공격에 의해 애리조나호는 완파되었으며, 1,177명 선원들의 어쩔 수 없는 무덤이 되고 말았다.

"치욕의 날로 길이 남을" 진주만의 날은, 수면 아래로 가라앉은 애리조나호 위에 56m 길이의 기념관이 1962년에 세워진 이후로는 그 장소에서 기념식이 치러지고 있다. 가라앉은 애리조나호 위에 수직으로 세워진 그 구조물은 하늘에서 보면 십자가처럼 보인다. 미 해군 애리조나 기념관은 그 역사적 장소를 물리적인 증거로 만들어 우리가 그 비극적인 순간을 기억할 수 있게 했다. 그 순간을 기억하는 또 다른 방식은 그 이야기를 책에 담아 우리가 손에 쥘 수 있게 하는 것이다. 월

터 로드Walter Lord의 『치욕의 날』Day of Infamy은 50년 가까이 그 목적을 잘 수
행하고 있다.[3] 우리가 애리조나 기념관을 방문할 때, 월터 로드의 책을
읽을 때, 그리고 그날을 기억할 때, 우리는 60여 년 전 진주만에서 일
어난 사건에 참여하게 된다. 보고 만질 수 있는 것이 기억을 불러일으
키는 것이다.

태초부터 하나님은 우리의 마음에 앉아 있는 경험론자에게 자신의
신적인 부드러운 조언을 주시면서 자신의 사랑을 물리적으로 보여주
셨다. 그래서 우리는 그분의 사랑을 우리의 눈으로 보고, 손으로 만지
고, 코로 냄새 맡으며, 입으로 맛볼 수 있다. 하나님은 창조하신다. 그
분은 아브라함과 모세와 다윗과 언약을 체결하신다. 그분은 민족 전체
를 자기 백성으로 삼으신다(이스라엘 민족). 그분은 이 백성에게 살 장
소를 제공하시며(이스라엘 땅), 그 땅에서 예배할 성전을 만드신다. 그
리스도인들은 성육신, 세례, 성찬식, 함께 모여 예배하는 육체적 행위,
믿음의 육체적 표현, 교회 '건물' 안에서, 그리고 교회—거룩한 공교
회—자체 안에서 하나님의 물리적인 손길을 본다.

그러나 이 가운데 거룩한 기억의 리듬으로 주어진 것은 오직 하나다.

우리는 그것을 성찬식Eucharist, 혹은 거룩한 교통Holy Communion, 혹은 주
의 만찬Lord's Supper이라 부른다. 예수는 자기 제자들을 위해 육체적인 거
룩한 리듬을 제정했다. 그리하여 그는 하나님이 그들을 위해 베푸신
사랑으로 가득한 은혜의 행동을 결코 잊지 않게 한다. 이 빵과 포도주
는 그의 '만질 수 있는 진리'다.[4] 신약학자인 톰 라이트가 주장하는 것
처럼, 예수는 우리에게 구속의 이론을 준 것이 아니라, "그 어떤 이론보
다 더 많은 분량을 말해주는 한 번의 식사를 베푸는 행동"을 전해주었

다.[5] 예수의 이별선물은 떡과 포도주다. 그것은 제자들에게 자신을 기억하는 리듬을 만들어주기 위해 준비된 간단한 식사다. 이 두 개의 만질 수 있는 진리는 그것이 실제로 무엇을 위한 것인지 이해될 필요가 있다.

하나님은 이렇게 말씀하고 계신다. 만일 너희가 내가 행한 것을 기억하고자 한다면, 예수를 보라. 예수가 땅에서 난 두 개의 작은 조각, 곧 작은 떡 한 덩어리와 포도주 한 모금을 자신을 상징하는 '작은 아이콘'으로 남겼다는 점을 볼 때 하나님은 참 엉뚱한 분이라는 생각이 들지 않을 수 없다. 이 만질 수 있는 두 개의 작은 진리는 예수를 기억하도록 우리를 이끄는 것으로 계획된 물리적인 요소들이다. 그래서 우리는 우리를 위한 그의 삶에 참여할 수 있다. 그는 자신의 임재를 맛보고, 보고, 알라고 말한다.

와서, 맛보고 알자

주의 만찬은 우리를 위한 주님의 리듬의 선물이다. 예수는 우리에게 자신과 함께 최후의 만찬에 참여하라고 초대한다. 우리는 주의 만찬에서 먹고 마시는 물리적 행위에서 예수를 육체적으로 기억하며, 그에 대한 신뢰를 표현하며―그의 '몸과 피' 안에서―우리의 몸으로 해방을 선포한다. 간단히 말해서, 우리는 우리를 위한 그의 삶(그리고 죽음)에 **참여한다.**

우리는 육체적으로 음식을 먹음으로써 예수의 삶에 참여한다

예수는 최후의 만찬에서 "받아서 먹으라"[6]라고 명령했다. 주의 식탁에서 우리를 향한 명령은 행동하라는 것이다. 우리는 먹어야 하며, 마셔야 한다. 우리는 죽음의 그림자로 식탁을 '슬프게 만들라'고 명령을 받은 것이 아니다. 우리는 행동하도록 부르심을 받았다. 우리는 떡을 먹고 포도주를 마심으로써 육체적으로 예수를 기억하고 그의 삶(그리고 죽음)에 동참한다. 이것이 예수가 말한 "이를 행하여 나를 기념하라"라는 의미다.[7]

우리는 함께 앉는다. 우리는 눈 앞에 놓인 '성찬 떡과 포도주'를 본다. 우리는 집례자가 떡과 포도주를 취하는 것을 본다. 우리는 집례자가 그것을 우리에게 나누어주는 것을 본다. 혹은 다른 사람들의 경우처럼, 우리는 성찬용 떡과 포도주에 다가가 집례자가 나누어주는 곳에서 그것을 받아먹는다. 어떤 때에는 집례자가 이렇게 말한다. "이것은 주님의 몸이다." 그리고 "이것은 주님의 피다." 상세한 고찰은 제외하고, 여기서 중요한 것은 우리가 기억을 통해 참여한다는 것이다.

우리는 예수를 육체적으로 신뢰함으로써 그의 삶에 참여한다

예수는 요한복음 6장에서 오병이어의 기적을 통해 수많은 사람을 먹인 다음, "나는 생명의 떡이다"라는 설교를 들려준다. 예수는 이 떡을 먹는 이들은 "죽지 않을 것"이라고 말한다. 왜인가? 그는 그 이유를 이렇게 말한다. "나는 하늘에서 내려온 살아 있는 떡이니 사람이 이 떡을 먹으면 영생하리라. 내가 줄 떡은 곧 세상의 생명을 위한 내 살이니라."

예수의 이 진술은 주의 만찬에 관한 것이 아니다. 주의 만찬은 실제로 이 진술에서 이야기된 것을 물리적인 것으로 만든다. 우리는 주의 만찬에서, 생명의 떡인 예수가 자신의 생명을 우리에게 제공하여 우리가 해방될 수 있게 한다는 것을 기억한다. 우리는 떡을 먹고 포도주를 마시는 가운데 그 생명의 떡에 대한 우리의 믿음을 표현한다. 우리가 이 성찬용 떡과 포도주를 받아 먹을 때, 우리는 예수의 거룩한 극장에서, 예수가 자신을 우리에게 제공한 것으로 믿는 우리의 믿음을 육체적으로 공연한다.

우리는 육체적으로 예수를 선포함으로써 그의 삶 가운데 참여한다

교회 역사 가운데서 선포된 모든 설교, 교회라는 무대 위에서 상연된 모든 성극, 복음을 설명하기 위해 기록된 모든 책, 그리고 교사들이 행한 모든 교훈은 순전히 다음과 같은 것으로 귀착된다. 그것들 모두는 하나님의 백성이 주의 식탁에 모여 거룩한 극장에서 거룩한 리듬을 공연할 때 일어나는 것을 설명하려는 시도다. 성만찬 가운데서 예수의 삶에 참여하는 것은 복음을 선포하는 것이다.

사도 바울은 이렇게 가르친다. "너희가 이 떡을 먹으며 이 잔을 마실 때마다 주의 죽으심을 그가 오실 때까지 전하는 것이니라." 우리가 예수의 삶에 참여할 때, 우리는 그의 죽음을 우리 자신의 죽음으로, 그리고 그의 죽음을 모든 죽음의 마지막으로 선언한다. 이 거룩한 리듬의 선언은 최후의 만찬부터 재림까지의 공동체의 특징이 되며 또한 그 일부가 된다.

이 마지막 문장은 어떤 이를 놀라게 할 수도 있다. 바울이 말하는 것은 성찬식 떡과 포도주를 나누는 것이 근본적으로 선교 행위라는 것이다. 최근 성공회 신학자 존 코닉^{John Koenig}은 주의 만찬이 가진 선교 능력을 특별히 염두에 두고서 주의 만찬에 관한 책을 저술했다. 그 책의 제목은 『세상 구속을 위한 축제』^{The Feast of the World's Redemption}다.[8] 그 책은 옳다. 아람어를 사용하는 초대교회 그리스도인들이라면 아멘이라고 말했을 것이다. 주의 만찬은 복음을 선언한다. 주의 만찬은 복음의 제시다.

이제는 그리스도인들이 주의 만찬을 기념할 때마다 어떤 일이 일어나는지를 생각할 때다. 그들은 거룩한 극장에서 거룩한 리듬 가운데 복음 그 자체를 공연하고 있다. 우리는 오로지 예수의 삶에 참여하면서 복음의 드라마를 선포한다. 이 드라마는 우리 안에 영성 형성의 리듬을 확립한다. "그의 임재를 맛보고, 보고, 알라."

29장

십자가에서 예수와 함께하기

복음서 읽기 • 눅 23:26-49; 요 18-19장

"**많은 사람이 그의 기적에 열광하지만, 그의 십자가를 따르는 이는 드물다.**"[1] 십자가 처형은 괴기한 것이다. 그것은 잔인한 보복을 불러일으킨다. 그것은 범죄를 단념시키려는 형벌이다. 그 희생자는 "하나님의 저주 아래" 놓인다.[2] 그 희생자는 모진 구타와 함께 온갖 잔인한 일을 당한다. 그 희생자는 하나님 앞에서, 조롱하는 사람들 앞에서 나무에 매달린다. 벌거벗겨지고, 피 흘리고, 가쁜 숨을 몰아쉬면서 말이다. 종종 십자가에 못 박힌 자들은 무덤에 들어가지도 못한다. 맹금류들이 그들의 뼈에서 살을 발라먹는다. 들짐승들이 먹을 수 있는 것은 모조리 뜯어간다. 나머지 부분은 굶주린 개들을 위해 좁은 무덤에 던져진다. 다행히도 예수의 갈기갈기 찢겨진 육신은 두 사람의 유대교 공의회 의원에 의해 무덤으로 옮겨졌다.

처음부터 끝까지 예수의 십자가 처형은 괴기한 장면으로 일관한다. 그것은 자신의 목에 십자가를 걸고 있는 대부분의 사람이 생각하는 것과는 한참이나 거리가 먼 장면이다. 오늘날 사용되는 모형에 비유하자면, 단두대, 교수대, 교수대용 올가미, 전기의자, 혹은 사형수 병동을 작은 모형으로 만들어 목에 걸고 다니는 행동을 할 사람은 아무도 없을 것이다. 만일 어떤 사람이 그런 짓을 한다면, 그 사람에게는 미국 정신의학협회가 발행한 『정신장애자의 진단과 통계 편람』*Diagnostic and Statistical Manual of Mental Disorders*에 따른 진단이 내려지고, 하얀 가운을 입은 사람들이 약속을 잡고 그를 기다릴 것이다.

왜 십자가 처형인가?

그렇다면 왜 하나님은 잘 정돈된 성전 안에서나, 흐르는 물 가운데서, 혹은 간단한 개인적인 뉘우침과 같은 것으로 해결하는 방법을 뇌두고 구태여 괴기스러운 십자가 처형이라는 방법을 선택하셨을까? 왜 그런 엽기적인 방편을 사용하셨을까?

우리는 남부의 기독교 작가 플래너리 오코너*Flannery O'Connor*가 쓴 이야기에 호소함으로써 이 질문의 대답을 찾아볼 수 있다.[3] 그녀의 이야기들은 매우 감동적이어서, 그녀의 사후 50년이 지나도록 전 세계 독자들을 계속 변화시키고 있다. 더욱이 그녀는 괴기스러운 형상들을 사용하여 변화의 능력으로 향하는 창을 활짝 열었다.

그녀의 이야기 가운데 하나인 '파커의 등'*Parker's Back*[4]은, O. E. 파커라는 이름의 비천한 낙오자에 대해 이야기하고 있다. 그는 불쑥불쑥 치밀어오르는 불만스러운 기분에 대처하기 위해 자신의 몸에 어울리지 않는 괴상한 문신을 즉흥적으로 더하는 사람이다. 그는 동물들과

상스러운 모습들로 문신을 한 반면, 그의 엽기적인 아내는 전도를 한 답시고 죄의 냄새를 맡으려 킁킁거리고 다니는 위선자다. 그 책의 중요한 대목에서 파커는 '태양'(sun, 혹은 아들[Son])에 의해 눈이 멀고, 뜻하지 않게 '나무'와 부딪혀서 자기 상사의 트랙터를 전복시키며, 마침내 모든 것이 불길에 휩싸인다.

파커는 이 사건을 통하여 하나님을 발견하고 회심의 과정을 시작한다. 그는 자기 몸에 문신이 새겨지지 않은 유일한 곳인 등에 자신이 새로 찾은 믿음을 기념하기 위하여 그리스 정교회의 그리스도 형상을 새긴다. 그리고 돌아온 탕자처럼 그는 자기 아내가 있는 집으로 돌아가지만, 환영을 받는 대신에 '구원받은' 아내에게 도리어 빗자루로 흠씬 얻어맞는다. 그녀는 빗자루를 치운 뒤에 파커가 '나무에 기대어 아기처럼 울고 있는 것'을 창문 너머로 보았다. 파커의 이름인 O. E.는 '오바댜 엘리후'Obadiah Elihu, 곧 '하나님의 종, 그는 하나님이시다'의 약자다. 그 책의 독자는 파커의 삶이 그가 나무와 부딪힌 이후 완전히 뒤바뀌었다는 것, 그 하나님의 종이 '나무'에 기대고 있다는 것과, 신약이 때로는 십자가를 '나무'라고 말하고 있다는 것을[5] 놓칠 수 없을 것이다. 이제 파커가 가진 것은 기댈 수 있는 나무뿐이다.

자신이 하나님을 대신해서 말한다고 주장하는 이들에게, 하나님의 종이 두들겨 맞는 광경은 참기 힘든 장면이다. 그 이야기를 읽은 많은 사람들처럼 나도 오코너의 괴기한 장면들을 받아들이는 데 거부감이 일었다. 그러나 그녀는 그런 괴기한 내용이 필요하다고 믿었다. 왜냐하면 오늘날의 독자들은 악을 느끼는 감각이 약화되었거나 완전히 결여되었고, 그래서 회복의 가치를 망각했기 때문이다. 그녀는 "독자들을 설득하는 것이 가능한 시대도 있다. 그렇지만 더욱 자극적인 어떤 것이 필요한 시대도 있다"[6]라고 말한다.

오코너는 괴기한 것에 호소하는 방법을 바로 복음서 자체에서 배웠다. 하나님은 십자가를 자신의 '대담한' 수단으로, 자신의 '괴기한' 모습으로 주셨다. 하나님이 십자가를 선택한 진정한 의미는 이것이다. 십자가는 그 괴기한 모습 안에서 하나님의 이야기를 들려주며, 우리가 십자가에 있는 예수와 함께하면서 그 이야기에 동참할 때, 영성 형성은 더욱 향상된다.

괴기한 십자가라는 계획

우리는 예수의 삶에 동참하면서 영성이 형성되는 과정을 겪는다. 예수는 자신의 신경을 완벽하게 실천한 사람이다. 예수는 요단 강에서 우리를 위해 회개했고, 광야에서 시험을 받을 때 하나님을 신실하게 사랑했고, 변화 산에서 지상에서의 비극을 영원한 실재로 변형시켰고, 최후의 만찬에서 유월절 양을 우리를 위한 자신의 죽음으로 변화시켰다. 예수가 예수 신경을 실천한 것은 또한 십자가를 설명해준다. 하나님과 이웃을 향한 그의 사랑은, 그의 길을 갈릴리로부터 골고다로 이끌었다.

하나님은 골고다에서 우리를 향한 하나님 자신의 사랑 이야기를 듣도록 우리 모두를 초대하신다. 우리는 어떤 이야기를 듣는가? 하나님은 골고다에 괴기스러운 십자가를 세우시고 우리의 땅에 속한 아픔을 육체적으로 공감하고 계심과, 우리를 죄에서 자유롭게 하신다는 것과, 도덕적 변화가 이루어질 것임을 생생하게 보이셨다.

육체적 공감을 위해 계획된 괴기한 과정: 예수는 우리와 함께한다

예수는 겟세마네 동산에서 골고다를 예견했다. 겟세마네로부터 골고다까지, 우리 마음속에 깊이 새겨져 있는 하나의 모습은 멜 깁슨[Mel Gibson]의 영화 〈패션 오브 크라이스트〉[The Passion of the Christ] 가운데 생생하게 그려지는 예수의 육체적 수난이다. 실제로 히브리서 저자는 십자가와 관련해서 많은 그리스도인이 놓치고 있는 어떤 것을 설명한다. 예수는 우리의 고통을 **체휼하기 위해** 고난을 당했다.[7]

예수는 극심한 고통을 당했다. 예수가 겟세마네 동산에서 사력을 다해 기도하는 동안 그의 땀이 땅에 떨어지는 핏방울같이 되었다. 밤새 채찍에 맞으며 심문을 받은 뒤 예수는 극심한 고통과 출혈로 인해 극도로 약해졌다. 그의 신경조직들이 불에 덴 것처럼 얼얼해 있을 때 몇몇 군병들은 가시 면류관을 그의 머리에 눌러 씌우고 조롱했다. 군병들은 그를 골고다로 끌고 갔다. 그는 관습(율법이 아니더라도)에 따라 자기가 매달릴 십자가를 지고 날라야 했다. 그는 더 이상 십자가를 지고 갈 수 없었고, 제자들 가운데는 용기를 내서 그를 도와줄 이가 아무도 없었다. 구레네 출신 시몬이 십자가를 대신 지고 남은 거리를 걸었다. 예수의 손목과 발목을 굵은 못이 관통했다. 십자가가 세워졌고, 그의 손목과 발목은 그의 몸무게를 지탱하는 와중에 늘어나고 파열되었다. 그는 진통제를 제공받았을 때 그것을 거부했다. 그는 마지막까지 의식을 잃지 않기 위해 자기가 할 수 있는 일을 했다. 군병들은 그의 죽음을 확인하기 위해 창으로 그의 옆구리를 찔렀으며, 물과 피가 쏟아져 나왔다.[8]

그렇다. 예수는 처참하게 고난을 당했다. 성경이 예수의 십자가 처형을 자세히 묘사한 것은 우리가 가학적인 고통을 지켜보면서 즐기는 관음증 환자와 같은 사람이 되라는 것이 아니다. 이 엽기적인 고통은 우리의 육체적 고난에 공감하시는 하나님의 사랑의 소통법이다. 예수는 자신의 신경이 가르치는 것처럼 우리를 사랑하며, 또한 우리를 사랑하기 때문에 우리와 함께 고난을 받는다. 우리가 고통 가운데 있을 때 그는 우리의 고통을 나눠갖기 위해 우리를 자신에게로 초대한다.

예수는 우리와 **함께 한다**. 우리의 고통 가운데, 우리의 고난 가운데, 학대를 만나는 끔찍한 곳에서, 그리고 불의 가운데서 말이다. 우리는 자신을 쇠약하게 만드는 질병에 직면할 때, 우리의 길이 자신을 어두운 골짜기로 인도한다는 것을 알게 될 때, 우리가 잘나가던 날이 끝나 가고 있다는 것을 알게 될 때 예수와 연합할 수 있다. 그는 바로 그 자리에서 **우리와 함께** 고통받고 있다.

영적 자유를 위해 계획된 기괴한 행동: 우리를 대신한 예수

신학적 지식계급intellectual(플래너리 오코너는 인터렉츄얼interleckchual로 발음하지만)은 속죄 이론들을 발전시키면서 십자가의 역학mechanics을 설명하려고 노력한다. 그러나 "기독교 신앙의 중심은, 그리스도의 죽음이 어떻게 해서든지 하나님과 우리의 관계를 바르게 하며 우리에게 새로운 출발을 주는 데 있다. 그 죽음이 그 일을 어떻게 이루는지를 다루는 이론들은 또 다른 문제다."[9] 속죄의 이론들이 존재하기 전에 예수가 있었고, 그는 자기가 왜 죽었는지에 대해 몇 마디만을 남겼을 뿐이다. 나는 예수의 진술에서 시작하는 것이 좋다고 생각한다.

첫째, 예수는 자신의 죽음이 '많은 사람의 대속물'이라고 말한다.

둘째, 최후의 만찬에서 예수는 포도주와 떡이 자신의 피와 몸이라고 설명한다. 셋째, 예수 자신의 직접적인 말이 아니라 네 번째 복음서 저자의 논평이지만, 예수는 유월절의 희생제물이 도살될 때에 죽었다.[10] 이 세 본문은 예수의 십자가 이해를 잘 보여준다.[11]

이 본문들은 새로운 이야기를 가지고 옛 이야기를 삼킨다. 옛 이야기는 이스라엘이 유월절 어린 양의 피를 문에 발라서 장자를 보호하고 노예 상태에서 해방되었다는 것이다. 옛 이야기는 사람들을 자유하게 하는 피에 관한 것이다. 새 이야기는 예수가 새로운 유월절 양으로서 자기 백성을 대신해 값을 치르고 그들을 자유하게 하기 위해 죽임을 당했다는 것이다. 예수의 제자들은 문설주에 피를 바르는 대신에 포도주(그의 피 묻은 죽음)를 마시고, 그들을 자유하게 하는 보장이 되는 예수의 피를 신뢰할 것을 요구받는다.

예수는 유월절 양처럼, 자신의 죽음이 우리를 대표하고 대신하는 대리적인 것이라고 주장한다. 그는 우리를 위하여, 우리가 원하지 않지만 당해야만 하는 것(노예생활과 죽음)을 체험했고, 우리가 원하지만 누릴 자격이 없는 것(자유의 삶)을 우리에게 제공했다. 우리는 그의 죽음에 동참하면서 그의 죽음으로 말미암아 자유하게 된다.

우리가 반드시 해야 하는 것은 '그의 죽음의 잔'을 우리의 음료수로 마시는 것이다. 우리가 주의 만찬 가운데 행하는 것은, 그의 피가 우리의 새로운 유월절 양이며 또한 그의 피가 우리의 죄를 가져간다는 것을 눈으로 볼 수 있게 표현하는 것이다. 존 스토트가 설명하는 것처럼 "우리는 십자가를 바라보면서 우리를 위해 베풀어진 어떤 것을 생각하기에(이것은 우리를 믿음과 예배로 인도한다) 앞서, 우리가 저지른 뭔가를 생각해보아야(이것은 우리를 회개로 인도한다) 한다." 그리고 우리가 십자가를 대할 때마다, "'내가 그분을 죽였다, 내 죄가 그분을 십자가에 달려 죽게 했다'라고 고백하는 동시에 '하나님이 그 일을 하셨다, 하나님의 사랑이 그분을 죽였다'라고 고백해야 한다."[12]

예수는 친구를 위하여 자기 목숨을 버리면 이보다 더 큰 사랑이 없다고 말했고,[13] 또한 그것을 실천했다. 예수는 우리의 고난을 체휼할 뿐 아니라 우리가 영적으로 자유를 누리도록 하기 위해서 사랑의 행동으로 자신의 목숨을 내어주었다.

십자가라는 괴기스러운 모습에 우리의 마음을 여는 것은 또한 도덕적 변화를 위한 오래된 길, 즉 걷기에 쉽지 않은 길이다. 예수의 친구인 베드로는 경험으로 그 사실을 알았다.

도덕적 변화를 위해 계획된 괴기적인 모범: 우리 앞의 예수

우리의 불완전함을 보여주는 훌륭한 사례는 베드로다. 베드로는 도덕적 변화를 가져오는 훌륭한 모델로서의 십자가를 거부했다. 예수는 마지막 날 밤에 제자들과 함께 음식을 먹고, 그들과 함께 기도하고, 체포되었다. 그리고 심문받기 위해 끌려갔다. 그의 가장 친한 친구인 베드로는 당국자들을 피해 외곽으로 몰래 빠져나가 무사히 몸을 숨겼다. 만일 베드로가 십자가 안에서 삶의 모범을 발견했다면, 그는 자기를 부인하고 예수와 함께 죽었을 것이다. 하지만 그는 그렇게 하지 않았다. 이 점에서 그는 실패했다. 왜냐하면 십자가는 도덕적 변화의 모범, 즉 자기 부인의 상징이기 때문이다.

나는 머리, 가슴, 어깨에 십자가 표시를 하는 습관을 가져본 적이 없지만, 최근에 그런 습관을 가진 친구와 점심을 같이했다. 그 친구는 십자가를 긋는 행동이 우리가 살아야 할 십자가의 삶을 일깨워준다고 말했다. 십자가를 긋는 관습은 예전적인 전통 가운데 있는 사람들보다 복음적인 공동체에 속한 사람들에게 더 불편하지만, 그들 모두는 이 행동이 주후 2세기까지 거슬러 올라가는 유서 깊은 것임을 반드시 알아야 한다. 최초의 신학자 가운데 한 사람인 테르툴리아누스^{Tertullianus}는 이렇게 말했다.

> 앞으로 나아가는 우리의 모든 걸음과 움직임에서, 모든 출입에서, 우리가 옷을 입고 신을 신을 때, 목욕을 할 때, 식탁에 앉을 때, 등잔에 불을 켤 때, 소파와 자리 위에서, 모든 일상적인 행동 가운데서 우리는 이마 위에 있는 흔적을 찾는다.[14]

이런 리듬은 하루 종일 십자가가 도덕적 변화의 모델이라는 것을 조용하게 상기시켜준다. 『천로역정』^{the Pilgrim's Progress}의 저자 존 버니언^{John Bunyan}의 전기를 쓴 작가가 "십자가, 곧 우리를 지고 가는 십자가와, 우리가 지고 가는 십자가 없이는 기독교도 없다"[15]라고 말한 것처럼 말이다.

정말로 우리를 지고 가는 것도 십자가이며(우리에게 영적 자유를 주는), 우리가 져야 할 것도 십자가다(우리에게 도덕적 변화의 모범을 제시한다). 십자가에서 그리스도인의 삶의 모든 모습을 발견한 이들 중 하나가 포드햄 대학교의 신학 교수였던 디트리히 폰 힐데브란트^{Dietrich von Hildebrand}다.

십자가의 삶

디트리히 폰 힐데브란트는 이탈리아 피렌체에서 살고 있던 독일 귀족 가문에서 출생했고 문화생활을 마음껏 누리고 있었다. 하지만 그는 귀족의 삶을 포기하고 기독교 신앙으로 회심했고, 이 과정에서 십자가라는 괴기스러운 형상을 자신의 삶의 정면에 새겨놓았다. 그는 아돌프 히틀러Adolf Hitler로부터 경멸과 의혹이 가득 찬 시선을 받으면서도 십자가의 삶을 살았다.

뮌헨 대학에서 신학자의 길을 걷기 시작한 폰 힐데브란트에게 십자가를 끌어안는 것은, 신앙고백 안에서뿐 아니라 삶의 세세한 곳에 이르기까지 십자가의 삶을 사는 것을 의미했다. 예를 들어 그는 독일 당국에 자신의 먼 친척 한 사람이 유대인이라고 고백했다. 이런 고백은 자칫하면 그의 목숨을 내놓게 할 수도 있는 것이었다. 대학의 동료들이 자신들의 명성을 높이기 위해 학술 논문들을 발표할 때, 그는 순결, 결혼 생활, 도덕적 변화 등에 관한 책들을 저술했다. 과학적 객관주의와 사적인 무관심(특히 믿음에 대한 무관심)이 그 시대의 분위기를 지배했을 때, 폰 힐데브란트는 진리를 이해할 수 있는 것은 고전적인 기독교 신앙이라고 주장했다.

그는 예수의 고난은 하나님의 긍휼에 대한 증거인 동시에 육체적으로 고난을 당하라는 개인적인 명령임을 알았다. 디트리히는 매우 젊은 철학교수로서, 히틀러가 이끄는 국가 사회주의와 그의 사악한 책동이라는 악에 반대하는 목소리를 낸 최초의 사람들 가운데 하나였다. 히틀러의 측근들은 그를 정조준했다. 폰 힐데브란트는 가족과 함께 비엔나로 탈출했고, 그곳에서 히틀러를 반대하는 「기독교 협동주의 국가」Der Christliche Ständestaat라는 잡지를 창설했다. 히틀러는 곧바로 힐데브란트를 오스트리아에 있는 공공의 적 1호로 선언했다. **안슐루스**(독일의 오스트리아 합병)를 경고했던 폰 힐데브란트는, 일련의 사건들과 제임스 본드도 질투할 만큼 오묘한 하나님의 섭리 가운데 스페인으로 피신했다.

폰 힐데브란트는 아내를 남겨두고 스페인에서 자유를 찾아 도피하라는 제안을 받은 적이 있었다. 그는 결혼의 신성함과 도덕적 삶을 위한 틀로서의 십자가에 관해 글을 썼기에 이렇게 반문했다. "당신은 내가 나 혼자만 살겠다고 아내를 세상에서 가장 커다란 위험에 노출되도록 혼자 남겨두고 갈 것이라고 기대합니까? 그것은 생각할 가치도 없는 일입니다."[16]

생각할 가치도 없는 일이 아닌 것이 있는데, 그것은 세상이 기괴한 모습으로 바라보고 있는 십자가가 그리스도인들에게 은혜의 장소라는 것이다. 이곳은 예수가 우리와 공감하기 위해 고난을 받은 곳이고, 죽음을 가지고 복수하는 악한 천사가 우리를 공격할 때 우리가 영적으로 보호를 받은 곳이다. 그리고 우리는 도덕적 변형을 위한 모델을 십자가에서 발견한다.

30장

무덤에서 예수와 함께하기

복음서 읽기 • 마 28:1-10; 눅 24:13-35; 요 20-21장

예수는 죽어서 장사되었다. 그것은 그의 제자들에게는 비극적인 재앙 그 자체였다. 예수는 하나님 나라에 대한 그들의 소망에 불을 지폈고, 그들에게 하나님께서 예언자들을 통해 자기 백성에게 약속하셨던 것이 일어날 것이라고 믿을 만한 근거를 제공했다. 그런데 그는 죽어버렸고, 죽음, 실망, 의심을 비롯해 사방은 온통 재앙으로 가득 찼다.

많은 이들이 불행에 직면한다. 재정적으로, 인간관계에서, 부모와, 결혼 생활에서, 육체적·정신적 질병으로 말이다. 재앙은 우리의 잠에서 안식을 제거하며, 아침 해가 떠오를 때까지 우리를 포로로 붙잡아 우리가 과연 앞으로 나아갈 수 있는지 불안해하게 만든다. 그리고 우리 모두는 죽음이라는 재앙에 직면한다.

우리는 작은 재앙이 가진 또 다른 측면에서 새로운 삶을 발견할 수 있을까? 또한 우리가 직면한 큰 재앙의 경우에서도 새로운 삶을 발견할 수 있을까? 죽음 뒤에도 삶이 존재할까? 이런 질문에 대한 기독교

적인 '답변들'이 존재하지만, 그것은 예수의 죽음이라는 재앙과 함께 시작한다.

죽음의 재앙 너머의 삶

복음서의 기록에 의하면, 우리가 부활절에 바라보는 모든 곳에도 작은 재앙들이 있었다.[1] 예수는 죽었고, 제자들은 의심으로 가득했다. 무덤에 찾아간 자들은 불안하고 당황하여 할 말을 잊었다. 사도들은 여인들이 예수가 다시 살아났다고 말한 것을 믿지 않았다. 어떤 이는 절망속에 도시를 떠났다. 도마는 경험주의자가 찾는 증거를 요구했다. 우리는 그들의 의심에 타당한 이유가 있다는 점을 인정해야 한다.

예수는 갈릴리에서 온 예언자이며, 커다란 기적을 행한 사람이며, 천국의 도래를 선포했다. 그가 예루살렘에 입성하는 것은 위험천만한 일이었는데, 그것은 로마인들은 누구든지 자기들의 평화를 해치는 자에게 예민하게 반응하기 때문이다. 그렇지만 하나님은 항상 예수와 함께했고, 그래서 예수는 자신을 따르는 자들이 질러대는 연호소리와 함께 그 성에 들어갔다. 그가 당시 당국자들에게조차 자기 입장을 굽히지 않았을 때, 사태는 그와 그의 제자들에게 매우 호의적으로 돌아가는 것처럼 보였다.

하지만 그것은 재앙의 커다란 징조가 나타나기 전까지만이었다. 예수는 체포되었고, 재판을 받았으며, 사형 선고를 받고, 괴기한 십자가 처형을 당했다. 예수가 자기 제자들에게 불어넣은, 천국이 가까이 왔다는 꿈은 헛것이 되었다. 제자들은 예수가 죽는 것을 보았고, 그들 중

몇 사람은 (안전한 거리에서) 어떤 유대교 공의회 의원들이 그를 무덤에 장사지내는 것을 지켜보았다. 역사의 수레바퀴가 돌면서 그는 무대 뒤로 사라졌다. 그 수레바퀴가 그와 제자들의 꿈을 짓이겨 버렸다.

그들에게 필요한 것은 죽음과 재앙이 끝이 아니라는 최소한의 증거였다.

부활이야말로 그들에게 필요한 최종적인 단어다. 우리는 적어도 이성적인 존재들이며, 의미 있는 것을 원한다. 논쟁은 우리에게 효과를 발휘하며, 때로는 더 큰 믿음을 만들어내기도 한다. 교회 역사에서 다음과 같은 논증들이 예수가 부활했으며, 부활이 우리 모두에게 필요한 결정적인 단어라는 것을 뒷받침하는 데 사용되었다.[2]

- 빈 무덤에 대한 언급이 다양한 복음서 자료에서 발견되며, 빈 무덤은 반드시 설명되어야 한다. 시신은 부활했거나 도둑맞았거나, 둘 중 하나다.
- 만일 무덤이 비어 있지 않았다면 예루살렘에서 부활을 선포하는 것은 거의 불가능한 일이다.
- 로마와 유대교 지도자들은 초대교회 그리스도인들을 반박했지만, 시신을 보여주지는 못했다. 왜냐하면 무덤이 비어 있었기 때문이다.
- (당시 사회에서 증인으로서의 자격이 없는) 여성들이 예수의 부활에 대한 첫 번째 증인으로 채택되었다. 이것은 터무니없는 어떤 것이 아니라 피할 수 없는 진실이다.
- 복음서 기록들은 사건의 순서들, 누가 어디서 무엇을 언제 보았

는지와 같은 궁금증을 자아내는 질문거리들을 남겨놓았다. 만일 초대교회 그리스도인들이 모여서 그야말로 '가짜' 부활을 공모한 것이라면 이 질문들에는 답이 주어졌어야만 했다.

- 예수를 보았다고 주장하는 증인들의 숫자가 수없이 많다.
- 교회의 부흥에 대한 가장 훌륭한 설명은 그 자체가 답이 된다. 교회가 성장할 수 있었던 것은 예수가 부활했기 때문이다.

우리는 이런 논쟁들에 대해 해명할 수도 없고, 심지어 납득이 가는 어떤 설명도 할 수 없다. 우리가 더 많은 관심을 갖고 있는 것은 '그래서 어쨌다고?'라는 질문이다. 그의 부활이 우리의 재앙을 위해 무엇을 했다는 것인가? 그리스도인들은 이렇게 주장한다. **만일 우리가 예수의 이야기를 우리의 이야기로 받아들여 그의 부활에 동참한다면, 우리는 소망을 발견한다.**

예수 신경은 예수를 따름으로써 하나님을 사랑하고 이웃을 사랑하라는 것이다. 우리가 예수와 함께 그의 무덤에 들어가고, 믿음으로 그의 빈 세마포를 우리 몸에 두르고서 그와 함께 우리의 재앙을 뛰어넘어 새로운 삶을 향해 걸어 나아갈 때 예수를 따르는 것이 된다. 무덤 안의 예수와 하나가 된다는 것이 무엇을 의미하는지 알 수 있는 가장 좋은 곳은 마거릿 킴 피터슨과 그의 남편 형구 씨의 죽음에 관한 이야기다. 우리는 앞에서 그녀의 이야기를 약간만 발췌해서 언급한 적이 있지만, 이제 더욱 자세하게 살펴보기로 하자.

온 세상이 이와 같을까?

앞에서도 언급한 적이 있는 마거릿 얼트^{Margaret Ault}는 수년에 걸쳐 데이트를 하면서도 만족을 느끼지 못하고 있다가 마침내 진정한 사랑과 정면으로 마주쳤다. 마거릿은 신학교를 졸업하고 박사과정을 계획하던 중에 김형구 씨와 태국식 식당과 현대 음악이 연주되는 콘서트에서 데이트를 했다. 그리고 얼마 지나지 않아, 둘은 한 해의 마지막 날에 우연히 병원 응급실에서 다른 누군가를 기다리며 함께 몇 시간을 보내게 되었다. 두 사람이 함께한 그 시간은 그들의 관계를 변화시켰고, 분위기는 진지하고도 따뜻한 관계로 급진전했다.

그 관계는 곧 뜨거운 관계로 발전했다. 몇 번의 데이트가 있은 뒤 형구 씨는 조심스럽게 그렇지만 분명하게, 자신이 에이즈 바이러스에 감염되었다는 사실을 알렸다. 그녀는 이 끔찍한 이야기를 듣고 자기 마음을 이렇게 표현했다.

나는 지금까지 내가 형구 씨를 좋아한 것의 절반이라도 좋아해본 사람을 만난 적이 한 번도 없다. 나는 그 사람처럼 자신을 온전하게 느끼게 해주고, 좋은 동료가 되어주고, 내 관심과 같은 방향을 지향하며 서로 보완해주는 관심을 가진 사람을 본 적이 없다. 그는 음악가이고, 과학자이며, 생각이 깊고 헌신된 그리스도인이다. 그는 잘 생겼고, 재미있고, 이해심이 많으며, 창조적이다. 그는 턱시도를 한 벌 갖고 있다. 그리고 놀랍게도 에이즈로 죽어가고 있다. 이제야 나는 내가 좋아하는 사람을 만났으며, 이 사람이 아니면 앞으로 결코 행복하게 살지 못할 것이다. 지금 나는 세상에서 가장 커다란 신발로 배를 얻어맞은 기분이다.

마거릿은 마리아와 결혼하는 요셉처럼, 세간의 평판(건강도)을 무릅쓰고 형구 씨와 결혼했다. 마거릿으로 하여금 형구 씨와 같은 사람과 결혼하게 만든 것은 무엇이었을까? 왜 누군가가 그녀의 존재의 중심에 그런 커다란 아픔을 가져다준 것일까? 어떻게 이런 절망 가운데 새로운 현실이 부각될 수 있을까? 그녀의 나머지 이야기에 해답이 담겨 있다.

마거릿이 듀크 대학교 졸업반이었을 때 그녀와 형구 씨는 캠퍼스에 있는 공원을 걷는 것을 좋아했고, 두 사람은 새로운 조경 프로젝트를 감독할 수 있을 만큼 그곳의 식물들에 대해 방대한 지식을 가지고 있었다. 그들은 하루에 주어진 일과처럼 공원 안의 여러 곳을 걸어 다녔고, 오리들에게 이름을 붙여주었다. 두 사람이 함께했던 마지막 봄에 그 공원은 '마치 두 사람만을 위한 선물인 것처럼' 특별히 아름답게 보였다.

형구 씨는 그해 가을에 숨을 거두었고, 마거릿은 이듬해 봄에 그 공원을 다시 찾았다. 그곳에는 그를 기념하기 위해 장미꽃으로 가득한 기념 정원이 세워지고 있었다. 그곳을 다시 찾은 그녀의 방문은 이런 '새 생명'에 대한 생각을 갖게 했다.

모란이 피기로 예정된 장소에는 작년에 심었던 가지의 죽은 줄기만이 남아 있었다. 백합이 예정된 곳에는 볼품없는 무성한 잎들뿐이었다. 옥잠화가 예정된 자리에는 아무것도 남아 있지 않았다. 그렇지만 나는 그

겉모습 아래에 어떤 풍성함이 자리 잡고 있는지를 알고 있다. 지금은 누렇게 비어 있는, 알지 못하는 사람들에게는 가망이 없어 보이는 그 화단들에 몇 달만 지나면 꽃들이 만발할 것이다.

온 세상도 이와 같을까? 기대 가운데, 부활에 대한 기대 가운데 산다는 것도 이러한 것일까?

형구 씨와 내가 함께했던 삶도 이와 같은 것은 아닐까? 텅 비고 시들었지만, 아직 우리 모두를 위한 생명과 충만함이 깃들 못자리로서 말이다. 그는 죽었고, 나는 혼자가 되었다. 그러나 그가 죽었음에도 우리 두 사람은 생생하게 살아 있다.[3]

그녀는 어디서 그런 믿음과 소망을 움켜쥘 힘을 발견했을까? 무엇이 그녀로 하여금 누군가에게 '내게 천국으로 가는 노래를 불러주오'라고 요청할 수 있는 소망을 주었을까? 그 답은 다음과 같은 질문에서 찾을 수 있다. **온 세상이 이와 같을까?**

그 답은 이러하다. "예, 온 세상이 이와 같습니다. 온 세상이 우리에게 죽음과 재앙을 넘어서는 새로운 삶으로 가는 승차권을 제공해줍니다." 이 세상은 무덤 너머의 새로운 삶, 하나님의 임재 가운데 새롭게 된 사랑의 삶에 대한 약속을 준다. 왜 그런가? 예수가 죽은 자들 가운데서 살아났기 때문이다.

비극적인 죽음을 들려주는 마거릿의 이야기는 특별한 경우이긴 하지만, 우리가 비극적인 죽음에 직면할 때 부활이 우리에게 주는 것이 무엇인지를 보여준다. 그러나 예수의 부활이 오직 무덤 이후의 삶만 제공한다고 생각하는 것은 복음에 합당하지 않다. 실제로 예수의 부활은 여러 가지 재앙을 뒤집어 엎으며 그의 제자들에게 새로운 삶을 준다. 이것은 믿음과 포기와 의혹과 혼란을 경험했던 예수의 네 제자들에게서 볼 수 있다.

불행에서 새 삶으로

베드로는 예수를 사랑하는 데 실패함으로써 이제 예수를 친구로 사귀는 것조차도 불가능하게 되었다. 베드로는 예수가 재판을 받는 동안 그를 세 번이나 노골적으로 부인했다. 만일 예수를 부인한 것이 그렇게 진지한 것이 아니었다면 베드로의 불행은 한 편의 희극일 수 있을 것이다. 예수는 자신이 죽임을 당하고 부활할 것을 예언했으며, 베드로가 자기를 부인할 것도 예언했다. **그리고 베드로는 정말로 그를 부인했다.** 이것이 베드로의 불행이며, 그 불행을 해결한 것이 바로 부활이었다. 예수는 죽음 가운데서 부활했고, 베드로에게 자신의 사명을 재위임하였다. **믿음의 실패** 이후에 용서의 새 삶이 찾아왔다.[4]

막달라 마리아는 다른 여인들과 달리 출신지를 통해서 남들과 구별되었다. 그녀는 마리아 **바트 르우벤**(르우벤의 딸)식의 이름을 갖지 않았다. 그저 **막달라** (출신의) 마리아로 불렸다. 그녀는 일곱 귀신에게 사로잡혔다가 벗어났고, 예수가 여행할 때 그를 수종들었다. 또한 그녀는 불행이 일어났을 때 십자가 가까이에 있었고, 예수가 무덤에 안장되는 것을 보았다. 그녀는 부활절 아침에 무덤에 도착해서 무덤이 빈 것을 보고 통곡하며 울었다. 왜 그랬을까? 예수와 그의 제자들은 그녀의 가족이었다. 그녀는 달리 갈 곳이 없었다. 그녀는 완전히 혼자였

다. 그러나 예수가 그녀에게 나타났다. **포기** 이후에 하나님의 임재라는 새 생명이 왔다.[5]

도마는 동료 사도들로부터 예수가 정말로 죽은 자들 사이에서 부활했다는 증언을 듣고 나서 "내가 그의 손의 못 자국을 보며 내 손가락을 그 못 자국에 넣으며 내 손을 그 옆구리에 넣어보지 않고는 믿지 아니하겠노라"라고 말했다. 그러나 예수가 그에게 나타나 은혜를 베풀었을 때 그는 이렇게 고백했다. "나의 주님이시요 나의 하나님이시니이다."[6] 우리는 도마를 의심하는 자로 알고 있지만, 도마는 신앙을 고백하는 자이기도 하다. 극심한 의심이라는 불행 이후에 예수가 누구인가에 대한 기독교의 이해를 형성하는 확실한 고백이 찾아온다.

11명의 사도들은 (가룟) 유다가 떠난 뒤에 하나같이 갈팡질팡했다. 그들은 예수의 천국 사명에 사로잡혔었다. 그러나 예수의 죽음은 그들의 기대를 불행으로 만들었다. 그런데 그들에게 예수가 나타났다. 그들의 반응은 어떠했는가? "예수를 뵈옵고 경배하나 아직도 **의심하는 사람들이 있더라.**" 그러면 예수의 반응은 어떠했는가? 그는 우리가 지상명령이라고 부르는 것, 즉 온 세상을 제자로 삼으라고 명령했다. 혼란이라는 불행 뒤에 임무가 우리에게 찾아온다.[7]

죽음 이후에 부활의 새 생명이 있다. 그리고 개인적인 불행 너머에 예수가 베푸는 용서, 예수가 베푸는 임재, 예수가 베푸는 믿음, 예수가 베푸는 사명의 새로운 생명이 호흡한다.

존 버니언[8]이 보여주는 것처럼, 개인적인 불행 너머에 희망이 있다.

불행 너머의 새 생명: 존 버니언

영국 사람 존 버니언은 교회 역사에서 많은 인기를 얻은 책『천로역정』을 썼다.[9] 오늘날 대다수 그리스도인은 다른 가상의 드라마에 마음이 끌려 있지만, 그리 멀지 않은 과거만 해도 그리스도인들이라면 누구나 버니언이 쓴 크리스천과 그의 아내 크리스티아나의 성화 과정을 다룬 이야기를 잘 알고 있었다. 영국의 위대한 시인 새뮤얼 콜리지 Samuel Coleridge는 이렇게 말했다.

> 내가 알기로 성경을 제외하면, 내 판단과 경험에 비추어 예수 그리스도 안에 있는 지성에 따라 구원의 진리 전체를 강력하게 주장하고 있다고 안전하게 추천해줄 수 있는 책은『천로역정』외에는 없다.[10]

그 책이 인쇄된 과정은 하나님께서 어떤 방식으로 불행의 건너편에서 새로운 삶을 창조하시는지를 잘 보여준다. 여의치 않은 교육 여건과 투옥을 포함하여 버니언이 겪은 불행들 가운데 그 어떤 것도 그의 재능이 계속 성장하는 것을 가로막지 못했다. 버니언은 주석으로 주전자 같은 것을 만드는 땜장이였다. 그의 영혼은 감정적이고, 불경스럽고, 신성모독적이고, 고통으로 일그러져 있었으며, 교육에는 별 관심이 없었다.

그가 필요한 교육을 제대로 받지 못한 탓에, 기성 세력들은 몇 년 뒤에 그가 베드포드에 있는 성 요한교구의 사제로 취임하는 것을 반대하고 비난했다. 그러나 하나님이 그에게 주신 새로운 삶은 그의 마음속에 공부하고, 성경을 묵상하고, 인간을 관찰하고, 하나님께서 말씀하시는 것을 듣고자 하는 열망을 깨워주었다. 실제로 그는 다른 많은 성인들과 마찬가지로, 자신이 하나님의 능하게 하시는 일을 맡을 자격이 많이 부족하다는 것을 알고 있었다.

당시 영국은 불행의 시작에 막 접어들었다. 주요 정당과 종교 집단 사이에 분쟁이 있었는데, 특히 국교회와 종교 자유에 호의적인 사람들 사이에 다툼이 있었다. 버니언은 반대편에 속했다가 투옥되었다. 그는 설교를 그만둘 것을 거부했기 때문에 (대략) 12년 동안을 감옥에 갇혀 있으면서 '교수형에 처하겠다'는 협박을 받으며 지냈다. 그는 끈을 만들어 생활을 했고, 항상 자기 아내와 앞을 못 보는 딸을 걱정했다. 그러다가 1672년 풀려났지만, 곧 또 한 차례 감옥에 갇혔다. 그의 전기를 쓴 작가는 이렇게 말한다. "버니언과 같은, 강한 체질을 갖고 있는 사람들만이 오랜 시간 후에도 살아남을 기회를 갖는다."

투옥이라는 불행도 버니언의 마음속에서 역사하는 부활의 생명의 능력을 억제하지 못했다. 그는 두 번째 투옥 기간에 『천로역정』을 저술했다. 당신이 가족으로부터, 그리고 소명으로부터 격리되었다고 상상해보라. 그것은 많은 이에게는 모든 것을 포기해야만 하는 상황일 것이다. 그러나 버니언의 불행에서, 오늘날까지 그리스도인들에게 감동을 주는 숭고한 실천적 신학 작품이 탄생했다. 대다수 전문가들이 근대 소설의 효시라고 생각하는 『천로역정』에 담긴 비밀은, 삶이 하나의 이야기인 것처럼, 영성 형성도 하나의 이야기 곧 지상에서 천국까지의 여정이 담긴 이야기라는 그의 통찰력이다.

당신과 나는 자리에 앉아 버니언의 책을 읽을 때마다 이 사실을 명심해야 한다. 불행한 인물도 변화된다. 불행한 교육도 깨어난다. 그리고 불행한 투옥도 여행을 꿈꾸는 데 사용된다. 그 여행이 가능한 것은 하늘로부터 땅으로, 그리고 다시 부활을 통해 하늘로 돌아간 아바의 아들의 여행 때문이다.

예수의 삶은 그 앞표지부터 뒤표지까지, 책 커버 전체를 포함해서, 예수 신경에 의해 만들어진 삶이다. 그는 부모로부터 쉐마를 배웠고, 자기 제자들을 위하여 그것을 보충하여 예수 신경의 형태로 만들었다. 가장 중요한 것은 그가 그것을 삶으로 실천했다는 것이다. 우리는 바로 그러한 삶에 동참하도록 부르심을 받았다. 그것이 우리의 삶을 만들어갈 수 있는 부활의 삶이기 때문이다.

이 책을 내 아내 크리스에게 바친다. 독자들은 이 책의 모든 부분에서 그녀의 지혜, 사랑, 격려, 그리고 판단력을 발견할 수 있을 것이다. 간단히 말해서, 나는 영예롭게도 날마다 예수 신경을 실천하는 사람들과 함께 살고 있다.

많은 친구와 동료들이 원고의 일부분을 읽고서 그 내용에 대해 나와 대화를 나누었다. 존 오트버그는 대화와 저술을 통해 지속적인 권면의 원천이 되어주었다. 그가 이 책의 서문을 쓰는 일에 동의해준 것에 감사를 표하고 싶다. 소니아 보디는 모든 장을 읽고 논평을 해주었다. 그녀는 적절한 낱말을 항상 알고 있었고 열정과 공감으로 그것을 표현했다. 개리 풀은 자신의 바쁜 사역 일정을 중단한 채 내 원고를 읽고 나와 만나 용기를 북돋아 주었다. 그렉과 헤더 클라크 부부, 도린과 마크 올슨 부부, 켄트 파머, 스티브 래틀립, 웨스 올름스테드, 커밋 잘리, 조 모디카, 밥 멀홀랜드, 랍 머롤라는 원고의 전부 혹은 일부를 읽어 주었는데, 그들이 해준 제안에 감사한다. 마크 앨런 포웰, 데이비 라센, 아키바 코헨, 그렉 스트랜드는 여러 장에 걸쳐 광범위한 주석을 달아주었다. 그들에게 깊은 감사를 보낸다.

노스파크 대학의 두 동료에게도 감사를 전한다. 데이빗 나이스트롬은 나와 9년 동안 함께 일했으며 지금은 캘리포니아로 돌아가 커버넌트 교회를 섬기고 있다. 나는 그를 한 형제로서, 우리 학교는 그를 리더로서 그리워할 것이다. 따뜻한 날이면 내 골프 파트너가 되어주었던 짐 넬슨은 아무 말 없이 내 아이디어를 들어주면서 여러 페어웨이를 함께 걸었다. 그가 들어준 아이디어 가운데 많은 부분이 이 책에 포함되었다. 또한 그의 지혜로운 조언과 전문적인 서지학 지식에 감사한다.

딸 로라와 사위 마크 배링거는 내가 쓰고 있는 내용에 대해 자신들이 듣고 싶어 하는 것 이상으로 들어주었고—보통은 식당에서—그들의 질문은 몇 가지 방식으로 이 책에 채택되었다. 아들 루카스는 비시즌 중에 집에 있으면서 이 책의 모든 장을 읽었다. 영어를 전공한 그는 내가 뿌듯하게 여길 만한 문학적 제안을 해주었다. 그는 아들로서 아버지에게 용기를 불어넣어 주었다.

나는 2004년 봄 학기에 이 책의 원고 전체를 4년차 영성 형성 강좌 학생들에게 읽어주었다. 여기서 그들에게 감사를 전해야겠다. 그 학생들은 식사 때마다 한자리에 모여 앉아 내 문체와 아이디어에 대해 유익한 제안을 해주었다. 이 책에는 그들의 아이디어가 적지 않게 포함되어 있다. 제이콥 아이슬러, 크리스 넬슨, 지니 츄, 제시 울릿, 그리고 앤드루 크저는 가르침을 축제로 만들었다.

마지막으로, 아마도 원고에 가장 중요한 영향력을 끼친, 패러클릿

출판사의 편집자인 릴 코팬의 이름을 언급하고자 한다. 그녀는 멜기세덱과 같은 편집자로서, 내가 구두로 제안한 것들을 수용하고 그것들을 하나님과 이웃들이 받을 만한 아름다운 향기로 바꾸어주었다.

2004년 수난 주간에

경건한 이방인 God-fearer 유대교로 부분적으로 개종한(할례를 행하지 않은) 이방인으로서 회당을 중심으로 살아가는 유대인의 생활방식을 뒤따른다. 사도행전 10:1-11:8; 13:16, 26, 43, 50; 17:4, 17; 18:7을 보라.

니다 Niddah 생리 중인 탓에 의식적으로 깨끗하지 않은(혹은 정결하지 않은) 여성. 레위기 조항은 이에 대해 세부 사항을 규정하고 있다(레 15장).

동정녀 수태 Virginal conception 마리아의 초자연적 수태는 대개 '동정녀 탄생'(virgin birth)으로 이야기되고 있다. 이것은 '동정녀인 상태로 임신한 어머니가 아이를 낳음'의 줄인 말이다. 그러므로 '동정녀 수태'가 더 정확한 표현이다. '무염시태'(immaculate conception)는 로마 가톨릭의 교리로 마리아의 동정녀 수태를 가리키는 것이 아니라, 마리아가 수태하는 순간 원죄로부터 영향을 받지 않도록 하나님이 마리아에게 행한 특별한 행동을 가리킨다. 이런 방식으로 많은 이들은 마리아가 죄의 본성을 자기 아들, 곧 메시아인 예수에게 전해주지 않을 수 있었다고 생각한다. 이 교리는 1854년 교황 피우스 9세(Pius IX)가 선언했다.

맘제르 Mamzer 적법한 혼인관계 외에서 태어난 자식, 곧 사생아를 의미한다. 예수는 보통 사람과 다른 동정녀 수태로 인하여 자기가 속한 사회에서 몇몇 사람들에 의해 사생아로 여겨졌을 것이다. 그리고 그런 사회적인 분류는 여러 가지 방식으로 예수의 삶을 제한했을 것이다(Sanhedrin 67a).

메초라 Metsora 나병 환자. 레위기 13-14장을 보라.

메히차 Mechitza 정통 회당 안에 있는 물리적 벽으로, 남녀가 섞이는 것을 방지하고, 야웨의 통치 아래에서 질서 의식을 만들고, 거룩한 느낌을 자아내고, 산만해지는 것을 방지하기 위해 만들어졌다.

미크베 혹은 미크바 Mikveh 땅 밑에 만든 거룩한 욕조(sacred Jacuzzi) 혹은 물탱크로, 유대인들이 부정한 물품들(항아리, 그릇, 의자 등)의 정결함을 회복시키기 위해 결례 의식을 행하던 곳이다. 규정에 의하면 미크베의 한쪽 높이는 다른 쪽보다 낮아서 물이 충분히 공급되면 물이 항상 흘러넘치게 되어 있다(여기서 '살아 있는 물'이란 말이 나왔다).

부정한 Impure → "정결과 부정"을 보라

사마리아인 Samaritan 예루살렘과 갈릴리 사이에 있는 구릉지대 중심에 위치한 사마리아에 거주하는 사람들이다. 이들은 그리심 산(시온 산이 아니라)에서 제사를 드렸고 자신들만의 신학적 입장에 따라 수정된 토라를 따랐다. 1세기 무렵에 사마리아인들은 이교 신앙을 따르면서 예루살렘 중심의 소망과 신앙을 부정하는 유대교의 대표적인 적이었다. 그들은 오늘날까지도 동일한 지역에 거주하고 있다.

쉐마 Shema '들으라'로 시작되는 신명기 6:4-9은 유대교의 쉐마다. 이 구절은 1세기에 경건한 유대인들이 하루 두 차례씩, 아침에 해가 뜰 때와 일몰 뒤 암송하는 것이었다. 어떤 이들은 신명기 11:13-21과 민수기 15:37-41을 신명기 6:4-9에 추가하기도 한다. 후대에 한 랍비는 쉐마를 매일 두 차례씩 암송하지 않는 이들을 암 하아레츠로 불렀다.
다음은 쉐마의 전문으로, 현대적인 의식 문구를 덧붙인 것이다.

이스라엘아 들으라. 우리 하나님 여호와는 오직 유일한 여호와이시니 그의 영광스럽고 엄위한 이름이 영원히 송축받을지어다.
하나님은 영원한 왕이시다. [이 행은 첫 글자들을 맞추면 A-M-N이 된다. 따라서 Amen(아멘)이 하나의 행이 된다.]
너는 마음을 다하고 뜻을 다하고 힘을 다하여 네 하나님 여호와를 사랑하라. 오늘 내가 네게 명하는 이 말씀을 너는 마음에 새기고 네 자녀에게 부지런히 가르치며 집에 앉았을 때에든지 길을 갈 때에든지 누워 있을 때에든지 일어날 때에든지 이 말씀을 강론할 것이며, 너는 또 그것을 네 손목에 매어 기호를 삼으며 네 미간에 붙여 표로 삼고 또 네 집 문설주와 바깥문에 기록할지니라(신 6:4-9). 내가 오늘 너희에게 명하는 내 명령을 너희가 만일 청종하고 너희의 하나님 여호와를 사랑하여 마음을 다하고 뜻을 다하여 섬기면 여호와께서 너희의 땅에 이른 비, 늦은 비를 적당한 때에 내리시리니 너희가 곡식과 포도주와 기름을 얻을 것이요 또 가축을 위하여 들에 풀이 나게 하시리니 네가 먹고 배부를 것이라.

너희는 스스로 삼가라. 두렵건대 마음에 미혹하여 돌이켜 다른 신들을 섬기며 그것에게 절하므로 여호와께서 너희에게 진노하사 하늘을 닫아 비를 내리지 아니하여 땅이 소산을 내지 않게 하시므로 너희가 여호와께서 주신 아름다운 땅에서 속히 멸망할까 하노라. 이러므로 너희는 나의 이 말을 너희의 마음과 뜻에 두고 또 그것을 너희의 손목에 매어 기호를 삼고 너희 미간에 붙여 표를 삼으며 또 그것을 너희의 자녀에게 가르치며 집에 앉아 있을 때에든지, 길을 갈 때에든지, 누워 있을 때에든지, 일어날 때에든지 이 말씀을 강론하고 또 네 집 문설주와 바깥문에 기록하라. 그리하면 여호와께서 너희 조상들에게 주리라고 맹세하신 땅에서 너희의 날과 너희의 자녀의 날이 많아서 하늘이 땅을 덮는 날과 같으리라(신 11:13-21).

여호와께서 모세에게 말씀하여 이르시되, 이스라엘 자손에게 명령하여 대대로 그들의 옷단 귀에 술을 만들고 청색 끈을 그 귀의 술에 더하라. 이 술은 너희가 보고 여호와의 모든 계명을 기억하여 준행하고 너희를 방종하게 하는 자신의 마음과 눈의 욕심을 따라 음행하지 않게 하기 위함이라. 그리하여 너희가 내 모든 계명을 기억하고 행하면 너희의 하나님 앞에 거룩하리라. 나는 여호와 너희 하나님이라. 나는 너희의 하나님이 되려고 너희를 애굽 땅에서 인도해내었느니라. 나는 여호와 너희의 하나님이니라(민 15:37-41).

쉬브아 Shiva 문자적으로 '일곱'을 가리킨다. 유대교에서 장례가 끝난 뒤 상주들이 집에 돌아와 7일 동안 앉아서 쉬브아를 지키는데, 기본적으로 낮은 의자에 앉아 자신의 무력함을 표현한다. 쉬브아와 관련된 관습은 이밖에도 많이 있다.

아나빔 Anawim '가난한 사람, 비천한 사람'을 가리키는 히브리어다. 유대교의 '경건한 빈자'를 의미하기도 한다. 바벨론 유수(주전 587년) 이후, 고국으로 돌아온 유대인 사회 계층은 경제적 빈곤뿐 아니라 토라와 성전에 대한 헌신으로도 잘 알려져 있다. 그들이 처한 상황은 그들로 하여금 하나님을 신뢰하고 그 땅에서 그분의 정의를 세우시도록 기 도하게끔 만들었다. 그에 따라, 이들에게는 메시아에 대한 소망이 크게 성행했다. 아나 빔에 대한 또 다른 두 개의 훌륭한 본보기는 시므온(눅 2:25-35)과 안나(2:36-38)에 대 한 기사 가운데 찾아볼 수 있다. 그들은 공동체의 틈새에서 살던 것으로 보이며, 성전 가 까이에 거하였는데, 메시아에 대한 그들의 기대감은 독자들에게 즉시 충격으로 다가온 다. 어떤 이들은 예수의 형제 야고보가 기록한 서신이 아나빔의 경건을 반영하고 있다 고 주장한다. 야고보서에 나오는 다음 구절들은 이러한 주장을 뒷받침해준다. 1:9-10, 27; 2:1-13, 14-17; 4:13-17; 5:1-6.

아바 abba '아버지'를 가리키는 아람어. 히브리어로는 아브(ab, 혹은 av). 유대교에서 하나님(YHWH)에 대한 인식은 하나님의 아버지 되심이 강조되고 있지는 않지만, 그들 이 때로는 하나님을 이스라엘의 아버지로 인식하고 있다는 것은 분명한 사실이다. [유 대교인인 바브라 스트라이센드도 "아빠 내 목소리 들리세요?"(*Papa Can You Hear Me?*)란 노래에서 하나님을 아버지(아빠)로 부르고 있다.] 그리스도인들이 아바란 용어 를 하나님에 대해 처음 사용하신 분이 예수님이라고 주장하는 것은 잘못이며, 또한 예 수님이 하나님을 사랑 많고 은혜로우신 분으로 이해한 최초의 인물이라고 주장하는 것 은 역사상의 기록들을 파악하지 못한 것이다. 구약에서 *YHWH*의 인자한 사랑을 아빠 의 사랑으로 보고 있는 증거들은 매우 많다(시 68:5; 103-13-14; 렘 3:19; 31:9, 20; 호 11:1-8; 말 2:10). 또한 그리스도인들이 이 용어를 단지 아이들의 언어로 생각하여 '아 빠'(Daddy)로만 번역하는 것도 정확하게 파악하고 있는 것이 아니다. abba라는 용어 는 한 아이가 태어나서 죽을 때까지 그 아버지와의 관계를 구성하는 것이다. 따라서 '아 버지'(Father)가 가장 정확한 번역임이 분명하다.

알마나 Almanah '과부'를 가리키는 히브리어. 알마나는 누구나 할 것 없이 가난하고 궁핍하고 비참했다(참조. 룻 1:20-21). 비록 과부를 보호하기 위한 율법이 제정되어 있 지만(신 14:28-29; 24:19-24), 성경에 하나님은 과부의 보호자시라는 주제가(시 68:5;

146:9) 제기된 것으로 보아 그 규정은 제대로 이행되지 않은 것이 분명하다.

암 하아레츠 Am ha-aretz '땅의 사람들'을 나타내는 히브리어, 이 용어는 한때 '유다에서 땅을 소유한 지주'를 가리키기도 했는데 나중에 다음과 같은 사람들을 가리키는 경멸의 의미로 사용되었다.

(1) 토라의 규정들과 그 해석을 따르는 일을 의도적으로 무시하는 사람들.

(2) 오늘날 '촌놈'이라고 불릴 만한 사람들.

내 생각에 요셉의 친구들은, 용납할 수 없는 임신을 한 마리아와 결혼하기로 한 요셉의 결정을 차디크로 간주되는 사람이 행하기에는 합당하지 못한 일이라고 생각했을 가능성이 매우 크다. 그들이 보기에, 요셉은 약속의 땅을 돌보지 않은 사람과 다를 바가 없었다. 이런 태도에 대한 좋은 예는 누가복음 15:1-2에서 찾아볼 수 있다.

자바 Zavah 자신의 월경 주기에서 벗어나 하혈을 하는 여성. 이런 여성은 부정하다. 이런 여인에 대한 규정은 레위기 15:25-30에 찾아볼 수 있다. 또한 니다(niddah, 생리 중인 여성) 항목을 보라.

정결과 부정 Purity and impurity 정결은 성전을 분류하는 순서에 관한 것이다. 불규칙적이거나 보통과 다른 것은 일반적으로 부정하다. 정결은 도덕과 동일한 것이 아니지만, 누가 그리고 무엇이 성전에 합당한가에 관한 것이며, 그래서 이런 구분이 만들어졌다. 도덕은 하나님 앞에서 올바른 마음이다. 정결과 도덕은 서로 섞여 있다. 니다는 레위기 율법으로는 부정하지만 동시에 도덕적으로 정결할 수 있다(그리고 보통 정결했다). 레위기 11-16장을 읽으라. 예수는 유대교의 정결 체계를 무너뜨리고 성전 체제를 뛰어넘는 도덕적 순결을 정립시켰다. 마가복음 7:1-20, 사도행전 10-11장, 15장, 고린도전서 8-10장, 갈라디아서 3:28을 보라.

젤롯당 Zealots 주후 1세기경 유대인들의 운동으로 하나님 나라를 회복하고 세우기 위해 무력의 사용에 초점을 맞춘 모임이다.

차디크, 차디킴 Tsadiq, tsadiqim '의인, 의인들'에 해당하는 히브리어. 유대교에서 이 용어는 토라를 성실하고 온전하게 준수한 사람을 가리키며(마 1:19), 또한 다른 사람들을 존경과 사랑으로 대하는 이에게도 적용된다. 더 정확히 말하면, 이 용어는 토라가 가르치고 있는 하나님의 뜻에 부합하는 사람을 가리킨다. 예수가 자신의 가르침 가운데 하나님의 뜻을 새롭게 정의하고 있는 것과 마찬가지로(예, 마 5:21-49; 7:12; 8:18-22) 차디크는 하나님의 뜻에 대한 그의 해석을 따르는 사람이었다(참조. 마 5:17-20).

치칫 Tzitzit 유대인들의 의복 아랫부분에 달린 술. 술이 달린 옷을 입으라는 명령은 민수기 15:38-39과 신명기 22:12에서 유래한다. 술은 토라에 대한 복종을 가리킨다.

퀘이커 Quaker 정식 명칭은 형제파(Friends). 대부분의 기독교 분파와 운동의 기원에 카리스마 있는 지도자가 존재한다면, 퀘이커 교도에게는 조지 폭스(George Fox)가 있다. 그리고 또 다른 빼어난 지도자들로는 펜실베이니아를 세운 윌리엄 펜(William Penn)과 존 울먼이 있다. 현대에 이르러 널리 알려진 (복음주의적) 퀘이커 교도로는 리처드 포스터가 있다. 퀘이커 교도들은 항상 하나님이 인류에게 주신 내적인 빛에 초점을—각도는 다양하지만—맞춘다. 어떤 사람은 그 내적인 빛이 성경에 의해 강제를 받고 있다고 생각하는데, 그들은 복음주의적인 퀘이커 교도다. 반면 다른 이들은 성경이 내적인 빛에 종속된다고 보며, 이런 퀘이커 교도들은 이따금씩 이상한 방향으로 벗어나기도 한다. 퀘이커 교도는 기독교 신비주의에 중대한 영향력을 끼쳤다. 그들은 노예제도에 반대한 최초의 대규모 사회집단이었다.

토라 Torah '가르침, 지시'에 해당하는 히브리어. 이 용어는 여러 가지 의미로 사용되었다. (1) 구약 전체, (2) 보통 모세오경이라고 부르는 구약의 처음 다섯 책, (3) 모세오경 안에 포함된 율법이나 구체적인 부분으로, 특히 다음 네 부분이 주목할 만하다. 십계명(출 20:1-20), 언약 법전(Covenant Code, 출 20:21-23:19), 성결 법전(Holiness Code, 레 17-26장), 그리고 신명기. 예수 당시의 유대인들에게 토라는 그들의 모든 생활을 (영적인 부분만이 아니라) 지배했고, 그것은 전적으로 하나님께로부터 온 것이었다(여기서 성경의 거룩함이 비롯된다).

페사흐 Pesah 유월절. 출애굽기 12장.

야웨 YHWH 구약에서의 하나님의 '이름'. 이 히브리어는 자음만으로 기록되었고, 모음은 후대에 추가되었다. 많은 정통 유대인들은 오늘날에도 하나님을 언급할 때 모음을 사용하지 않는다. 예를 들어 'Lord'는 'L-rd'로 'God'는 'G-d'로 표기한다. YHWH란 이름은 출애굽기 3:14에서 그 원형을 찾아볼 수 있는데, 여러 가지 해석이 제시되었으며, 그 가운데 '나는 스스로 있는 자' 혹은 '나는 앞으로 되어질 나일 것이다'(I will be who I will be) 등이 있다. 유대인들은 이 이름을 발음하기를 꺼렸기 때문에 그들은 성경을 소리 내어 읽을 때 그 이름(보통 테트라그라마톤 tetragrammaton, 즉 '네 글자어'로 불리는)을 대신하여 아도나이(Adonai, 주님)로 읽었다. 후에 아도나이에 사용된 모음이 YHWH에 적용되어 '여호와'(Yehovah)라는 합성어(실재하지는 않는)가 나왔으며, 이 단어는 영어 'Jehovah'로 표준화(정확하지는 않지만)되었다.

주

1부 예수 신경

1장_ 예수 신경이란 무엇인가?

1. 이들 저자에 관해서는 410쪽 이후의 추천도서 목록을 보라
2. Rabbi Hayim Halevy Donin, *To Pray as a Jew: A Guide to the Prayer Book and the Synagogue Service* (New York: Basic Books, 1980), 144.
3. Jeffrey H. Tigay, *Deuteronomy*, JPS Torah Commentary (Philadelphia: Jewish Publishing Society, 1996/5756), 441.
4. 마 12:28. 예수 신경은 막 12:29-31에 나타난다.
5. *The Imitation of Christ*, trans. W. Griffin (San Francisco: HarperSanFrancisco, 2000), 160(『그리스도를 본받아』, 가이드포스트 역간).
6. 눅 9:59. 이 논의는 전체 단락인 9:57-62에 기초한 것이다.
7. Mishnah Berakot 3:1.
8. Mishnah Moed Qatan 1:5-7; Semaḥot 12.
9. 출 20:12을 보라.
10. *The Purpose-Driven Life* (Grand Rapids: Zondervan, 2002), 125, 128(『목적이 이끄는 삶』, 도서출판 디모데 역간).
11. Parker Palmer, *Let Your Life Speak* (San Francisco: Jossey-Bass, 2000).

2장_ 예수 신경으로 기도하기

1. *Celebration of Discipline: The Path to Spiritual Growth* (New York: Harper & Row, 1978), 30(『영적 훈련과 성장』, 생명의말씀사 역간).
2. Hal M. Helms, ed., *The Practice of the Presence of God* (Brewster: Paraclete, 1985).
3. 눅 11:1. 주기도문은 눅 11:2-4.
4. Donin, *To Pray as a Jew*, 216을 보라.
5. *The Divine Conspiracy* (San Francisco: HarperSanFrancisco, 1998), 268(『하나님의 모략』, 복있는사람 역간).
6. *Celebration of Discipline*, 30.
7. *Imitation of Christ*, 124.
8. *Mudhouse Sabbath* (Brewster: Paraclete, 2003), 61.

9. *Celebration of Discipline*, 33.

10. Tertullian, *On Prayer*, 1.

11. "Meditation of the Lord's Prayer," in *Man of Prayer*, Karen R. Norton, ed. (Syracuse: Laubach Literacy International, 1990), 325-326.

3장_ 예수 신경의 아바

1. 눅 11:2.

2. 막 15:34.

3. *Crying for My Mother: The Intimate Life of a Minister*, 2nd edition (Chicago: Covenant Publications, 2003), 6, 50, 51.

4. 눅 15:11-32을 보라.

4장_ 식탁으로서의 예수 신경

1. 마 11:19.

2. 막 2:14-17.

3. 신 21:18-21.

4. 막 2:17.

5. *Blessings in Disguise* (New York: Alfred A. Knopf, 1986), 36.

6. 마 8:11-12.

7. 막 14:25.

5장_ 거룩한 사랑의 신경

1. *The Making and Keeping of Commitments, in Seeking Understanding: The Stob Lectures 1986-1998* (Grand Rapids: Eerdmans, 2001), 7, 9.

2. Laurie Hall의 *An Affair of the Mind* (Colorado Springs: Focus on the Family, 1996), 49.

3. 창 17:8; 레 26:13; 렘 7:23을 보라. 나는 호세아 1-3장을 바탕으로 하고 있다.

4. 호 2:14-15, 표준새번역. '아골 골짜기'는 원래 이스라엘에게 아픈 기억인 여호수아 7장을 떠올리게 한다. 그곳에서 이스라엘은 하나님과의 신의를 깨버렸다. 유다 지파인 아간은 성물을 훔쳐 자기 것으로 삼았다. 그래서 '아골 골짜기'는 이스라엘의 기억 속에 하나님을 욕되게 한 것을 생각나게 한다. 호세아는 이 골짜기가 소망을 불러일으키는 곳이 될 것이라고 선언한다. 왜냐하면 이스라엘은 바로 이곳에서 다시 거룩한 사랑으로 돌아갈 것이기 때문이다.

5. 호 2:16.

6. 마 23:9.

7. 이 단락은 Phillips Moulton, ed., *The Journal and Major Essays of John Woolman* (New York: Oxford, 1971)과 David Sox, John Woolman, *Quintessential Quaker, 1720-1772* (Richmond: Friends United Press, 1999)의 도움을 받았다.

8. *Streams of Living Water* (HarperSanFrancisco, 1998), 144(『생수의 강』, 생명의말씀사 역간).

9. Woolman, *The Journal and Major Essays of John Woolman*, 31.

10. 출 20:7.

11. 막 14:62.

12. 마 6:9.

13. 눅 19:1-10.

14. 예를 들어, 막 2:15.

15. 눅 7:36-50.

6장_ 이웃을 위한 신경

1. 눅 10:25-37.

2. 민 19:11-22.

3. 레 21:1-4.

4. Paul Wadell, *Becoming Friends* (Grand Rapids: Brazos, 2002), 30, 32.

5. Michael Green, *Adventures of Faith* (London: Zondervan, 2001), 357-362.

6. 요 19:26-27.

7. 마 7:1.

8. James Bryan Smith, *Embracing the Love of God: The Path and Promise of Christian Life* (San Francisco: HarperSanFrancisco, 1995), 150.

9. *The Marks of a Christian* (Downers Grove: InterVarsity, 1970), 35(『그리스도인의 표지』, 생명의말씀사 역간).

2부 예수 신경의 이야기들

7장_ 세례 요한: 새로운 시작에 관한 이야기

1. Kathleen Powers Ericskon의 *At Eternity's Gate* (Grand Rapids: Eerdmans, 1998)를 보라.

2. 수 3:1-4:18을 보라.

3. 눅 3:1-18을 보라.

4. 요 1:28을 보라.

5. Alan Jacobs, *A Visit to Vanity Fair* (Grand Rapids: Barzos, 2001), 45.

6. *Envy: The Seven Deadly Sins* (New York: Oxford, 2003), 15.

7. *Transformation in Christ* (San Francisco: Ignatius, 2001), 69.

8. 창 3:9.

9. Joseph Durepos, ed., *Go in Peace: A Gift of Enduring Love* (Chicago: Loyola Press, 2003), 23.

10. *Collected Tales, Sketches, Speeches, and Essays, 1852-1890*, 2 vols. (New York: Library of America, 1992), 1.163 (from June 3, 1865).

11. Robert A. Jonas, ed., *Henri Nouwen* (Maryknoll: Orbis, 1998), 30-31.

12. Jonas, *Henri Nouwen*, 79.

13. *What's So Amazing About Grace?* (Grand Rapids: Zondervan, 1997), 83-93.

14. *Forgive and Forget* (New York: Guideposts, 1984), 32.

15. *Hot Tub Religion* (Wheaton: Tyndale, 1987).

16. 윌리엄 부스의 회심에 관해서는 다음을 참조. Hugh T. Kerr, John M. Mulder, *Conversions* (Grand Rapids: Eerdmans, 1983), 140-143.

8장_ 요셉: 명성에 관한 이야기

1. 마 1:19.

2. 신 22:13-27; 민 5장을 보라.

3. 마 1:18-25을 보라.

4. *Imitation of Christ*, 184.

5. Timothy Dudley-Smith, *John Stott: A Biography, The Making of a Leader: The Early Years* (Downers Grove: InterVarsity, 1999), 154.

6. *Basic Christianity* (Downers Grove: InterVarsity, 1974), 112, 113, 강조 추가.

7. *Confessions*, 1.19.30; 10.40.65.

8. *Creed or Chaos?* (Manchester: Sophia Institute, 1999), 6.

9장_ 마리아: 소명에 관한 이야기

1. *Creed or Chaos?* (Manchester: Sophia Institute, 1995), 101, 105, 107.

2. *Let Your Life Speak*, 3.

3. *The Call: Finding and Fulfilling the Central Purpose of Your Life* (Nashville: Word, 1998), 47(『소명』, 한국 IVP 역간).

4. 눅 1:46-55을 보라.

5. *Luke for Everyone* (London: SPCK, 2001), 14.

6. 출 13:11-15을 보라.

7. 레 12:6-8을 보라.

8. 눅 1:51-53.

9. *Memories of God: Theological Reflections on a Life* (Nashville: Abingdon, 1995), 15, 78, 174.

10. *Facing East* (San Francisco: HarperSanFrancisco, 1997), 38.

11. 다음 구절을 보라. 눅 1:49, 53; 마 6:9-13 그리고 눅 6:21과 함께; 눅 6:20; 14:21과 7:11-17; 18:1-8; 눅 1:51-52과 13:23-33; 눅 1:50; 53-55 그리고 마 9:36; 눅 1:54-55 과 13:34.

12. 도로시 세이어즈에 관해서는 다음을 보라. Barbara Reynolds, *Dorothy, L. Sayers: Her Life and Soul* (New York: St. Martin's Press, 1993), 293.

10장_ 베드로: 회심에 관한 이야기

이 장은 (조금 더 학문적인) 졸저 *Turning to Jesus* (Louisville: Westminster John Knox Press, 2002)에 바탕을 두고 있다. 하나의 체험으로서의 회심에 관한 최고의 학문적인 연구는 루이스 람보(Lewis R. Rambo)의 *Understanding Religious Conversion* (New Haven: Yale University Press, 1993)이다.

1. '시므온'(Shimeon)은 보통 '시몬'(Simon)이라 번역되며, '케파'(Kepha, 바위, 반석)는 '게바'(Cephas)로 번역된다. 베드로는 게바의 헬라어 번역이다.

2. 베드로에 관한 다음 장면들의 출처는 요 1:35-42; 눅 5:1-11; 막 8:27-9:1; 14:66-72; 요 21:15-22; 행 2장; 10장, 그리고 벧전 2:18-25이다.

3. 앞의 주석에 나타난 장과 절수를 보라.

4. 벧전 2:1-17; 3:15을 보라.

5. 프랭크 로바크에 관해서는 카렌 노튼(Karen R. Norton)이 지은 짧은(사실 중심의) 전기인 *One Burning Heart*, Heritage Collection 4 (Syracuse: Laubach Literacy International, 1990)을 보라. 또한 David E. Mason, *Apostle to the Illiterates* (Grand Rapids: Zondervan 1966)을 보라.

6. Norton, *One Burning Heart*, 13.

7. Frank C. Laubach, *Forty Years with the Silent Billion* (Old Tappan: Fleming H. Revell, 1970), 421.

8. *Letters by a Modern Mystic*, Heritage Collection 1 (Syracuse: Laubach Literacy International, 1990), 44(1931년 9월 28일자), 또한 20(1930년 1월 26일자), 26(1930년 3월 23일자), 27, 29(1930년 5월 14일자).

9. Norton, *One Burning Heart*, 12.

10. *Letters by a Modern Mystic*, 39 (1930년 9월 22일자).

11. Norton, *One Burning Heart*, 29. 예수에 관한 로바크의 책으로는 *The Autobiography of Jesus* (New York: Harper & Row, 1962)를 보라.

11장_ 요한: 사랑에 관한 이야기

1. 사무엘상 8-15장을 보라.

2. *Walk on* (Grand Rapids: Baker, 2002), 75-76.

3. 마 27:56과 막 15:40-41을 요 19:25과 비교해보면, 살로메가 요한의 어머니로 나타난다. 더욱이 살로메는 마리아의 자매였다. 이렇게 되면 요한은 예수의 사촌이 된다.

4. 막 1:16-20을 보라.

5. 요 13:34; 요일 4:21.

6. *Two Voices: A Father and Son Discuss Family and Faith* (Liguori: Liguori, 1996), xiv.

7. *Aesop's Fables* (New York: Barnes & Noble, 2003), 60 (#49).

8. 막 10:35-45을 보라.

9. 막 9:38-41을 보라.

10. 눅 9:51-56.

11. 막 3:17을 보라.

12. *Aesop's Fables*, 60 (#50).

13. *My God and I: A Spiritual Memoir* (Grand Rapids: Eerdmans, 2003), 16, 22-23.

14. 막 5:37-40; 마 17:1; 26:37을 보라.

15. 요 13:13; 19:26; 20:2; 21:7, 20.

16. 요 13:23; 1:18.

17. 요일 3:23.

12장_ 여인들: 긍휼에 관한 이야기

1. Flannery O'Connor, *Collected Works* (New York: Library of America, 1988), 894.

2. Henri Nouwen, *Reaching Out: The Three Movement of the Spiritual Life* (New York: Image, 1986), 65, 71(『영적 발돋움』, 두란노 역간).

3. 눅 7:11-17을 보라.

4. 눅 18:1-8을 보라.

5. 막 1:41; 6:34; 9:22; 마 20:34을 보라.

6. Elie Wiesel, *Souls on Fire* (New York: Random House, 1972), 51.

7. 시 68:5, 146:9을 보라.

8. 눅 7:36-50을 보라.

9. *A Testament of Devotion* (San Francisco: HarperSanFrancisco, 1992), 4. William Griffin이 번역한 Thomas à Kempis, *The Imitation of Christ*, 65. Nancy Mairs, *Ordinary Time: Cycles in Marriage, Faith, and Renewal* (Boston: Beacon, 1993), 91.

10. Eugene B. Borowitz, Frances W. Schwartz, *The Jewish Moral Virtues* (Philadelphia: Jewish Publication Society, 1999), 78.

11. *The Illumined Heart: The Ancient Christian Path of Transformation* (Brewster: Paraclete, 2001), 38.

12. 눅 7:14-15, 48; 8:1-3을 보라.

13. 막 1:41; 6:34; 9:22, 마 10:1-8; 20:34을 보라.

14. 막 15:40-41; 눅 23:49을 보라.

15. Kathryn Spink, "Mother Teresa of Calcutta," in *Great Spirits, 1000-2000: The Fifty-Two Christians Who Most Influenced Their Millennium*, ed. Selina O'Grady and John Wilkins; foreword by K. Norris (New York: Paulist, 2002), 188-189.

15. *Mother Teresa: A Simple Path*, compiled by Lucinda Vardey (New York: Ballantine, 1995), xxxiv, 99.

3부 예수 신경의 공동체

13장_ 변화의 공동체

1. 마 4:23.

2. 눅 17:20-21.

3. 마 10:32-33.

4. 눅 4:16-30을 보라.

5. 이 이야기는 트레이시 스튜어트(Tracy Stewart)와 켄 애브러햄(Ken Abraham)이 이야기한 것이다. *Payne Stewart: The Authorized Biography* (Nashiville: Broadman & Holman, 2000).

6. 마 5:17-48을 보라.

7. 마 11:28-30을 보라.

8. 행 15:10.

9. *The Everlasting Man* (San Francisco: Ignatius, 1993), 169.

10. 막 3:31-35.

11. 마 9:9-13; 18장; 눅 4:18-19; 6:20; 마 23:8-12을 보라.

12. 이 용어는 메노파 학자 도날드 크레이빌(Donald Kraybill)에게서 빌려온 것이다. *The Upside-Down Kingdom* (Scottdale: Herald Press, 1990).

13. 막 10:35-45; 요 13:34-35을 보라.

14장_ 겨자씨 공동체

1. 사 2:4; 11:3-5; 11:6-9; 26:2; 45:12; 51:5; 렘 3:17; 23:5-6; 31:33; 겔 37:24; 습 3:9; 슥 9:9-10을 보라.

2. 마 13:31-32.

3. *The Imitation of Christ*, 25.

4. *Simple Gifts*: *A Memoir of a Shaker Village* (New York: Alfred A. Knopf, 1998), 90.

5. 행 4:13; 눅 19:1-10; 7:36-50, 마 9:9-13을 보라.

6. 마 5;1; 막 11-13장을 보라.

7. 마 13:24-30; 36-43을 보라.

8. Bob Muzikowski와 Gregg Lewis, *Safe at Home* (Grand Rapids: Zondervan, 2001). 이 책은 영화 각본인 Daniel Cole, *Hardball: A Season in the Projects* (New York: HarperCollins, 1993), 42, 152, 187, 163, 237-244의 잘못된 내용을 바로잡는다.

15장_ 공의의 공동체

1. *Faith Works*: *Lessons from the Life of an Activist Preacher* (New York: Random House, 2000).

2. 마 5:6.

3. 눅 4:16-30, 인용된 구절은 눅 4:18-19이다.

4. 눅 6:20-23.

5. 마 25:31-46을 보라.

6. 이 문제에 대한 명석하면서도 매우 공평한 분석이 Carol M. Swain, *The New White Nationalism in America: Its Challenge to Integration* (New York: Cambridge University Press, 2002)에서 찾아볼 수 있다.

7. Michael O. Emerson, Christian Smith, *Divided By Faith*: *Evangelical Religion and the Problem of Race in America* (New York: Oxford University Press, 2000).

8. *Living Next Door to the Death House* (Grand Rapids: Eerdmans, 2003), 190-191.

16장_ 회복의 공동체

1. *Who Moved the Stone?* (Grand Rapids: Zondervan, n.d.), 12, 68, 192.

2. 요 9:2-3.

3. 이 본문에 대해서는 The Rule of the Congregation, 1QSª 2:3-9를 보라.

4. 레 15장을 보라. 비록 현대 정통 유대교 여성의 정결에만 관련이 있긴 하지만, Sue Fishkoff의 *The Rebbe's Army: Inside the World of Chabad-Lubavitch* (New York: Schocken, 2003), 148-159에 나오는 미크베에 관한 장은 오늘날의 관행에 관하여 재미있는 세부 내용들을 알려준다.

5. 모든 인용은 그녀의 *Botticelli Blue Skies: An American in Florence* (Madison: University of Wisconsin Press, 2002), 50-55에서 나온 것이다.

6. 레 13-14장; 민 12:10-16; 눅 17:11-19을 보라.

17장_ 기쁨의 공동체

1. *Yearning: Living Between How It Is and How It Ought to Be* (Downers Grove: InterVarsity, 1991), 31, 55, 56, 65.

2. 요 2:1-11을 보라.

3. W. H. Lewis와 Walter Hooper, eds., *Letters of C. S. Lewis*, rev. and enlarged ed. (Harcourt Brace, 1993), 288-289. 최근에 나온 루이스의 회심에 관한 훌륭한 연구로는 David C. Downing, *The Most Reluctant Convert: C. S. Lewis's Journey to Faith* (Downers Grove: InterVarsity, 2002)를 보라. 다우닝은 루이스의 편지에 등장하는 '기쁨'이 갖는 의미에 매우 통찰력 있게 접근한다. 물론 루이스는 기쁨의 렌즈를 통해 자신의 이야기를 들려준다. 그의 *Surprised by Joy: The Shape of My Early Life* (New York: Harcourt, Brace, 1956. 『예기치 못한 기쁨』, 홍성사 역간)을 보라.

4. *Surprised by Joy*, 238.

18장_ 영원의 공동체

1. *A Visit to Vanity Fair* (Grand Rapids: Brazos, 2001), 68. 부활의 몸은 다음 구절에서 논의된다. 마 17:1-13; 22:23-33, 28; 눅 24장; 요 20-21장; 고전 15장; 고후 5:1-10.

2. 마 25:31-46.

3. 마 13:36-43; 47-50; 24-25장; 눅 22:28-30; 23:42을 보라.

4. 막 14:25; 마 8:11; 22:1-10.

5. 마 19:28.

6. *The Imitation of Christ*, 49.

7. *Knowing God* (Downers Grove: InterVarsity, 1993), 17-23(『하나님을 아는 지식』,

한국 IVP 역간).

8. Kristin Ohlson, *Stalking the Divine: Contemplating Faith with the Poor Clares* (New York: Hyperion, 2003), 44.

9. M. Robert Mulholland, *Shaped by the Word* (Nashville: Upper Room, 2000), 49-63.

10. Augustine, *Confessions*, 8.12.29.

4부 예수 신경으로 살아가기

19장_ 예수 믿기

1. *The Autobiography of Benjamin Franklin* (New York: Barnes & Noble, 1994) 103-114(『프랭클린 자서전』, 김영사 역간). 이 책은 여러 차례 재판되었는데, 이 내용이 본문의 6장에 나온다는 것을 알면 도움이 될 것이다.

2. 그의 책, *Renovation of the Heart: Putting on the Character of Christ* (Colorado: Navpress, 2002)를 보라(『마음의 혁신』, 복있는사람 역간).

3. *The Life You've Always Wanted* (Grand Rapids: Zondervan, 2000), 11-26(『평범 이상의 삶』, 사랑플러스 역간).

4. 막 1:15.

5. 막 7:24-30.

6. 이 내용은 바빌로니아 탈무드, Shabbat 30b-31a에서 찾아볼 수 있다. 예수의 황금률은 이 명령의 긍정형이며, 고대 세계에 또 다른 반향을 불러일으켰다. 마 7:12 참조.

7. 마 15:27-28.

8. Mark Allen Powell, *Loving Jesus* (Minneapolis: Fortress, 2004), 53.

20장_ 예수 안에 거하기

1. 눅 10:41-42.

2. 행 22:3을 보라.

3. Catherine C. Kroeger, Mary, J. Evans, eds., *The IVP Women's Bible Commentary* (Downers Grove: InterVarsity, 2002), 575.

4. *Shaped by the Word*, 49-63.

5. 마 18:20.

6. 요 15:1, 4. 요 15장 전체를 보라.

7. 로렌스 형제의 글은 *The Practice of the Presence of God*, 89, 93, 95, 99에서 찾아볼 수 있다(『하나님의 임재연습』, 좋은씨앗 역간).

8. 요 15:9-10.

9. 요 15:12-13을 보라.

21장_ 예수에게 항복하기

1. 마 6:10을 보라.

2. 막 8:34.

3. *Renovation of the Heart*, 74.

4. *The Incomparable Christ* (Downers Grove: InterVarsity, 2001), 89(『비교할 수 없는 그리스도』, 한국 IVP 역간).

5. *The Gospel According to Saint Matthew* (Edinburgh: T&T Clark, 1997), 3. 241.

6. *The Inner Experience* (San Francisco: HarperSanFrancisco, 2003), 6.

7. "Coincidence and Conversion," *First Things* 138 (December 2003), 28-30을 보라.

8. 눅 9:23.

9. 막 8:33.

10. Willard, *Renovation of the Heart*, 95-139.

11. 나는 Bruce L. Shelley, *Church History in Plain Language* (Nashville: Nelson, 1996), 그리고 Timothy Dowley, ed., *Introduction to the History of Christianity* (Minneapolis: Fortress, 2002)를 추천한다.

12. *Facing East*, 107.

13. *Renovation of the Heart*, 159. 또한 *The Spirit of the Disciplines: Understanding How God Changes Lives* (San Francisco: HarpersSanFrancisco, 1988), 28-43을 보라.

14. 막 7:15, 21.

15. *The Autobiography of Mark Twain* (New York: HarperCollins, 1990), 4(『마크 트웨인 자서전』, 고즈원 역간).

22장_ 예수 안에서 회복하기

1. 마 5:48; 눅 6:36.

2. 어떤 사람은 마 5:48의 '온전함'(perfect)을 '하나님께서 모든 인류를 사랑하신 것처럼 사랑하라'는 의미의 성숙함을 가리킨다고 보는데, 이 해석이 문맥상 의미를 정확하게 드러낸다.

3. *Adventure of Faith*: *Reflections on Fifty Years of Christian Service* (Grand Rapids: Zondervan, 2001), 66-71.

4. 제자들의 실패에 관해서 다음 목록을 보라.

막 4:10, 13, 33-34; 7:17-19; 8:16-21: 예수의 가르침을 이해하는 데 실패.

막 4:35-41: 폭풍 가운데서 무서워 비명을 지름.

막 6:35-37; 8:4: 예수의 공급하시는 능력을 보지 못함.

막 7:24-30; 10:13-16: 이방인과 어린이들을 용납하지 못함.

막 9:14-19: 하나님께서 고치실 것을 신뢰하지 못함.

막 10:32: 하나님의 보호하심을 두려워함.

막 10:35-45: 사도들 사이에서 가장 높은 자리를 구함.

막 14:37, 40, 54, 66-72: 고난 중인 예수를 도와주는 것을 두려워함.

5. *The Imitation of Christ*, 80.

6. 마 16:13-20; 10:2; 행 2장; 10장; 15장; 마 14:22-33; 15:15; 26:36-46, 58, 74-75을 보라.

7. *What's So Amazing About Grace?*, 129-138(『놀라운 하나님의 은혜』, 한국 IVP 역간).

8. 요 16:8-11과 갈라디아 2:11-14을 보라.

9. 마 26:75; 요 21:15-19을 보라.

10. *Girl Meets God: On the Path to a Spiritual Life* (Chapel Hill: Algonquin, 2002), 207-11.

23장_ 예수 안에서 용서하기

1. 또한 출 10:17; 삼상 15:25, 28을 보라.

2. 창 50:17, 19, 21을 보라.

3. 예를 들어, 대하 7:14.

4. *Wounds Not Healed By Time: The Power of Repentance and Forgiveness* (New York: Oxford University Press, 2002), 64, 69.

5. 눅 11:4a; 마 6:14-15(그리고 18:21-35을 보라); 눅 17:3-4; 요 20:23; 눅 23:34.

6. *Facing East*, 17-23.

7. *Mere Christianity* (New York: Macmillan, 1960), 104(『순전한 기독교』, 홍성사 역간)

8. *The Sunflower: On the Possibilities and Limits of Forgiveness* rev. and expd. ed. (New York: Schocken, 1997). 이 책에는 자기라면 어떻게 했을지에 대해 다른 사람들이 내놓은 여러 가지 대답이 담겨 있다(『해바라기』, 뜨인돌출판사 역간).

9. 용서는 너무도 중요하고 감정적인 주제이기 때문에 내가 이전에 다른 논의에서 말한 내용에 나타난 차이점을 언급하고자 한다. 어떤 사람은 '용서'(주관적)와 '화해'(객관적) 사이에 본질적 차이가 있다고 여긴다. 그래서 그들은 그리스도인들이 '화해'할 수 없을 때에도 항상 '용서'해야 한다고 믿는다. 내가 의견을 달리하는 부분은—이것은 성경이 그렇게 말하고 있다고 생각하기 때문인데—인간의 화해에는 인간 용서의 한 측면이 있

다는 점이다. 나는 '화해'와 '용서'가 항상 구별 가능한 경험인지 잘 모르겠다.

24장_ 예수 안에서 전하기

1. Philip Jenkins, *The Next Christendom* (New York: Oxford University Press, 2002), 2를 보라(『신의 미래』, 도마의길 역간)을 보라.
2. 막 1:17.
3. 마 16:13-19; 18:18; 요 20:21; 마 10:14-15.
4. 마 28:18-20; 요 20:21; 사도행전 1:8.
5. 마 4:23; 9:35; 10:1; 그리고 10:5-10.
6. 마태복음에서 (1) 15:24, (2) 4:17, (3) 8-9장, (4) 8:20을 보라.
7. *Creed or Chaos?*, 9.
8. *Adventure of Faith*, 29, 88.
9. *Shaped by the Word*, 25.
10. Green, *Adventure of Faith*, 40-43, 184를 보라.
11. *Seeker Small Groups: Engaging Spiritual Seekers in Life-Changing Discussions* (Grand Rapids: Zondervan, 2003), 13-19.

5부 예수와 예수 신경

25장_ 요단 강에서 예수와 함께하기

1. 마 3:2, 8, 11.
2. 마 3:13-17.
3. 마 3:11.
4. 행 2장.
5. *Mere Christianity*, 59.
6. *Matthew for Everyone* (London: SPCK, 2002), 1.21-22.
7. 막 2:8.
8. 렘 17:9-10.
9. *Democracy in America*, trans. by Harvey C. Mansfield and Delba Winthrop (Chicago: University of Chicago Press, 2000). 『미국의 민주주의』, 한길사 역간.
10. *Innovation of the Heart*.

26장_ 광야에서 예수와 함께하기

1. 창 22장을 보라.

2. 마 4:1. 유혹은 4:1-11과 눅 4:1-12에 나온다. 이를 축약시킨 형태가 막 1:12-13에 나온다.

3. *Nine Sides of the Diamond* (New York: Fireside, 1990), 301.

4. Tom Wright, *Luke for Everyone* (London: SPCK, 2001), 43.

5. 히 4:16을 보라.

27장_ 산 위에서 예수와 함께하기

1. 이 표현은 Julien Green에게서 빌려왔는데, Alexander Schmemann, *The Journals of Father Alexander Schmemann* (Crestwood: St. Vladimir's Seminary Press, 2000), 1에서(그리고 그 전체에서) 찾아볼 수 있다.

2. 눅 9:22.

3. 눅 9:29.

4. 눅 9:31.

5. 눅 9:28.

6. 마 13:43.

7. *Sing Me to Heaven: The Story of a Marriage* (Grand Rapids: Brazos, 2003), 134-35.

8. Gregory, *The Life of Saint Macrina*, trans. by K. Corrigan (Peregrina Publishing, 2001), 52, 36, 40.

9. *The Weight of Glory and Other Addresses* (Grand Rapids: Eerdmans, 1973), 14-15(『영광의 무게』, 홍성사 역간).

10. *Walk On*, 33, 37, 83.

11. *The Imitation of Christ*, 3.

28장_ 최후의 만찬에서 예수와 함께하기

1. *The Life You've Always Wanted*, 59-61.

2. 출 12장, 레 23장, 신 16장을 보라.

3. Walter Lord, *Day of Infamy* (New York: Henry Holt, 1957).

4. Tim Dearborn, *Taste and See: Awakening Our Spiritual Senses* (Downwers Grove: InterVarsity, 1996).

5. Tom Wright, *Luke for Everyone* (London: SPCK, 2001), 262.

6. 마 26:26.

7. 고전 11:26.

8. *The Feast of the World's Redemption: Eucharistic Origins and Christian Mission* (Harrisburg: Trinity Press International, 2000).

29장_ 십자가에서 예수와 함께하기

1. *The Imitation of Christ*, 79.

2. 신 21:22-23.

3. 그녀의 삶에 관해서는 다음 책을 보라. Jean Cash, *Flannery O'Connor: A Life* (Knoxville: University of Tennessee Press, 2002).

4. "Parker's Back," in *Everything That Rises Must Converge*, Collected Works (New York: Library of America, 1988), 655-75. 나는 '괴기스런'(grotesque)이라는 표현을 오코너가 정의하고 있는 것과 비슷한 의미로 사용한다. "Some Aspects of the Grotesque in Southern Fiction," in *Collected Works*, 813-21. "그 사회의 전형적인 틀에서 벗어나 신비와 예상하지 못한 것으로 기울어진 상태"(815), 그리고 "신비 그 자체를 경험하도록" 인도하는 상태(816).

5. 예를 들어 갈 3:13; 행 5:30.

6. "Some Aspects of the Grotesque in Southern Fiction," 820.

7. 히 2:14-18을 보라.

8. 다음 성경 구절은 이것을 언급하거나 암시한다. 눅 22:44; 63-64; 막 15:17, 21, 23; 요 19:34.

9. Lewis, *Mere Christianity*, 57.

10. 막 10:45; 14:12-26; 요 19:14가 여기서 검토되고 있는 분문이다.

11. 나는 이 내용을 반드시 추가하고 싶다. 막 15:33의 어둠은 성자가 우리를 대신하여 죄에 동화되면서 성부로부터 분리되는 내적인 실재의 외적 상징이다.

12. *The Cross of Christ* (Downers Grove: InterVarsity, 1986), 59-60, 61; (『그리스도의 십자가』, 한국 IVP 역간).

13. 요 15:13.

14. *The Chaplet*, 혹은 *De Corona*, chap.3.

15. Gordon Wakefield, *Bunyan the Christian* (San Francisco: HarperSanFracisco, 1992), 79.

16. Alice von Hildebrand, *The Soul of a Lion: Dietrich von Hildebrand* (San Francisco: Ignatius, 2000), 310-11을 보라.

30장_ 무덤에서 예수와 함께하기

1. 이 내용과 이어지는 논평에 관해서는 마 28:5; 막 16:8; 눅 24:11, 13-15; 요 20:24-28을 보라.

2. 이들 증거와 논쟁에 관한 훌륭한 개설서들이 많이 있다. 내가 좋아하는 것은 Murray J. Harris, *Three Crucial Questions about Jesus* (Grand Rapids: Baker, 1994), 31-64

이다. 기사 형식을 띠고 있으며 읽기 쉬운 내용은 Lee Strobel, *The Case for Easter* (Grand Rapids: Zondervan, 2003)가 있다. 부활에 관한 충실하고도 학문적인 논의를 위해서는 N. T. Wright, *The Resurrection of the Son of God* (Minneapolis: Fortress, 2003)을 보라.

3. *Sing Me to Heaven*, 11-12, 147-52.

4. 막 9:31; 14:27-31, 66-72; 요 21:15-19을 보라.

5. 눅 8:2; 마 27:56, 61; 요 20:1-18.

6. 요 20:25, 28.

7. 마 28:17, 18-20

8. 존 버니언에 관해서는 많은 판본이 있다. 버니언의 생애와 관련해서, Gordon S. Wakefield, *Bunyan the Christian* (San Francisco: HarperSanFrancisco, 1992)을 추천하며, 또한 Wilbur Smith가 John Bunyan, *The Holy War* (Chicago: Moody, 1948)에 붙인 주석도 사용했다.

9. Gordon Wakefield, *Bunyan the Christian* (San Francisco: HarperSanFracisco, 1992), 56-57.

10. 이 인용문은 *The Holy War*, 29에 붙인 스미스의 서문에서 찾았다.

더 읽을 책들

예수와 복음서

Green, Joel B., Scot McKnight, I. Howard Marshall, eds. *The Dictionary of Jesus and the Gospels*. Downers Grove: InterVarsity, 1992. 복음서 연구의 주요 주제들에 대해 수준 높은 설명을 담고 있다(『예수 복음서 사전』, 요단출판사 역간).

Owens, Virginia Stem. *Looking for Jesus*. Louisville: Westminster John Knox, 1998.

Wright, Tom. *Matthew for Everyone*. 2 vols. London: SPCK, 2002. 다음 두 책과 더불어 복음서에 대한 가장 훌륭한 대중적 주석이다.

___. *Luke for Everyone*. London: SPCK, 2001.

___. *John for Everyone*. 2 vols. London: SPCK. 2002.

Zarley, Kermit. *The Gospels Interwoven*. Eugene: Wipf and Stock, 2002.

영성 형성

영성 형성에 대한 기독교적 사고의 역사에 대해서는 다음 책들을 추천한다.

Alexander, Donald L. ed. *Christian Spirituality: Five Views of Sanctification*. Downers Grove: InterVarsity, 1988.

Collins, Kenneth J. ed. *Exploring Christian Spirituality: An Ecumenical Reader*. Grand Rapids: Baker, 2000.

Foster, Richard. *Streams of Living Water*. San Francisco: HarperSanFrancisco, 1998(『생수의 강』, 생명의말씀사 역간).

McGrath, Alister E. *Christian Spirituality: An Introduction*. Oxford: Blackwell, 1999.

오늘날의 영성 형성 담론에 영향력을 끼치고 있는 저자들의 책으로는 다음을 추천한다.

Bonhoeffer, Dietrich. *Discipleship*. Translated by Barbara Green and Reinhard

Krauss. Minneapolis: Fortress, 2001.

Foster, Richard. *Celebration of Discipline*, rev. ed. San Francisco: Harper & Row, 1988(『영적 훈련과 성장』, 생명의말씀사 역간).

___. *Freedom of Simplicity*. San Francisco: Harper & Row, 1981(『심플라이프』, 규장 역간).

___. *The Challenge of the Disciplined Life*. San Francisco: Harper & Row, 1985(『돈, 섹스, 권력』, 두란노 역간).

___. *Prayer*. San Francisco: Harper & Row, 1992(『기도』, 두란노 역간).

Larsen, David. *Biblical Spirituality*. Grand Rapids: Kregel, 2001.

Lewis, C. S. *The Pilgrim's Regress*. Grand Rapids: Eerdmans, 1981.

___. *The Screwtape Letters*. San Francisco: HarperSanFrancisco, 2001(『스크루테이프의 편지』, 홍성사 역간).

___. *Mere Christianity*. New York: Macmillan, 1960(『순전한 기독교』, 홍성사 역간).

Mathewes-Green, Frederica. *The Illumined Heart*. Brewster: Paraclete, 2001.

Merton, Thomas. *The Inner Experience: Notes on Contemplation*. San Francisco: HarperSanFrancisco, 2003(『묵상의 능력』, 두란노 역간).

Mulholland, M. Robert. *Shaped by the Word*, rev. ed. Nashville: Upper Room, 2000(『영성 형성을 위한 거룩한 독서』, 은성 역간).

Ortberg, John. *The Life You've Always Wanted*. Grand Rapids: Zondervan, 2002(『평범 이상의 삶』, 사랑 플러스 역간).

Schaeffer, Francis. *True Spirituality*. Wheaton: Tyndale, 1971(『기독교 영성관』에 수록. 크리스챤다이제스트 역간).

Schmemann, Father Alexander. *The Journals of Father Alexander Schmemann, 1973-1983*. Crestwood: St. Vladimir's Seminary Press, 2000.

Thomas, Gary. *Sacred Pathways*. Nashville: Nelson, 1996(『영성에도 색깔이 있다』, CUP 역간).

Vest, Norvene. *Gathered in the Word*. Nashville: Upper Room, 1996.

von Hildebrand, Donald. *Transformation in Christ*. San Francisco: Ignatius,

2001.

Warren, Rick. *The Purpose-Driven Life*. Grand Rapids: Zondervan, 2002(『목적이 이끄는 삶』, 도서출판 디모데 역간).

Willard, Dallas. *The Spirit of the Disciplines*. San Francisco: HarperSanFrancisco, 1988(『영성훈련』, 은성 역간).

___. *The Divine Conspiracy*. San Francisco: HarperSanFrancisco,1998(『하나님의 모략』, 복있는사람 역간).

___. *The Renovation of the Heart*. Colorado Springs: NavPress, 2002(『마음의 혁신』, 복있는사람 역간).

다음에 소개하는 책들은 영성 형성에 대한 고전적 저작들의 (극히) 일부다.

à Kempis, Thomas. *The Imitation of Christ: How Jesus Wants Us to Love*. Translated by William Griffin. San Francisco: HarperSanFrancisco, 2000. 좀 더 원문에 가까운 번역을 좋아하는 독자에게는 다음 번역본을 추천한다. E. M. Blaiklock, trans., *The Imitation of Christ*. London: Hodder & Stoughton, 1979, 또는 Hal M. Helms, *The Imitation of Christ*. Brewster: Paraclete, 1982(『그리스도를 본받아』, 가이드포스트 역간).

Augustine, *The Confessions*. Translated by Philip Burton; introduction by Robin L. Fox. London: Knopf, 2001(『고백론』, 바오로딸 역간).

Bonaventure. *The Journey of the Mind to God*. Translated by Philotheus Boehner. Edited by Stephen Brown. Indianapolis: Hackett, 1993.

Brother Lawrence. *The Practice of the Presence of God*. Brewster: Paraclete, 1985(『하나님의 임재연습』, 좋은씨앗 역간).

Bunyan, John. *Pilgrim's Progress in Modern English*. Edited by James H. Thomas. Chicago: Moody, 1964(『천로역정』, 서해문집 역간).

Eternal Wisdom from the Desert. Edited by Henry L. Carrigan Jr. Brewster: Paraclete, 2001.

Fénelon, François de. *The Seeking Heart*. Jacksonville: Christian Books, 1982.

___. *Talking with God*. Brewster: Paraclete, 1997.

Gregory of Nyssa. *The Life of St. Macrina*. Translated by K. Corrigan. Toronto: Peregrina, 2001.

John of the Cross. *Selected Writings*. New York: Paulist, 1987.

Laubach, Frank. *Man of Prayer*. Syracuse: Laubach Literacy International, 1990. 이 책에는 그의 다음 책들이 엮여 있다. *Letters by a Modern Mystic, Learning the Vocabulary of God, You Are My Friends, Game with Minutes, Prayer: The Mightiest Force in the World, Channels of Spiritual Power, Two Articles on Prayer*.

Law, William. *A Serious Call to a Devout and Holy Life*. Grand Rapids: Eerdmans, 1966.

___. *A Practical Treatise upon Christian Perfection*. Eugene: Wipf and Stock, 2001.

The Philokalia. Compiled by St. Nikodimos of the Holy Mountain and St. Makarios of Corinth, 4 vols. Translated by G. E. H. Palmer, Philip Sherrard, and Kallistos Ware. London: Faber and Faber, 1979-1984(『필로칼리아』, 은성 역간).

St. Benedict. *Preferring Christ: A Devotional Commentary and* Workbook *on the Rule of Saint Benedict*. Edited by Norvene Vest. Trabuco Canyon: Source Books, 2001.

St. Francis. *The Little Flowers of St. Francis*. New York: Doubleday/Image, 1958.

St. Ignatius. *The Spiritual Exercises of St. Ignatius*. Translated by Louis J. Puhl. New York: Random/Vintage, 2000.

St. Teresa of Avila. *The Way of Perfection*. Brewster: Paraclete, 2000.

영성 형성에 관한 유대교의 연구도 몇 권 소개한다.

Borowitz, Eugene and Frances W. Schwartz. *The Jewish Moral Virtues*. Philadelphia: Jewish Publication Society, 1999.

Buber, Martin. *Tales of the Hasidism*, 2 vols. New York: Schocken, 1947.

Heschel, Abraham. *Moral Grandeur and Spiritual Audacity: Essays*. Edited by Susannah Heschel. New York: Farrar, Straus and Giroux/Noonday, 1996.

예수 신경

예수가 가르친 하나님 나라의 메시지

Copyright ⓒ 새물결플러스 2015

1쇄 발행 2015년 1월 23일
6쇄 발행 2022년 8월 30일

지은이 스캇 맥나이트
옮긴이 김창동
펴낸이 김요한
펴낸곳 새물결플러스

편 집 왕희광 정인철 노재현 정혜인 이형일 나유영 노동래
디자인 박인미 황진주
마케팅 박성민 이원혁
총 무 김명화 이성순
영 상 최정호 곽상원
아카데미 차상희

홈페이지 www.holywaveplus.com
이메일 hwpbooks@hwpbooks.com
출판등록 2008년 8월 21일 제2008-24호
주 소 (우) 04118 서울시 마포구 마포대로19길 33
전 화 02) 2652-3161
팩 스 02) 2652-3191

ISBN 978-89-94752-93-8 03230

책값은 뒤표지에 있습니다.